L'EUROPE COMMUNAUTAIRE
AU DÉFI DE LA HIÉRARCHIE

P.I.E. Peter Lang

Bruxelles · Bern · Berlin · Frankfurt am Main · New York · Oxford · Wien

EUROCLIO est un projet scientifique et éditorial, un réseau d'institutions de recherche et de chercheurs, un forum d'idées. EUROCLIO, en tant que projet éditorial, comprend deux versants : le premier versant concerne les études et documents, le second versant les instruments de travail. L'un et l'autre visent à rendre accessibles les résultats de la recherche, mais également à ouvrir des pistes en matière d'histoire de la construction/intégration/unification européenne.

La collection EUROCLIO répond à un double objectif : offrir des instruments de travail, de référence, à la recherche ; offrir une tribune à celle-ci en termes de publication des résultats. La collection comprend donc deux séries répondant à ces exigences : la série ÉTUDES ET DOCUMENTS et la série RÉFÉRENCES. Ces deux séries s'adressent aux bibliothèques générales et/ou des départements d'histoire des universités, aux enseignants et chercheurs, et dans certains cas, à des milieux professionnels bien spécifiques.

La série ÉTUDES ET DOCUMENTS comprend des monographies, des recueils d'articles, des actes de colloque et des recueils de textes commentés à destination de l'enseignement.

La série RÉFÉRENCES comprend des bibliographies, guides et autres instruments de travail, participant ainsi à la création d'une base de données constituant un « Répertoire permanent des sources et de la bibliographie relatives à la construction européenne ».

Sous la direction de
Éric Bussière, Université de Paris-Sorbonne (France),
Michel Dumoulin, Louvain-la-Neuve (Belgique),
& Antonio Varsori, Universitá degli Studi di Padova (Italia)

L'EUROPE COMMUNAUTAIRE AU DÉFI DE LA HIÉRARCHIE

Bernard BRUNETEAU & Youssef CASSIS (dir.)

Euroclio n° 32

Cet ouvrage est publié avec le concours de la région Rhône-Alpes.

© P.I.E. PETER LANG S.A.
Éditions scientifiques internationales
Bruxelles, 2007
1 avenue Maurice, B-1050 Bruxelles, Belgique
pie@peterlang.com ; www.peterlang.com

ISSN 0944-2294
ISBN-13 : 978-90-5201-055-7
D/2007/5678/06

Imprimé en Allemagne

Information bibliographique publiée par « Die Deutsche Bibliothek »

« Die Deutsche Bibliothek » répertorie cette publication dans la « Deutsche Natio-nal-bibliografie » ; les données bibliographiques détaillées sont disponibles sur le site http://dnb.ddb.de.

Table des matières

TROISIÈME PARTIE

LA CONSTRUCTION EUROPÉENNE AU DÉFI DE LA HIÉRARCHIE
LE JEU DES DYNAMIQUES ÉCONOMIQUES

Introduction

Bernard BRUNETEAU

Université Pierre Mendès France – Grenoble II

Le 5 novembre 2001, l'invitation de Tony Blair au chancelier allemand et au président français pour un sommet tripartite suscita les plus
vives protestations de l'Italie, de l'Espagne et des Pays-Bas. L'initiative
suggérait la tentation de faire émerger un « directoire » européen amé-
nageant des domaines réservés de décision pour les « grands » de
l'Union[1]. En 2003, un projet de réaménagement du vote au sein de la
Banque centrale européenne à partir des critères inégalitaires du Produit
Intérieur Brut et de l'importance du secteur bancaire provoquait l'opposition de deux pays lésés en la matière, la Finlande et des Pays-Bas. La
préparation de la future Constitution européenne a vu quant à elle
« petits » et « grands » États s'affronter autour de la composition stratégique de la Commission et du Conseil européen. Enfin, on se rappelle
que le président français cantonna sans ménagement au rôle de citoyens
passifs de l'UE en voie d'élargissement les représentants de l'« autre
Europe » qui sortaient pourtant de plusieurs décennies de « souveraineté
limitée ». La vie quotidienne de l'Union est pleine de ces débats et
polémiques qui suggèrent que des formes de hiérarchie rampante struc-
turent les rapports entre États mais aussi entre institutions. Pour mettre
en perspective un phénomène rompant désagréablement avec la philosophie communautaire originelle ainsi qu'avec les garanties pratiques qui
assuraient la survie institutionnelle des petits pays[2], et de ce fait quelque
peu occulté par les discours officiels et les médias qui s'en font l'écho,
un colloque international s'est tenu en septembre 2004 à l'université
Pierre Mendès France-Grenoble II sous l'égide du Laboratoire de re-

---

[1] Voir Hans Starck, « Paris, Berlin et Londres : vers l'émergence d'un directoire
européen ? », *Politique étrangère*, n° 4, hiver 2002-2003, p. 967-982.

[2] Gilbert Trausch, « La place et le rôle des petits pays en Europe », in Robert Frank
(dir.), *Les identités européennes au XXᵉ siècle*, Paris, Publications de la Sorbonne,
2004, p. 120.

cherche historique Rhône-Alpes (LARHRA). Volontairement interdisciplinaires tout en plaçant l'histoire au cœur de leurs démarches, ses travaux ont eu comme objectif avoué d'inventorier quelques logiques hiérarchiques tant en ce qui concerne l'idée européenne que les pratiques qui l'incarnent, tant au niveau des héritages historiques qu'à celui des processus politiques et économiques qui en portent le poids. C'est ce choix méthodologique qui explique la répartition des contributions entre celles consacrées au passé pré-communautaire et celles portant sur des aspects plus directement contemporains, gouvernance politique et dynamiques économiques.

Un premier axe porte sur le passé de l'idée européenne, sur les formes d'organisation imaginées avant le grand démarrage de l'aventure institutionnelle des années 1950 qui s'est d'emblée symboliquement et concrètement placée sous les auspices d'une référence communautaire supposant égalité entre tous les États et entre toutes les forces économiques et sociales partenaires. Ne s'agissait-il pas dans l'esprit des fondateurs et des militants de l'Europe de rompre avec une histoire où ce qu'il était convenu d'appeler depuis le XVIIe siècle « système européen » ou « ordre européen » était le plus souvent synonyme de hiérarchie et d'inégalité entre les États ? Si l'idée et la pratique de l'équilibre avaient été conçues pour prévenir toute tentative impériale et hégémonique, l'ordre en question voyait en effet la suprématie de quelques grandes puissances qui, réunies en « concert », donnaient le ton aux autres États européens, qu'ils soient clients ou neutres. La conception de l'équilibre hiérarchisé a défini jusqu'aux années 1920 l'ordre européen classique. (*Georges-Henri Soutou*). Les premiers développements de l'idée moderne d'Europe unie n'échappèrent pas non plus à une vision empreinte de hiérarchie. Le discours sur l'identité européenne produit dans le champ académique a ainsi donné une légitimité politique, une justification morale, voire même une organisation symbolique pour la colonisation du monde[3]. Le premier européisme se conjugue donc avec le primat réaffirmé de la civilisation occidentale (*Jean-Luc Chabot*) avant d'offrir un chantier communautaire à partir de la mise en valeur des territoires africains dominés – l'Eurafrique –, comme le proposèrent encore d'étonnants projets économiques franco-allemands au début des années 1950 (*Sylvie Lefèvre*). La théorie du « grand espace » hiérarchiquement organisé, formulée académiquement par le juriste Carl Schmitt à la fin des années 1930 et instrumentalisée de la façon que l'on sait par les nazis lors de leur tentative impériale a constitué à cet égard le terme fatal de ce type de conception (*Jürgen Elvert*). Comme l'avait prédit

---

[3] Voir Silvia Federici (ed.), *Enduring Western Civilization : the construction of the concept of Western Civilization and its "others"*, Westport, CT, 1995.

Emmanuel Mounier dans un célèbre article de 1938, la véritable Europe devrait se faire au contraire « contre les hégémonies »[4]. Telle avait été l'essence des projets européens fleurissant depuis les années 1920 en Belgique et qui avaient pour vocation de perpétuer l'existence et l'affirmation d'un « petit » État au sein d'un continent dominé par la rivalité franco-allemande (*Geneviève Duchenne*). De fait, le projet européen des pères fondateurs, en s'essayant à construire un laboratoire démocratique *parce que* communautaire, s'insurge d'entrée de jeu contre les modèles repoussoirs de l'« ordre » et de l'« Empire ». Comme le dit alors Robert Schuman, « la loi démocratique de la majorité, librement acceptée dans des conditions et des modalités préalablement fixées, limitée aux problèmes essentiels de l'intérêt commun, sera en définitive moins humiliante à subir que les décisions imposées par le plus fort »[5].

Pourtant, sans aucunement négliger un discours et des réalisations indubitablement animés par l'esprit fédéral, sans faire fi de la force d'un idéalisme communautaire générant quotidiennement une culture politique du compromis que le travail de la Commission incarne tout particulièrement[6], force est de reconnaître que la construction européenne a été travaillée par des logiques de hiérarchisation, qu'il s'agisse du domaine institutionnel, de celui des relations entre États-membres ou encore de celui des politiques économiques. On peut penser d'abord que la mise en place d'un espace communautaire progressivement élargi n'a pas fait disparaître comme par un coup de baguette magique le jeu plus traditionnel des puissances européennes, n'a même peut-être pas supplanté la notion classique d'ordre européen où, comme le montrent les rapports politico-stratégiques franco-allemands, arrière-pensées nationales et préoccupations séculaires gardent toujours un poids certain[7]. On peut penser aussi que pour certains pays fondateurs, la France en premier lieu, la construction européenne s'est toujours opportunément divisée entre « technique » et « politique ». À la supranationalité, le domaine *technique* du Marché commun ou de l'Acte unique, celui de la libre circulation des biens, des capitaux, des hommes, des services. À

---

[4]   Emmanuel Mounier, « L'Europe contre les hégémonies », *Esprit*, n° 74, novembre 1938.

[5]   Robert Schuman, *Pour l'Europe*, Paris, Nagel, 1963, p. 25.

[6]   Marc Abélès, Irène Bellier, « La Commission européenne. Du compromis culturel à la culture politique du compromis », *Revue française de science politique*, juin 1996, p. 431-455.

[7]   Georges-Henri Soutou, Marlis Steinert, « Ordre européen et construction européenne, XIX°-XX° siècles », *Relations internationales*, n° 90, été 1997, p. 127-143, ainsi que Georges-Henri Soutou, *L'Alliance incertaine. Les rapports politico-stratégiques franco-allemands de 1954 à 1996*, Paris, Fayard, 1996.

l'intergouvernementalité, les domaines politiques de la souveraineté. Comme l'a noté Philippe Moreau-Desfarges, « cette répartition induit une hiérarchie inavouée : aux mécanismes communautaires, la soute, l'intendance ; aux responsables suprêmes des États membres, les sommets, la haute politique »[8]. On peut penser enfin que le clivage entre « petits » et « grands » pays est structurant, au détriment des premiers, tout au long du processus de construction, quand bien même les présences actives d'un Spaak, d'un Bech ou d'un Luns montrent la part non négligeable des « petits » dans l'élaboration d'une façon originale et dynamique de penser l'Europe. En 1948, au Congrès de La Haye, les représentants des deux catégories de pays s'étaient déjà opposés à propos du mode d'élection de la future Assemblée européenne, Français et Anglais déniant quelque peu aux autres l'aspiration à une égalité de poids pleine et entière par peur d'une dilution de leur puissance. Plus de cinq décennies plus tard, en 2004, lors de la composition de la Commission Barroso, ce dernier essayant dans son savant dosage de ne pas se mettre à dos les grands pays tout en satisfaisant les petits, on a glosé semblablement sur une supposée « perte d'influence » en Europe d'un « grand » comme la France, consécutivement à l'attribution d'un poste, jugé secondaire, de commissaire aux Transports, quand on n'accusait pas gravement une volonté explicite de « massacrer le couple franco-allemand » au profit des « petits » de la Nouvelle Europe[9]. La ligne de partage entre « grands » et « petits » États, entre secteurs nobles et secteurs secondaires, entre les institutions motrices et les autres fait partie des non-dits de la construction européenne, l'Union étant au final quelque peu schizophrénique avec, d'un côté, un discours et des mécanismes officiels démocratiques et communautaires et, de l'autre, des jeux cachés où opèrent logiques de puissance, de préséance ou de déséquilibre.

Le second axe a donc eu pour ambition d'identifier et de préciser quelques traits saillants de cette hiérarchie inavouée résultant des enjeux de la gouvernance ou du jeu des dynamiques économiques. Si la notion de gouvernance démocratique renvoie à l'idée de réseau et d'horizontalité dans le mode de gestion politique, propice donc à une « déhiérarchisation »[10], la pratique des institutions dévoile d'autres pentes. Si le principe de primauté du droit européen sur le droit interne des États, lourd de conflits potentiels, se vit dans une relative coexistence paci-

---

[8]   Philippe Moreau-Desfarges, « La France et l'Europe : l'inéluctable débat », *Politique étrangère*, n° 4, octobre-décembre 2002, p. 955-956.

[9]   Selon les propos de Jean-Louis Bourlanges rapportés par *Libération*, 22 août 2004.

[10] Voir Guy Hermet, « Un régime à pluralisme limité ? À propos de la gouvernance démocratique », *Revue française de science politique*, vol. 54, n° 1, février 2004, p. 168.

fique (*Guy Guillermin*), le rapport concret des États aux institutions communautaires pose quant à lui le problème de la préséance. Un retour sur l'époque où la France gaulliste tentait d'imposer ses conceptions aux institutions communautaires (*Katrin Rücker*) montre que l'on a longtemps assisté, en lieu et place du « débordement » des États-nations par les institutions communautaires, prédit dans les années 1950 par les théoriciens de l'école néo-fonctionnaliste, à un jeu plus complexe fondé sur la multiplication des niveaux hiérarchiques. S'il est louable de célébrer la longue histoire du « moteur » franco-allemand comme axe obligé de toutes les relances européennes, il est peut-être nécessaire de se dégager d'une idéalisation convenue en brossant la réalité, souvent mal vécue par les autres États membres, d'un « directoire » dont on peut poser aujourd'hui la question de la nécessité (*Maxime Lefebvre*). Il est en tout cas juste de reconnaître que sa capacité d'influence a marginalisé nombre de pays tout aussi engagés dans la construction européenne et qui, à l'exemple de « petits » États comme la Belgique ou les Pays-Bas, ont périodiquement rappelé, des débats du plan Fouchet de 1961 à ceux de la Convention Giscard, qu'il pouvait exister une Europe fédérale et égalitaire. La notion de « directoire » amène donc à réfléchir sur la stratégie de l'« intégration différenciée », à cette idée que les membres de l'Europe-puissance ne sont peut-être pas tous ceux de l'Europe-espace. Que d'expressions employées en effet depuis le début des années 1960 pour évoquer la réalité de cette première classe européenne destinée à aller plus vite et plus loin que les autres dans le domaine de l'intégration économique et politique ! « Noyau dur » (dont la paternité semble devoir être attribuée au général de Gaulle et à Walter Hallstein), « vitesse variable », « géométrie variable », « Europe à deux niveaux », « avant-garde », « groupe pionnier », « centre de gravité », « coopérations renforcées » : autant d'appellations qui expriment l'idée d'un axe unique seul légitime allant de moins à plus d'intégration[11]. Si elles légitiment et institutionnalisent de nouvelles hiérarchies communautaires au nom de priorités décrétées par quelques États, elles initient un ordre hiérarchique équilibré que l'on peut préférer à l'anarchie du jeu des souverainetés étatiques (*Jean-Louis Quermonne*). L'intégration différenciée pose néanmoins clairement le problème de la valeur relative de chaque État au sein de l'Union européenne, sujet tabou s'il en est et que Valéry Giscard d'Estaing avait quelque peu brisé en 1995 en parlant d'« Europe à volontés politiques différenciées »[12]. S'il s'agissait alors de

---

[11] Fritz Scharpf, « La diversité légitime : nouveau défi de l'intégration européenne », *Revue française de science politique*, vol. 52, n° 5-6, octobre-décembre 2002, p. 633.

[12] Voir son « Manifeste pour une nouvelle Europe fédérative », in *Réflexions sur les institutions européennes*, Paris, Economica, 1997, p. 27-39.

contrer l'expression quelque peu brutale d'« Europe à deux vitesses », cela permettait de voiler le fait que le projet intégrationniste économique et monétaire pouvait exclure certains États tout simplement incapables de rejoindre le groupe de tête. L'historien se rappellera ici la différenciation opérée par l'article 15 de la Société des Nations entre grandes puissances (jugées seules aptes à résoudre les conflits au Conseil) et « puissances à intérêts limités »... C'est en tout cas cet ordre hiérarchique implicite que l'entrée de la « Nouvelle Europe » remet en cause lorsque ses représentants, loin de se satisfaire d'un statut d'États passifs, affirment leur droit à parler haut et fort (*Edwige Tucny*).

Dans un ouvrage de la collection « Que sais-je » consacré au Marché commun en 1958, Jean-François Deniau, alors inspecteur des Finances, remarquait judicieusement qu'« un équilibre politique est inconcevable si le Marché commun, dans le domaine qui lui est propre, devait se traduire par l'hégémonie d'un État ou l'effacement d'un autre »[13]. Le lien entre le jeu des dynamiques économiques et la question d'une juste gouvernance est ainsi clairement posé. Longtemps mue par la seule dynamique économique, la communauté européenne n'a-t-elle pas intégré à son corps défendant des phénomènes de hiérarchisation propres aux forces économiques et sociales, à l'œuvre depuis l'après-guerre ? Ainsi, voit-on la rivalité de « champions » économiques nationaux soutenus par leurs États s'affrontant dans l'arène de la CEE pour l'attribution de marchés ; la notion de « performance » économique légitimer l'échelle de valeurs des bons et mauvais partenaires ou des bons et mauvais candidats ; des régions pilotes dessiner à leur profit une nouvelle organisation communautaire ; l'élargissement être à la source d'un développement inégal en Europe orientale dont la géographie régionale se redessine sous nos yeux (*Georges Mercier*) ; enfin des places financières nationales (Londres, Paris, Francfort) tenter de conquérir le leadership afin de dicter le rythme de l'intégration économique (*Youssef Cassis*). Cas d'école, une politique économique, longtemps jugée exemplairement communautaire, la PAC, dont la mission originelle était d'intégrer les segments les plus périphériques et les plus fragiles de l'économie et de la société européenne, a au final généré une hiérarchie de bénéficiaires au sein de l'État-providence agricole, qu'il s'agisse de certains États (la France pendant longtemps), de certains types d'exploitation (80 % des aides vont à 20 % des agriculteurs) ou de certains secteurs de production (*Eve Fouilleux*).

À qui profite en définitive l'État régulateur européen ? Le questionnement n'a pu être mené à son terme. La question est pourtant pertinente

---

[13]   Jean-François Deniau, *Le Marché commun*, Paris, PUF, 1958, p. 123.

dans la mesure où cet « État » se légitime par sa stratégie « corporative » de consultation des groupes avant toute décision. On a pu ainsi montrer que les possibilités d'accès aux processus décisionnels avantagent les collectivités territoriales à fort degré d'autonomie institutionnelle (Belgique, Allemagne, Autriche), induisant une participation quelque peu fermée génératrice d'un « fédéralisme à plusieurs niveaux »[14]. Le bilan dégagé par une étude récente de l'action collective en Europe fait de même clairement apparaître des gagnants – les « eurogroupes » liés au *big business* – et des perdants – les mobilisations transnationales à caractère « social »[15].

Loin d'une exhaustivité que ne pouvaient atteindre deux modestes journées d'études, il nous semble que les contributions présentes dans ce livre valident la notion de hiérarchie pour penser la réalité de l'Europe d'hier et d'aujourd'hui. Loin d'instruire un procès «eurocritique», la réflexion des auteurs s'est efforcée de contribuer à éclairer sereinement l'un des ressorts discrets d'une Communauté où originellement un État devait égaler une voix et une politique publique œuvrer pour le bien commun. Elle nous fait mieux comprendre bien des débats présents à l'heure où cherchent à se mettre en place des mécanismes d'intégration efficaces pour une Europe à vingt-cinq ou plus. Elle peut nourrir un questionnement à coup sûr dérangeant : la volonté de combiner le rêve d'une Europe indéfiniment élargie avec le projet d'une Europe-puissance ne fait-elle pas renouer fatalement avec les mécanismes de l'« ordre », non pas bien sûr ceux du « grand espace » organisé de Carl Schmitt, mais à tout le moins ceux du Conseil des puissances du temps du Concert ou de la SDN ? Europe communautaire, Europe hiérarchique : la question est au cœur du temps passé et présent d'une construction politique et économique décidément atypique.

---

[14]   Voir François Massart-Piérard, « L'identité institutionnelle des régions au sein de l'Union européenne », *Revue internationale de politique comparée*, vol. 5, n° 1, printemps 1998 et Christian Engel, « Vers un fédéralisme à plusieurs niveaux ? Une analyse des procédures et pratiques de la participation des régions au processus décisionnel communautaire », *Eipascope*, 1, 2001, p. 10-20.

[15]   Voir Richard Balme, Didier Chabanet, Vincent Wright (dir.), *L'action collective en Europe*, Paris, Presses de Sciences Po, 2002.

PREMIÈRE PARTIE

CONSTRUIRE UN ORDRE EUROPÉEN, CONSTRUIRE UN ORDRE HIÉRARCHIQUE ?

L'« ordre européen » d'avant 1945

Entre équilibre et tentation impériale

Georges-Henri SOUTOU

Université de Paris IV – Sorbonne

Si on demande aujourd'hui à un européen ce qu'il retient de l'évolution politique du Continent jusqu'en 1945, il répondra probablement : conflits nombreux, deux guerres mondiales et heurts permanents entre les nationalismes et les impérialismes. Certes. Et beaucoup admettront tout au plus que dans les moins mauvaises périodes une paix fragile était préservée au moyen d'un équilibre entre les Puissances, équilibre constamment remis en cause. En même temps les contemporains savaient que les choses étaient plus complexes. Ils parlaient, depuis 1815 sinon parfois depuis le XVIIIe siècle, non seulement d'équilibre européen mais de « système européen », de « Concert européen », voire d'« ordre européen ».

Depuis une dizaine d'années les historiens redécouvrent cette complexité. Et ils aboutissent à la conclusion qu'une Europe organisée (mais hiérarchisée !) a existé bien avant la construction européenne d'après 1945, même si c'était de façon largement informelle. La réflexion porte désormais sur l'interaction de trois réalités : les rivalités entre Puissances, l'équilibre comme paradigme des relations internationales jusqu'en 1945, mais aussi les éléments structurels d'un système européen.

Il importe ici de préciser le vocabulaire et les concepts. Historiquement, la première notion apparue est celle d'« équilibre européen », celle d'un équilibre quasi mécanique entre les Puissances européennes. Formulée clairement au XVIIIe siècle, mais implicite dès les Traités de Westphalie ou d'Utrecht, cette notion suppose l'existence en Europe d'un état d'équilibre ; lorsque celui-ci est troublé, les autres États le rétablissent en s'alliant contre le perturbateur, comme lors des grandes coalitions contre Louis XIV ou contre Napoléon. Cette idée a été formulée pour la première fois en 1754 dans un petit essai du philosophe anglais David Hume : *On the Balance of Power*. Dans cette vision des choses l'Europe oscille entre deux modèles : celui de l'équilibre, et celui de l'Empire, entre le modèle des cités grecques et celui de Rome. De Hume à Raymond Aron et Kissinger, cette vision que l'on qualifierait de « réaliste » selon la typologie actuelle des sciences politiques a sa validité : incontestablement toute l'histoire des relations internationales depuis 1815 montre que les considérations d'équilibre des Puissances ont toujours eu leur place en Europe. Ce qui déjà justifie que l'on parle d'un « système européen », expression qui affirme que les relations inter-européennes ne sont pas un pur chaos et qu'il existe entre les pays européens un système de relations qui les distingue collectivement du reste du monde. En même temps il est clair que la seule approche mécanique de l'équilibre est trop réductrice. Le système européen au XIXe siècle est davantage qu'un simple équilibre mécanique, c'est un ensemble organique, qui repose sur trois éléments : certes un équilibre, ou plutôt un ensemble d'équilibres et de sous-équilibres entre les Puissances. Mais aussi des structures : structures juridiques, avec les traités ; structures diplomatiques avec les relations bilatérales codifiées et systématisées à Vienne, ainsi qu'avec les conférences d'ambassadeurs et les Congrès, première forme de relations multilatérales. Le troisième élément étant l'existence de valeurs de civilisation communes. Ce qui permet de parler d'un véritable « ordre européen », expression que l'on trouve sous des plumes aussi différentes que celles de Guizot dans ses *Mémoires*, de Lamartine dans sa circulaire aux Puissances du 4 mars 1848, de Jaurès, de Bainville, de De Gaulle, par exemple dans son discours devant la Diète polonaise en 1967.

Le Concert européen classique

Bien entendu cette problématique évolue de 1815 à nos jours. Il y a eu une période classique, celle du Concert européen proprement dit, du Congrès de Vienne au milieu du XIXe siècle. Ensuite se succédèrent remises en cause et rétablissements difficiles d'un Concert plus ou moins dégradé. Les travaux de Bourquin, Beau de Loménie, Nicolson, Kissinger, Ferrero (plus ou moins anciens mais toujours essentiels) montrent clairement ce qu'a été le Concert européen (qu'il ne faut pas confondre avec la Sainte Alliance, beaucoup plus conjoncturelle et en fait morte dès 1822) dans sa période classique, de 1815 à 1848-1851. Les négociateurs de Vienne avaient voulu certes établir un équilibre que l'on pourrait qualifier de mécanique entre les grandes Puissances européennes, destiné ouvertement à contenir la France et de façon plus dissimulée la Russie. En même temps ils avaient voulu renforcer cet équilibre par des structures juridiques. Le point de départ et le fondement juridique du Concert européen étaient en effet la garantie implicite apportée par les huit signataires de l'Acte final de Vienne à tous les traités territoriaux conclus lors du Congrès de Vienne : les frontières établies en 1815 ne pouvaient en principe pas être modifiées sans l'accord de ces signataires. Mais on établit également en 1815 des structures diplomatiques (réunions de congrès ou de conférences d'ambassadeurs, c'est-à-dire mise sur pied d'une véritable diplomatie multilatérale). Le tout reposant sur des valeurs communes : indépendance et solidarité des États, légitimité, principe de réciprocité, respect des traités, et plus largement l'héritage d'une civilisation européenne chrétienne mais avec l'apport des valeurs libérales des Lumières du premier XVIIIe siècle. Débouchant ainsi sur des structures internationales et sur les valeurs d'une civilisation commune, cet équilibre de 1815 n'était pas seulement mécanique mais organique.

Il existe désormais un consensus pour estimer que le Concert européen a été une réalité incontestable jusqu'en 1848-1851, comme le prouvent les écrits très explicites de contemporains comme Metternich, Talleyrand, Guizot, Lamartine, etc. Et aussi le fait qu'à chaque grande crise européenne une négociation multilatérale entre les grandes Puissances a empêché la guerre (crises grecque, belge, égyptienne). Même pendant la grande crise du « printemps des Peuples » en 1848-1851 non seulement le Concert européen est resté efficace, mais il a très puissamment contribué à l'échec de la vague révolutionnaire.

Le Concert européen remis en cause par l'émergence d'un système d'États-nations ?

En revanche il y a un grand débat historiographique pour après 1851 : est-il légitime de continuer à évoquer le Concert européen pour la période suivante ? Pour certains les intérêts nationaux dominent désormais par rapport à la notion de solidarité européenne très vivante durant la première moitié du siècle : les unifications allemande et italienne remettent en cause les paradigmes de la période précédente, et tout ce qui reste désormais du système européen, c'est l'équilibre entre les Puissances, conduisant pour finir à l'opposition de deux groupes de pays, Triplice et Triple Entente. On était entré en effet dans un système différent : un système européen interétatique composé d'États-nations, non plus un système entre États traditionnels (dont la légitimité reposait sur la fidélité dynastique et l'histoire). Depuis les unifications allemande et italienne le système européen était modifié en profondeur : aux solidarités de la première moitié du siècle, succédait un jeu plus dur d'États-nations qui avaient tendance à absolutiser leur rôle et se sentaient beaucoup moins tenus par les règles définies en 1815.

En même temps les choses sont plus complexes, même pour un homme comme Bismarck qui affirmait pourtant que « celui qui parle d'Europe a tort » : certes le Concert européen n'a plus l'ambition ni la possibilité d'éviter toute guerre, mais néanmoins il s'emploie activement et réussit à éviter la généralisation des conflits, du moins jusqu'en 1914. Le Concert se manifeste par des Congrès (Paris en 1856, Berlin en 1878, Algésiras en 1905) et par des conférences d'ambassadeurs (comme celle de 1913 à Londres, consacrée aux guerres balkaniques). Les grandes Puissances gèrent, de façon relativement consciente, à la fois leurs rivalités mais aussi l'émergence des nouveaux États et l'ensemble des problèmes du Continent. Bien entendu l'affirmation d'une responsabilité commune envers l'Europe laisse subsister la pleine souveraineté des grandes Puissances, cette concertation ne concerne que ces dernières : les petites puissances doivent s'incliner devant l'intérêt supérieur de l'Europe défini par les grandes capitales. L'Europe n'est pas inorganisée, mais elle est fondamentalement hiérarchisée, et cette hiérarchisation est sans doute l'une des conditions de viabilité du système dans les conditions de l'époque. En même temps elle fonctionne parce qu'aucune des cinq grandes Puissances n'apparaît comme décisivement supérieure aux autres, ou plus exactement les forces et les faiblesses de chacune s'équilibrent approximativement. Le système fonctionnera moins bien quand, à partir de la fin du XIXe siècle, l'Allemagne de Guillaume II donnera l'impression de ne plus se contenter d'une position centrale en Europe (celle qu'avait établie Bismarck) mais de chercher à établir une hégémonie. La hiérarchisation valait entre les Puissances à intérêts généraux d'une part, et les pays à intérêts particuliers de l'autre, pas à l'intérieur du groupe des grandes Puissances, qui se reconnaissaient l'égalité.

D'autre part se développent pendant la deuxième moitié du siècle des organismes internationaux permanents, comme la commission européenne du Danube (1856) ou les « Unions administratives » : Union générale des Postes en 1874, convention internationale du télégraphe de Saint-Pétersbourg en 1875, Bureau international des poids et mesures en 1875, Union internationale pour la protection de la propriété industrielle en 1883, Union internationale pour la protection de la propriété littéraire en 1886, par exemple.

Cette évolution vers une organisation internationale dépassant les pratiques diplomatiques classiques s'accéléra avec les Conférences de La Haye de 1899 et 1907, qui instaurèrent le principe de l'arbitrage international et créèrent une Cour permanente d'arbitrage. Si on ajoute l'unification économique et culturelle croissante du Continent, les progrès de l'État de droit et du suffrage universel, il est clair qu'une convergence est à l'œuvre (même en Russie, quoique partiellement). Équilibre maintenu (même si l'existence d'alliances dès le temps de paix est une perversion du système mis en place en 1815, qui supposait au contraire la solidarité de tous, sans adversaires désignés), structures juridiques et diplomatiques efficaces, valeurs de civilisation communes : certains historiens estiment, à mon avis à juste titre, que l'on peut toujours parler avant 1914 d'un ordre européen. Mais celui-ci est de plus en plus remis en cause, ce qui explique son échec en 1914 : conflits croissants entre grandes Puissances, développement de l'idéologie radicale des « nationalités opprimées », recul à partir de la fin du XIXe siècle du sentiment d'appartenance européenne commune à cause du développement de nationalismes à connotation raciste (pangermanisme et panslavisme) rejetant l'idée même d'équilibre européen et de valeurs communes.

Le problème des nationalités

On pense souvent que le Concert européen ne pouvait fonctionner qu'avec des États traditionnels, souvent multiethniques, dirigés par une aristocratie aux racines européennes, gérant les relations internationales comme un club de bonne compagnie, et que le mouvement conjoint de la démocratisation et de la libération des nationalités ne pouvait qu'y mettre fin, débouchant sur une instabilité fondamentale. Ce n'est pas aussi simple : le Concert a été capable de résoudre le problème grec dans les années 1820, le problème belge dans les 1830, il a pu gérer les unifications allemande et italienne sans la catastrophe majeure d'une grande guerre européenne. Certes, non sans drames et conflits ; cependant ceux-ci restèrent limités. Un bon exemple nous est fourni par la conférence de Berlin de 1878 qui mit fin à la crise balkanique commencée en 1875 avec l'insurrection des chrétiens de l'Empire ottoman dans les Balkans, et la guerre russo-turque qui en fut la conséquence. La conférence fut dominée par trois ordres de considérations : d'abord bien sûr les intérêts des grandes Puissances, qu'il s'agissait de concilier vaille que vaille afin d'éviter que la crise locale ne dégénère en crise européenne.

Mais on tint également compte de l'évolution des réalités locales : c'est ainsi que l'on reconnut l'indépendance complète de la Roumanie, que l'on engagea le processus d'indépendance de la Bulgarie sous la suzeraineté désormais théorique de La Porte ; ainsi se poursuivait l'évolution progressive des Balkans entamée avec l'indépendance de la Grèce (l'une des grandes causes européennes de la période romantique).

Enfin on reconnut la notion d'une garantie de l'Europe pour les minorités : l'Acte de Berlin garantissait les droits civils et politiques des minorités des Balkans (dont les Juifs) et de toutes les minorités de l'Empire ottoman. Ces dispositions ne furent que plus ou moins respectées, mais elles introduisaient dans le droit public européen une innovation que l'on retrouvera en 1919.

Notons l'idée essentielle, malgré toutes les scories évidentes : le mouvement des nationalités doit être contrôlé et canalisé par les grandes Puissances, en fonction de leurs intérêts mais aussi d'une prise en compte prudente et progressive des réalités nationales, accompagnée de garanties en faveur des minorités contre les excès du nationalisme. Le principe fondamental n'est pas le droit des peuples à disposer d'eux-mêmes mais la reconnaissance des Nations par l'Europe. La Nation est considérée comme une construction progressive, à la fois historique, politique et culturelle, inscrite dans un cadre européen, non pas comme l'expression absolue d'une appartenance religieuse ou ethnique en tant que telle. Dans ce contexte elle n'est pas incompatible avec le maintien des équilibres mécaniques et organiques du Concert européen (mais dans le cadre d'une bien réelle hiérarchie des Puissances). C'est cette compatibilité qui allait être remise en question après et à la suite de la Première Guerre mondiale.

La montée des rivalités impériales

L'Europe avait fait la guerre à la France jusqu'en 1815 pour l'empêcher d'établir son hégémonie sur le Continent. La leçon n'avait pas été perdue, et tout le système d'équilibre et de garanties formelles et informelles mis en place à partir des traités de Vienne avait pour but d'empêcher la France, mais aussi la Russie (ou éventuellement la Confédération germanique, dirigée à l'époque par l'Autriche mais constituée par le Congrès de Vienne à dessein de façon très décentralisée) de dominer le Continent. Le grand bénéficiaire du système était la Grande-Bretagne. D'une façon générale on peut considérer que l'équilibre européen de 1815 à 1870 a reposé très largement sur elle. Puissance mondiale, sa marine et son industrie écrasaient celles des autres puissances. Mais son hégémonie, réelle au niveau mondial, ne s'accompagnait pas d'une tentation impériale en Europe même : sans intérêt direct sur le Continent, sinon le maintien de l'indépendance des Pays-Bas à l'égard de la France comme de la Prusse, elle consacrait simplement ses moyens et son énergie au maintien de l'équilibre et au respect des pratiques du Concert européen.

La France de Napoléon III essaya certes de remettre en cause les traités de 1815 et de retrouver un rôle essentiel en Europe. Néanmoins l'Empereur s'écarta moins des pratiques du Concert européen, c'est-à-dire du système de concertation permanente entre les grandes Puissances et de l'équilibre, qu'on ne le dit. Il provoqua le Congrès de Paris en 1856, il aurait d'ailleurs souhaité en susciter d'autres, à l'occasion des crises successives. Il souhaitait refaire l'Europe selon le principe des nationalités, mais il s'agissait de ce que l'on appelait alors les « grandes nationalités », pas d'une atomisation de l'Europe, et d'autre part aussi bien pour l'Italie que pour l'Allemagne sa position était plus complexe qu'on ne l'a dit (il aurait souhaité en fait une confédération italienne, et pour l'Allemagne deux États : une Allemagne du Nord, une Allemagne du Sud). En fait il s'agissait pour Napoléon III d'établir un nouvel équilibre, plus favorable à la France que celui de 1815, mais il s'agissait bien d'un équilibre, avec d'ailleurs un axe franco-britannique essentiel à ses yeux, pas d'une hégémonie.

Le problème de la tentation impériale commence à se poser vraiment à partir de 1871. Encore que Bismarck ait su y résister : il a voulu une « petite Allemagne », pas une grande incluant l'Autriche-Hongrie, comme l'avaient rêvée les révolutionnaires du *Vormärz* en 1848, parce qu'il a calculé, avec raison, que l'Europe accepterait l'une mais pas l'autre. Bismarck lui non plus ne remettait pas en cause la notion d'équilibre européen ; mais désormais celui-ci trouvait son centre de gravité à Berlin, plus qu'à Londres. La différence était que le Reich, à la différence de la Grande-Bretagne, ne pouvait pas se désintéresser du Continent et se contenter du rôle d'un *hegemon* bienveillant.

En particulier Bismarck contribua à la corruption du système par sa volonté, après 1871, de constituer une alliance permanente dès le temps de paix contre la France, ce qui était tout à fait contraire à l'esprit de collaboration entre les grandes Puissances qui était à la base du Concert européen, et ce qui devait entraîner, par réactions successives, la division du continent en deux alliances rivales. Cependant cela n'explique pas tout : jusqu'en 1913 inclusivement les alliances ont eu plutôt un effet calmant, le partenaire le moins directement impliqué dans la crise conseillant à son allié la modération. À chaque fois les notions d'équilibre et de Concert européen, et les pratiques diplomatiques qui y correspondaient, restaient opératoires. On a de multiples exemples d'une telle influence modératrice exercée par l'Allemagne sur l'Autriche, ou par la Russie sur la France, ou à l'inverse par la France sur la Russie, à l'occasion des crises successives. Et d'autre part les grandes crises liées à l'expansion coloniale des métropoles européennes avaient dans l'ensemble été réglées avant 1914 dans le cadre du système de concertation du système européen : conférence de Berlin en 1885 pour le partage de l'Afrique, conférence d'Algésiras en 1906 pour le Maroc, divers accords en 1913 et 1914 sur la question du partage éventuel des colonies portugaises en Afrique (qui finalement devaient survivre longtemps à celles des partageurs putatifs !) ou du grand projet du chemin de fer de Bagdad. Même s'il est clair que les tensions internationales et les rivalités s'aggravent à partir de la crise marocaine de 1905, le système européen n'est pas mort. Retenons d'ailleurs que la hiérarchisation des Puissances contribuait à sa stabilité, même si dès la fin du XIXe siècle certains juristes et hommes politiques contestaient de plus en plus le principe même de cette hiérarchisation.

Pourquoi donc le Concert européen a-t-il échoué en 1914 ?

Le Concert européen fonctionna en effet encore vaille que vaille lors des deux guerres balkaniques de 1912 et 1913 : par une concertation difficile mais permanente (qui eut lieu dans le cadre d'une conférence d'ambassadeurs dite « conférence de Londres ») on parvint à maintenir le conflit localisé. Les grandes Puissances européennes arrivèrent donc à gérer une fois de plus le déclin de la Turquie d'Europe et à arbitrer les rivalités grandissantes des nations balkaniques entre elles. Une fois de plus, la notion d'équilibre européen avait modulé la réalisation des aspirations nationales dans les Balkans.

Mais en 1914, après l'attentat de Sarajevo, ce fut l'échec du Concert européen et la guerre européenne. Pourquoi ? Les explications habituelles sur la rivalité des grandes Puissances et la montée des nationalismes comportent évidemment leur part de vérité, mais, on vient de le voir, elles sont insuffisantes, car le système était suffisamment souple pour absorber beaucoup de crises. L'explication la plus profonde me paraît triple. Tout d'abord, il ne s'agit plus à partir du tournant du siècle de maintenir l'équilibre européen, ce qui était finalement encore le cas pour Bismarck, mais de le transformer. L'Allemagne de Guillaume II développa en effet des ambitions bien supérieures à celles de Bismarck. Berlin, selon la formule de Bethmann Hollweg, qui le reprochait à ses prédécesseurs, mena une politique navale contre l'Angleterre, une politique marocaine contre la France, et une politique turque contre la Russie. Du coup le Reich constitua de ses mains la Triple Entente ! Ensuite, affolée par l'encerclement qui se dessinait, l'Allemagne multiplia les crises (dont les deux crises marocaines) et les pressions pour briser la Triple Entente et d'abord l'Alliance franco-russe. Mais de façon maladroite et, en 1914, car il s'agissait bien d'abord pour Berlin à l'occasion de la crise de Sarajevo de rompre l'Alliance franco-russe, de façon catastrophique.

Mais en face Paris et Saint-Pétersbourg réagissaient contre ce qui était perçu comme une menace d'hégémonie allemande (même si Berlin était mue davantage par l'obsession de la sécurité que par une véritable tentation impériale). Delcassé en particulier fit tout pour isoler Berlin. Sa gestion de l'affaire marocaine en 1904-1905 était d'ailleurs de ce point de vue contraire aux principes du Concert et aux accords existants, dont l'Allemagne se présenta, pas tout à fait à tort, comme le défenseur.

Et les choses allaient au-delà : en France comme en Russie on spéculait sur la probable dislocation de l'Autriche-Hongrie à la mort de François-Joseph, et on imaginait une grande redistribution des cartes dans une négociation générale : l'Allemagne récupérerait l'Autriche allemande, mais en échange la France récupérerait l'Alsace-Lorraine et la Russie mettrait la main sur la Pologne autrichienne. Les équilibres souhaités dans les grandes capitales (Londres mise à part) n'étaient plus compatibles entre eux. Delcassé lui-même ne cachait pas à ses collaborateurs qu'il ne croyait plus à la notion même d'équilibre européen, une « calembredaine » selon lui. D'autre part à partir de 1912, à Berlin mais aussi à Paris et à Saint-Pétersbourg, l'éventualité d'une guerre européenne qui permettrait d'accélérer le rééquilibrage souhaité et de sortir de la tension permanente est prise de plus en plus au sérieux.

Ensuite il faut bien en revenir au point de départ immédiat de la guerre de 1914 : les Balkans. Cette région a bien joué un rôle essentiel. En effet les intérêts vitaux (ou perçus comme tels) des grandes Puissances européennes s'y entrecroisent, directement ou indirectement. Vienne pense à défendre la survie de la Double Monarchie face à l'irrédentisme serbe et à la montée des nationalismes balkaniques et n'est plus prête, comme lors des crises précédentes, à des concessions. Saint-Pétersbourg ne peut plus ou ne veut plus se permettre, comme lors des alertes précédentes, de ne pas soutenir à fond les Serbes. Les Allemands, de plus en plus inquiets de la progression de la puissance militaire russe, décident cette fois-ci de soutenir à fond leur seul allié réel, l'Autriche-Hongrie. Les Français, de plus en plus persuadés que l'Allemagne veut exploiter sa position de puissance dominante économique et militaire en Europe, ne pensent plus pouvoir courir le risque d'affaiblir l'alliance franco-russe en ne soutenant pas à fond Saint-Pétersbourg et en renouvelant les conseils de prudence qu'ils avaient prodigués lors de crises précédentes. Ces attitudes raidies de toute part expliquent l'engrenage, dont les contemporains eurent d'ailleurs conscience. À la différence des crises précédentes, en juillet 1914 Berlin encourage Vienne à l'intransigeance, et Paris n'a qu'une crainte, c'est que Saint-Pétersbourg ne lâche et ne laisse la France en face d'une Triplice renforcée. L'affaire des Balkans apparaît désormais comme trop vitale aux uns et aux autres pour que l'on puisse transiger, comme on l'avait encore fait l'année précédente.

Plus fondamentalement encore la crise de 1914 s'explique à mon sens par un profond et double changement dans la nature de la vie politique des pays européens et même de leur culture politique depuis la fin du XIXe siècle, changements qui entraînèrent une modification des valeurs dominantes de la vie internationale. Le Concert européen reposait en effet sur un ensemble de valeurs de civilisation, essentiellement dérivées du libéralisme des Lumières, qui étaient portées par des élites dirigeantes encore peu nombreuses et largement aristocratiques, pour lesquelles les affaires de l'Europe étaient finalement, au figuré mais aussi au propre, des affaires de famille. Or depuis la fin du XIXe, la démocratisation de la vie publique, plus ou moins étendue mais partout nette, l'arrivée au pouvoir de couches nouvelles, remettent en cause ce véritable club international qui avait géré jusque-là les affaires européennes. Bien entendu ce club est radicalement remis en cause par l'internationalisme des socialistes marxistes. Mais on voit se développer dans les milieux de la gauche non socialiste, en France mais aussi au niveau européen, en particulier chez ces nationalités que l'on prend l'habitude de qualifier d'« opprimées », un courant radical qui rejette les Empires (Russie, Autriche-Hongrie) et le principe même du Concert européen. En effet celui-ci faisait dépendre la satisfaction des revendications nationales de l'accord des grandes Puissances européennes, ce que dans certains milieux l'on conteste justement de plus en plus depuis le début du siècle.

D'autre part le libéralisme issu des Lumières est battu en brèche par de nouveaux courants, par le marxisme certes mais aussi, de façon sans doute plus immédiatement grave à l'époque, par différentes formes de « darwinisme social », qui se traduisent en matière internationale par le recul de la notion d'une communauté européenne, et en particulier par le développement en Allemagne du pangermanisme, en Russie du panslavisme, c'est-à-dire par l'affirmation de solidarités quasi raciales transcendant les frontières étatiques et plus fortes que la communauté de civilisation européenne. Quant en 1913 le chancelier Bethmann Hollweg (pourtant modéré) parle devant le Reichstag d'un conflit fondamental entre le *Deutschtum* et le *Slaventum*, l'Europe est évidemment bien malade. D'une façon générale il est évident que les germes du totalitarisme, qu'il soit marxiste ou national-socialiste, sont déjà présents dans le système intellectuel de l'Europe d'avant 1914. Dans le cas allemand et russe, l'influence de ces nouveaux courants de pensée a contribué au durcissement des politiques gouvernementales dans les années qui ont précédé la guerre (en Allemagne on pense aux réactions négatives très vives provoquées par l'accord franco-allemand pourtant favorable au Reich qui avait mis fin à la crise marocaine de 1911).

Néanmoins en août 1914 les belligérants ne pensent pas à ce qui sera la Grande Guerre : ils pensent à une guerre courte, à l'issue de laquelle on retournerait devant le tapis vert pour établir un nouvel équilibre européen.

Les traités de 1919 et l'ordre européen

Les grands principes du wilsonisme (diplomatie ouverte, droit des peuples à disposer d'eux-mêmes) paraissaient bien sûr opposés, en première analyse, à la théorie et à la pratique du Concert européen : Wilson voulait justement réagir contre le système européen d'avant 1914 et opérer une révolution dans les relations internationales, afin de sortir des impasses de la paix armée et d'empêcher les grandes Puissances de céder à leur tentation impériale.

Certes, Wilson apporta incontestablement des éléments nouveaux : la SDN en particulier était censée se substituer au Concert européen et proclamait, par l'article 10 de son Pacte, le principe de l'intégrité territoriale et de l'indépendance politique de tous ses membres, ce qui s'opposait au magistère européen qu'exerçaient avant 1914 les Grandes Puissances et affirmait l'égalité en Droit international de tous les États. Mais ni les méthodes de travail ni l'idéologie de la SDN, organisation d'ailleurs à vocation mondiale, ne lui permirent de remplacer vraiment le Concert européen : l'Europe n'avait plus en fait en 1919 d'organe, formel ou informel, peu importe, de régulation. D'autant plus que l'Allemagne n'avait pas réellement pu négocier à Versailles et, jusqu'en 1926, resta écartée de la SDN : c'était une des différences les plus graves avec les traités de Vienne, qui avaient d'emblée rétabli l'ancien adversaire français dans son rôle international.

Cependant la tendance actuelle de l'historiographie est de considérer que lors des traités de 1919-1920 les méthodes et principes du Concert européen l'emportèrent dans les faits sur la notion du droit des peuples à disposer d'eux-mêmes. On souligne également la complexité et l'ambiguïté du wilsonisme. Bien entendu le Concert européen fut très critiqué à partir du déclenchement de la guerre de 1914-1918, qu'il n'avait pas su empêcher. Certes les Quatorze Points du Président Wilson de janvier 1918, le Traité de Versailles et la Société des Nations en 1919 se voulaient une réaction contre les pratiques de diplomatie secrète privilégiant le rôle des grandes Puissances qui avaient eu cours avant 1914. D'autre part la disparition de l'Empire austro-hongrois, de l'Empire turc, la Révolution russe, la défaite de l'Allemagne, le rôle international nouveau des États-Unis, la démocratisation de la vie publique et aussi des relations internationales, la division profonde de l'Europe après 1919 entre vainqueurs et vaincus, tout cela avait détruit certaines des bases essentielles de l'équilibre sur lequel avait reposé le Concert européen.

Néanmoins les études les plus récentes font ressortir que la notion de Concert européen n'était pas morte, et que s'il y a rupture en 1919 il y a aussi continuité : en 1919 les négociateurs de la Conférence de la Paix puisent leurs précédents dans le Congrès de Vienne et dans tout le

XIXe siècle. Notons d'ailleurs que toute de suite on décida, premier accroc au wilsonisme, que seules les « Principales puissances » (États-Unis, Grande-Bretagne, France, Italie, Japon) discuteraient de tout ; les « puissances à intérêts particuliers » ne seraient entendues que pour les questions les concernant directement (comme à Vienne en 1815 !). Les trois grands vainqueurs, malgré la *New Diplomacy*, établissent les frontières en tenant compte autant des équilibres européens que de la volonté des populations. Quant aux traités concernant les minorités nationales imposés aux nouveaux États, ils relèvent certes aussi de l'esprit nouveau mais en même temps ils prolongent les dispositions concernant les minorités prises aux Congrès de Paris de 1856 et de Berlin en 1878. En outre dès 1921, les Européens réagirent contre les abstractions wilsoniennes, constatèrent que la SDN serait peu efficace et envisagèrent de reconstituer, sans le dire, le Concert européen : ce fut chose faite avec les Accords de Locarno en 1925, qui fondamentalement investissaient la France, la Grande-Bretagne, l'Italie et l'Allemagne d'un rôle prééminent dans la gestion de l'ordre européen et établissaient entre elles les bases d'une concertation permanente ; c'était en fait un retour au Concert européen, certes tenant compte des conditions nouvelles, au moins autant que l'illustration de la « sécurité collective ». La notion de sécurité collective servant aussi à camoufler le retour de fait à une certaine prééminence des grandes Puissances.

Soulignons d'ailleurs ici le rôle d'un organisme peu connu mais très important, la Conférence des Ambassadeurs. Présidée par le diplomate français Jules Cambon, celle-ci réunissait en permanence à Paris les ambassadeurs des principales Puissances alliées, de 1920 à 1931. Beaucoup de problèmes importants furent discutés et réglés dans cette enceinte, au moins autant qu'à la SDN. C'était de la diplomatie à l'ancienne. Une telle Conférence des ambassadeurs alliés avait d'ailleurs existé à Paris de 1815 à 1818, pour surveiller la France !

Il reste que Locarno ne ramenait quand même pas à la situation d'avant 1914, en dehors même du fait que la Russie restait à l'extérieur du système. En effet la claire hiérarchisation d'avant 1914 n'existe plus : la Pologne, la Tchécoslovaquie avec Bénès, la Roumanie avec Take Ionescu (dans les deux derniers cas largement grâce à la tribune de la SDN à Genève) jouent un rôle non négligeable, que Paris ou Londres ne contrôlent pas. On peut même dire que la France se retrouve souvent à la remorque de ses supposés clients. De la hiérarchisation on passe plutôt à l'anarchie européenne, comme le montrent de nombreux conflits insolubles (les plus graves pour l'équilibre européen d'ensemble étant le conflit polono-tchèque et le conflit polono-lithuanien). D'où des tentatives des grandes Puissances pour reprendre le contrôle d'une situation qui paraît ingérable et rétablir une certaine hiérarchie : on peut interpréter aussi ainsi le Pacte à Quatre de 1933 et jusqu'à la Conférence de Munich de septembre 1938, entre la Grande-Bretagne, l'Allemagne, la France et l'Italie.

En somme le Concert européen perdurait, sans qu'on ose le proclamer, mais ses conditions n'étaient plus vraiment réunies. Ce n'était plus en fait qu'une caricature, une perversion de l'ancien système européen.

Sur le fond, on a souvent reproché aux négociateurs de 1919 la disparition de l'Autriche-Hongrie, facteur essentiel de l'ancien équilibre européen. Sa disparition, ainsi que celle de l'Empire russe et de l'Empire ottoman, étaient, à mes yeux, inévitable, dès lors que la guerre s'était prolongée au-delà de l'automne 1917, ultime limite après laquelle une paix de compromis n'était plus envisageable. On ne peut reprocher ces bouleversements aux négociateurs de 1919. Mais on peut leur reprocher de n'avoir pas compris à quel point cette disparition des Empires détruisait le Concert européen, auquel ils apportaient une contribution essentielle justement sans doute parce qu'ils étaient multinationaux, et remettait en cause l'équilibre du continent. En particulier la multiplication de frontières contestées sur les ruines des anciens Empires transformait des tensions internes à ces Empires en tensions internationales, sans les possibilités de jeu et de médiation des anciennes capitales impériales, ce qui a contribué à l'anarchie que j'ai soulignée. En outre l'Allemagne, certes affaiblie, l'était finalement beaucoup moins que ce que l'on aurait pu prévoir, et se retrouverait en position de bénéficier de l'éclatement des structures de l'Europe centrale et orientale. Les auteurs du Traité de Versailles avaient beaucoup moins bien rétabli l'équilibre mécanique de l'Europe que ceux des traités de Vienne.

Certes il est vrai que les auteurs des traités de 1919 pensaient pouvoir établir le nouvel équilibre de l'Europe sur le principe des Nationalités, dans la conviction que la reconnaissance de celles-ci et la fin des Empires éliminerait la cause primordiale des tensions. Mais là leur œuvre était frappée par une ambiguïté fondamentale : en effet ni la Pologne, ni la Tchécoslovaquie, ni la Roumanie nouvelle ne respectaient, dans leurs structures mêmes, de façon stricte le principe des nationalités ; elles répétaient à plus petite échelle les multinationalismes des Empires, et là aussi au bénéfice d'une ethnie dominante. Cette ambiguïté fondamentale taraudera, de la Tchécoslovaquie à la Yougoslavie en passant par les minorités hongroises ici et là, l'ordre établi en 1919 et ne permettra pas de stabiliser de façon durable les États issus des traités de 1919.

Les négociateurs de 1919 étaient d'autre part parfaitement conscients des nécessités de l'équilibre organique de l'Europe. De même que ceux de 1815 partageaient un certain nombre de valeurs communes, pour leurs successeurs il paraissait clair que les grands principes de la démocratie libérale allaient balayer les structures politiques aristocratiques, autoritaires, « militaristes » d'une partie de la vieille Europe. Il est évident que pour fonctionner dans le cadre idéologique et politique prévu le système de Versailles nécessitait une telle transformation de l'Europe. Mais justement celle-ci ne devait être que très partielle, à cause de la rémanence des anciennes structures de pouvoir (malgré parfois un badigeonnage républicain, comme dans le Reich). En outre l'apparition du fascisme, du national-socialisme et du bolchevisme en Russie et leurs répercussions ailleurs, en bref l'apparition des totalitarismes, contribuèrent à faire échouer le modèle démocratique libéral dans toute une partie de l'Europe. Et aussi bien Mussolini que Hitler et Staline étaient radicalement opposés à la notion même d'« ordre européen ». Hitler en particulier concevait bien l'Europe, davantage qu'on ne l'a dit, et certains secteurs du régime national-socialiste encore plus nettement que lui. Mais cette Europe, comprise comme un bastion opposé à la mondialisation libérale « judéo-ploutocratique » et constituée selon une stricte hiérarchie raciale, n'aurait rien eu à voir avec celle de 1815 ou de 1919. Et ce malgré les illusions que certains entretenaient à Vichy, où on parlait beaucoup d'« ordre européen », pour tenter de ménager à la France une place dans une Europe bouleversée par la victoire supposée de l'Allemagne, ou, encore mieux pour Pétain, à l'occasion d'une paix blanche imposée par les États-Unis.

1945-1990 : le dernier avatar de l'ordre européen

Il est clair qu'en 1945 la notion de « Concert européen » était définitivement dépassée, et que celle d'« équilibre européen » était très généralement considérée comme ayant conduit à deux guerres mondiales et définitivement rejetée. La paix par l'équilibre avait échoué deux fois, on avait vu avec Hitler (et on commençait à voir avec Staline) où conduisait la paix par l'Empire : c'était désormais la notion de « construction européenne », à visée plus ou moins fédérale, qui paraissait s'imposer et qui devait aboutir à l'actuelle Union européenne. D'autre part, le monde et l'Europe elle-même allaient être divisés et s'organiser autour de la confrontation bipolaire mondiale entre les États-Unis et l'URSS. Que ce soit pour l'école d'interprétation « réaliste » et géopolitique de la guerre froide, ou pour l'école « idéocratique », on ne peut pas parler d'un « ordre européen » entre 1945 et 1990 : l'équilibre Est-Ouest dépasse l'Europe, il n'y a plus de structures paneuropéennes, la division idéologique du continent supprime l'idée même de valeurs communes.

Notons cependant qu'en 1945, à Yalta et à Potsdam, et encore en février 1947 avec les traités de paix conclus avec les alliés de l'Allemagne, les vainqueurs avaient voulu définir, par un ensemble d'accords, les bases politiques et juridiques d'un véritable système européen. Certes, ces accords étaient faussés dès le départ par les arrière-pensées inconciliables des Anglo-Saxons et des Soviétiques, et par l'interprétation radicalement différente que l'on avait de la notion même de démocratie. Néanmoins 1945 n'est pas 1947 : personne, pas même Staline, ne souhaitait en 1945 la rupture de l'entente des vainqueurs du nazisme. Si on analyse les accords de 1945-1947, on voit se dessiner, tenant compte des leçons du passé, les linéaments d'un système européen : la démocratie affirmée désormais comme norme du droit public européen, un contrôle étroit de l'Allemagne, la gestion du problème allemand et des affaires européennes par les Quatre grands, dont l'URSS et les États-Unis, réintégrés ou intégrés dans le système après les événements de 1917-1919. Mais notons que les vainqueurs de 1945 ont immédiatement reconstitué une hiérarchie !

Notons enfin que, malgré l'échec à peu près immédiat de ce que l'on avait voulu bâtir à Potsdam, à cause de la politique soviétique et de la communisation brutale de l'Europe orientale, ainsi que de la compétition, dès 1946, autour de l'Allemagne, certains éléments de ces accords n'ont pas été totalement éliminés dans la période de la guerre froide. En particulier la Déclaration de Potsdam restait le cadre juridique de référence pour la question allemande, aussi bien pour les Occidentaux que pour les Soviétiques. Comme, en l'absence d'un traité de paix avec l'Allemagne, tout le monde, à l'Est comme à l'Ouest, éprouvait le besoin de se raccrocher au seul ordre juridique existant concernant l'Allemagne dans son ensemble, les accords de Potsdam survécurent, même en quelque sorte congelés par la guerre froide. En 1989-1990, devant la nécessité d'établir un cadre juridique pour résoudre la crise et aussi de permettre à Gorbatchev de sauver la face, on les ressortit du congélateur. Le dernier avatar de l'ancien système européen était en quelque sorte fugitivement ressuscité, au moment où la déclaration sur l'Europe nouvelle de novembre 1990 réglait enfin le vieux débat idéologique autour de la notion de démocratie en faisant triompher clairement, dans un texte paneuropéen, sa version libérale.

Équilibre hiérarchisé, système juridique international, procédures diplomatiques multilatérales, valeurs de civilisation communes : tant que ces conditions ont été remplies, l'ordre européen classique a fonctionné dans l'ensemble. Certains penseront que la construction européenne désormais n'a rien à retenir de ce passé. D'autres estimeront peut-être que ces leçons ne sont pas inactuelles et conservent leur valeur même dans une union toujours plus étroite, et peut-être même que derrière le discours officiel de nombreux responsables en sont en fait convaincus.

Bibliographie

Jean-Baptiste Duroselle, *L'Europe de 1815 à nos jours*, Paris, PUF, 1991.

Pierre Renouvin, *Histoire des Relations internationales*, t. III, Paris, Hachette, 1994.

Henry Kissinger, *Diplomatie*, Paris, Fayard, 1996.

Raymond Aron, *Paix et guerre entre les nations*, Paris, Calmann-Lévy, 1962.

« L'Ordre européen aux XIXe et XXe siècles », *Relations internationales*, n° 90, été 1997.

Jean Bérenger et Georges-Henri Soutou (dir.), *L'Ordre européen du XVIe au XXe siècle*, Paris, Presses Universitaires de Paris-Sorbonne, 1998.

Immanuel Wallenstein, *Le système du monde du XVe siècle à nos jours*, 2 tomes, Paris, Flammarion, 1980 et 1985.

Hagen Schulze, *Staat und Nation in der europäischen Geschichte*, Berlin, C. H. Beck, 1995.

Ennio Di Nolfo, *Dagli imperi militari agli imperi tecnologici*, Rome, Laterza, 2002.

Georges Livet, *L'équilibre européen de la fin du XVe à la fin du XVIIIe siècle*, Paris, PUF, 1976.

Arno Strohmeyer, *Theorie der Interaktion. Das europäische Gleichgewicht der Kräfte in der frühen Neuzeit*, Vienne, Böhlau, 1994.

Heinz Duchhardt, *Balance of Power und Pentarchie 1700-1785*, Paderborn, Schöningh, 1997.

Jean-Baptiste Duroselle, « Le Concert européen », *Relations internationales*, n° 39, automne 1984.

Henry Kissinger, *Le chemin de la paix*, Paris, Denoël, 1992.

Peter Krüger, *Das europäische Staatensystem im Wandel*, Oldenbourg, Oldenbourg Verlag, 1996.

Maurice Bourquin, *Histoire de la Sainte Alliance*, Genève, Georg et Cie, 1954.

Guillaume de Bertier de Sauvigny, *Metternich et son temps*, Paris, Hachette, 1959.

Guillaume de Bertier de Sauvigny, *La Sainte-Alliance*, Paris, A. Colin, 1972.

Paul W. Schroeder, *The Transformation of European Politics 1763-1848*, The Oxford History of Modern Europe, Oxford, Oxford UP, 1994.

Eckart Conze, « Wer von Europa spricht, hat Unrecht. Aufstieg und Verfall des vertragsrechtlichen Multilateralismus im europäischen Staatensystem des 19. Jahrhunderts », in *Historisches Jahrbuch*, 121, Munich, Verlag Karl Alber Freiburg, 2001.

Harold Nicolson, *The Congress of Vienna*, Londres, Constable, 1946.

Guglielmo Ferrero, *Talleyrand au Congrès de Vienne*, Paris, Éditions de Fallois, (1940) 1996.

Franz Knipping (ed.), *Das System der Vereinten Nationen und seine Vorläufer*, Bd. II, *19. Jahrhundert und Völkerbundszeit*, Munich, Beck, 1996.

François Crouzet, « L'Europe "hors les murs", la *pax britannica* », in *Les enjeux de la paix. Nous et les autres XVII*^e *XX*^e *siècle*, sous la direction de Pierre Chaunu, Paris, PUF, 1995.

Christopher Jones Bartlett (ed.), *Britain Pre-Eminent. Studies of British World Influence in the Nineteenth Century*, Londres, Longman, 1969.

John Clarke, *British Diplomacy and Foreign Policy 1782-1865*, Londres, 1989.

Anselm Doering-Manteuffel, *Die Deutsche Frage und das europäische Mächtesystem 1815-1871*, München, Oldenbourg, 2001.

Winfried Baumgart, *Europäischer Konzert und nationale Bewegung. Internationale Beziehungen 1830-1878*, Paderborn, 1999.

Reiner Marcowitz, *Grossmacht auf Bewährung. Die Interdependenz französischer Innen-und Aussenpolitik 1814/15-1851/52*, Thorbecke, 2001.

Klaus Hildebrand, *No Intervention. Die Pax Britannica und Preussen, 1865/66-1869/70. Eine Untersuchung zur englishen Weltpolitik im 19. Jarhundert*, München, 1997.

Lothar Gall, *Bismarck*, Paris, Fayard, 1980.

Michael Stürmer, *Das Ruhelose Reich, Deutschland 1866-1918*, Berlin, Severin und Sieler, 1983.

Wolfgang Mommsen, *1870-1914 Die Aussenpolitik des deutschen Reiches. Grossmachtstellung und Weltpolitik*, Francfort-Berlin, Propyläen, 1993.

George F. Kennan, *The Decline of Bismarck's European Order : Franco-Russian Relations, 1875-1890*, Princeton, Princeton UP, 1979.

Louis Claeys, *Delcassé*, Paris, Acala, 2001.

Verdiana Grossi, *Le pacifisme européen 1889-1914*, Bruxelles, Bruylant, 1994.

Georges-Henri Soutou, Ghislain de Castelbajac, Sébastien de Gasquet, *Recherches sur la France et le problème des Nationalités pendant la Première Guerre mondiale (Pologne, Lithuanie, Ukraine)* sous la direction de Georges-Henri Soutou, Paris, Presses de l'Université de Paris-Sorbonne, 1995.

Manfred F. Boemecke, Gerald D. Feldman, Elisabeth Glaser (eds.), *The Treaty of Versailles. A Reassessment after 75 Years*, Cambridge UP, 1998.

Margaret Macmillan, *Peacemakers. The Paris Conference of 1919 and Its Attempt to End War*, Londres, John Murray, 2001.

Gerd Krumeich/Silke Fehlemann (eds.), *Versailles 1919*, Klartext, 2001.

R. Ahmann, A. M. Birke et M. Howard, *The Quest for Stability. Problems of West European Security 1918-1957*, Oxford, Oxford UP, 1993.

Claude Carlier, Georges-Henri Soutou (dir.), *1918-1925 Comment faire la paix ?*, Paris, Economica, 2001.

Pierre Ayçoberry, Jean-Paul Bled, Istvan Hunyadi (dir.), *Les conséquences des traités de paix de 1919-1920 en Europe centrale et sud-orientale*, Strasbourg, PUS, 1987.

Marta Petricioli, *Une occasion manquée ? 1922 : la reconstruction de l'Europe*, Bruxelles, Peter Lang, 1995.

Pierre Gerbet, Marie-Renée Mouton, Victor-Yves Ghébali, *Le rêve d'un ordre mondial, de la SDN à l'ONU*, Paris, Imprimerie nationale, 1996.

Peter Krüger, *Die Aussenpolitik der Republik von Weimar*, Darmstadt, 1985.

Gabriele Clemens (ed.), *Nation und Europa. Festschrift für Peter Krüger zum 65. Geburtstag*, Stuttgart, Franz Steiner Verlag, 2001.

Sous la direction de Mikhail Narinski, d'Elisabeth du Réau, de Georges-Henri Soutou et d'Alexandre Tchoubarian, *L'URSS et l'Europe dans les années 1920*, Paris, PUPS, 2000.

Alexander Tchoubarian, *The European Idea in History in the Nineteenth and Twentieth Centuries. A View from Moscow*, Londres, Frank Cass, 1994.

Birgit Kletzin, *Europa aus Rasse und Raum. Die natinalsozialistische Idee der Neuen Ordnung*, Münster, LIT Verlag, 2002.

Jürgen Elvert, *Mitteleuropa ! Deutsche Pläne zur europäischen Neuordnung (1918-1945)*, Stuttgart, Franz Steiner Verlag, 1999.

Relations Internationales, nos 107 et 108, automne 2001 et hiver 2002, « Les politiques extérieures de la France pendant la Deuxième Guerre mondiale ».

Jürgen Heideking, *Aeropag der Diplomaten : Die Pariser Botschafterkonferenz der europäischen Hauptmächte und die Probleme der europäischen Politik, 1920-1931*, Husum, 1979.

Le primat de la civilisation occidentale au principe des premiers plans d'Europe unie

Jean-Luc CHABOT

Université Pierre Mendès-France – Grenoble II

La paix mondiale ne saurait être sauvegardée sans des efforts créateurs à la mesure des dangers qui la menacent. La contribution qu'une Europe organisée et vivante peut apporter à la civilisation est indispensable au maintien des relations pacifiques. En se faisant depuis plus de vingt ans le champion d'une Europe unie, la France a toujours eu pour objet essentiel de servir la paix. L'Europe n'a pas été faite, nous avons eu la guerre.

Tel est le début de la fameuse déclaration Schuman du 9 mai 1950 lançant le projet Monnet de création d'une « communauté européenne du charbon et de l'acier », première étape de ces « communautés »[1] qui se sont amplifiées avec les traités de Rome de 1957. Ce texte, dès la quatrième ligne, se fait l'écho de la proposition Briand du 5 septembre 1929, comme un coup de chapeau adressé vingt ans après à son prédécesseur au Quai d'Orsay, comme un mérite dans la constance que s'auto-décerne la nation française à travers ses initiatives de politique extérieure :

Je pense, s'exprimait « l'apôtre de la paix » à la tribune de la Société des Nations, qu'entre des peuples qui sont géographiquement groupés comme les peuples d'Europe, il doit exister une sorte de lien fédéral, [...] un lien de solidarité [...] C'est ce lien que je voudrais m'efforcer d'établir [...] le lien fédéral sans toucher à la souveraineté d'aucune des nations [...].

Le 17 mai 1930 cette intention se concrétisait par le « Mémorandum sur l'Union européenne » présenté par la France aux autres États euro-

---

[1] Jean-Luc Chabot, « L'Union européenne est-elle une communauté ? », in Michel Michel (dir.), *Le fait communautaire et les institutions en France*, Lausanne, L'Âge d'Homme, 2002, p. 102-114.

péens. « Union européenne », telle est l'appellation commune à cette première tentative et aux derniers développements de la construction communautaire : le Traité de Maastricht 1992 et le projet de Constitution de 2004 soumis depuis lors à la ratification des vingt-cinq États membres.

Dans les deux cas, des vingt-sept ou vingt-huit pays européens en 1929 (la Russie/URSS exceptée) aux vingt-cinq États constituant l'Union en 2004 (avec la perspective d'une trentaine dans la décennie à venir), ce qui est en vue c'est la dimension continentale de cette Europe, par delà les péripéties tragiques du nazisme et du communisme qui ont cherché à établir leur empire au cœur de cet espace[2]. L'effondrement du communisme en Europe centrale et orientale à partir de l'année 1989, a restitué la plénitude de l'espace géographique que connaissait l'Europe des années 1920 : les frontières occidentales de l'URSS d'alors correspondaient, à quelques variantes près, aux frontières actuelles de la République fédérative de Russie à l'exception aujourd'hui de l'existence à titre d'États indépendants du Belarus, de l'Ukraine et de la Moldavie. Ne restent hors de l'Union pour l'instant que l'Islande, la Norvège, la Suisse, le Lichtenstein, une bonne partie des États de l'ex-Yougoslavie, l'Albanie, l'enclave russe de Kaliningrad ainsi que les pays candidats (Roumanie, Bulgarie et Turquie). En moins d'un siècle, les rêves des promoteurs de la construction européenne de l'après Première Guerre mondiale sont devenus réalité quant à l'appellation et quant à l'extension territoriale.

Car c'est bien à partir des années 1920 du XXe siècle, qu'apparaît le foisonnement des auteurs, des propositions et des mouvements en faveur de l'idée d'une Europe unie[3]. Celui qui se détache de cet ensemble de manifestations publiques et qui les cumule toutes, c'est certainement le Comte Richard de Coudenhove-Kalergi avec son ouvrage central sur la question, *Paneuropa* de 1923, ainsi que le mouvement du même nom qu'il crée presque simultanément et qui est le seul à subsister aujourd'hui, quatre-vingts ans après, sous le nom d'« Union paneuropéenne ». D'autres initiatives se mêlent alors à la sienne pendant la décennie favorable de 1922 à 1932 ; citons à titre d'exemple, « Europa »

---

[2] Comme l'écrivait Richard de Coudenhove-Kalergi en 1923 : « ... Une grande partie de l'Allemagne espère par une alliance russe déchirer un jour le Traité de Versailles et partager une nouvelle fois la Pologne ... La question européenne ne sera résolue que par l'union des peuples de l'Europe. Cette union se fera ou volontairement, par la constitution d'une fédération paneuropéenne, ou involontairement, par la conquête russe ... », *Paneuropa*, Wien-Liepzig, Paneuropa Verlag, 1924, trad. fr. *Paneurope*, avant-propos de Philippe Simon, Paris, Éditions Paneuropéennes, 1927, p. 29 et 60.

[3] Jean-Luc Chabot, *Aux origines intellectuelles de l'Union européenne : l'idée d'Europe unie de 1919 à 1939*, Grenoble, Presses universitaires de Grenoble, 2005.

ou « États-Unis des Nations européennes » que son auteur le Dr Heerfordt appelle l'« Initiative scandinave », le Comité franco-allemand d'information et de documentation lancé par l'industriel luxembourgeois Emile Mayrisch, l'« Union Douanière européenne » de Yves Le Troquer et Lucien Coquet, les « Comités de Coopération européenne » d'Henri Truchy et Emile Borel, l'« Entente européenne » de Paul Bénazet, etc. Des essayistes, des écrivains, des penseurs ont laissé à la postérité leur passion du moment pour la réalisation d'une Europe unie : Gaston Riou, auteur de *Europe, ma patrie* (1928) et de *S'unir ou mourir* (1929), Julien Benda et ses *Discours à la nation européenne* (1933), un Drieu la Rochelle inattendu avec *L'Europe contre les patries* (1931), Bertrand de Jouvenel *Vers les États-Unis d'Europe* (1930), etc. On peut y joindre des hommes de plume tels Paul Valéry, Romain Rolland, Jules Romains, Georges Duhamel, Ortega y Gasset, William Martin, etc. comme des politiques, tels Rathenau, Caillaux, Hantos, Trotski, Herriot, Streseman ou Briand, bien évidemment. Comme l'écrit Georges Duhamel en 1933, « c'est pendant la guerre que nous avons pris une forte conscience de l'Europe et de ce qu'elle représentait dans le monde »[4].

Il est vrai qu'à l'issue de cette Première Guerre mondiale, les thèmes récurrents portent sur les concepts de « déclin » et de « décadence » engendrant en réaction ceux de « suprématie » et d'« hégémonie » : l'heure est à un appel aux élites nouvelles dont dépend le sort de l'humanité qui passerait nécessairement par celui de l'Europe, prolongement logique d'une guerre mondiale parce que nationaliste/impérialiste intra-européenne. En forçant à peine le trait, la période dite de « l'entre-deux-guerres » va constituer un laboratoire intellectuel très riche quant aux idées et au débat sur la construction de l'Europe mais un échec presque complet quant aux réalisations, tandis que la période 1947-1989, qualifiée *a posteriori* de « guerre froide », est tout entière marquée par un pragmatisme constructeur suivi d'une réussite certaine, mais sans grande ouverture à la discussion intellectuelle. Centrés sur la première période, mais sans omettre des comparaisons avec la deuxième, nous envisagerons successivement parmi les finalités de cette construction européenne, l'idée de conservation d'une certaine suprématie mondiale des nations européennes, face aux moyens d'y parvenir, alternativement marqués par le recours hypertrophié à l'éthique et à la technique.

---

[4] Georges Duhamel, in *L'avenir de l'esprit européen*, Congrès de Paris, 16-18 octobre 1933, Paris, SDN., Institut de coopération intellectuelle, 1934.

I. Déclin et suprématie dans les raisons d'être de l'Union européenne

A. Les quatre sens du mot « Europe »

Il convient en premier lieu de mettre à jour la polysémie du mot « Europe » autour de quatre sens principaux : géographique, de civilisation, de puissance mondiale dominatrice, de volontarisme constructif et technicien. L'effort de caractérisation géographique planétaire par continents se heurte à la réalité physique d'une Eurasie : s'il n'y a guère de difficultés à identifier le nord, l'ouest et le sud du « continent » européen, il n'en est guère de même avec l'est ; la géopolitique de la Russie multi-séculaire le démontre fort bien ; l'Oural (dans l'expression « de l'Atlantique à l'Oural » utilisée aussi bien par De Gaulle au début des années 1960 que trente ans plus tard par Jean-Paul II) est un référent symbolique culturel qui cherche à inclure en Europe son extrême orient, se confondant avec l'extrême occident d'un empire eurasique à domination Russe. La réplique mineure du problème posé par la Russie à l'est, c'est la question de l'inclusion ou non de la Turquie.

L'Europe c'est aussi – deuxième sens – le lieu historique de développement d'une civilisation dite occidentale où le christianisme joue le rôle de matrice sur les fondements d'une double rationalité grecque et romaine dans le contexte de populations guerrières et primitives. Ce sont bien les racines culturelles communes de l'Europe au présent. L'Europe ce fut ensuite – troisième sens – une pluralité de nations travaillées simultanément par le nationalisme et la révolution industrielle, étendant leur domination sur le monde entier par l'impérialisme et la suprématie technicienne ; derrière le singulier trompeur du mot Europe, c'est la rivalité conflictuelle des États européens à l'apogée du nationalisme, pour le moins de 1870 à 1945. Et enfin, le quatrième et dernier sens, relève du volontarisme contemporain, depuis un peu moins d'un siècle : construire un ensemble sociétal regroupant les principaux États de ce « continent » européen.

B. Enrayer le déclin de l'Europe par la réalisation de son unité politique

À partir de ce dernier sens, et dans l'après Première Guerre mondiale, le volontarisme constructeur d'une Europe unie parmi les multiples finalités poursuivies (paix, prospérité économique par un marché continental, rationalité des techniques de communication, etc.), cherche à enrayer le déclin de l'Europe. Il s'agit là d'un thème très fortement exprimé dès le début des années 1920 et qui se décline sous les quatre figures suivantes : déclin de puissance des nations européennes, déclin de la race blanche, déclin de la civilisation européenne et déclin même de toute l'humanité.

L'un des textes les plus célèbres de l'époque – car souvent cité – c'est celui d'Albert Demangeon faisant état en 1920 du constat suivant :

> On peut donc dire que nous assistons au déclin de l'Europe.Il est intéressant de chercher sur quels points de la terre on commence à voir son domaine se démembrer et quels sont les pays qui profitent de ce déplacement de fortune. Il apparaît nettement que, sur des territoires différents et à des titres divers, les héritiers de l'Europe sont les États-Unis et le Japon.[5]

À cette ascension de puissances rivales dans l'hégémonie mondiale s'ajoute le début de la remise en cause de l'impérialisme des États européens par la quête d'indépendance des pays qu'ils ont colonisés :

> Et voici que les races parmi lesquelles l'Europe avait longtemps recruté des esclaves et des ouvriers, commencent à réclamer le traitement politique qui sera le premier fondement de leur indépendance économique : c'est toute la fortune de l'Europe qui chancelle.[6]

Dans *Paneuropa*, Coudenhove-Kalergi parle de « la ruine de l'hégémonie mondiale de l'Europe » ; Gaston Riou insiste particulièrement sur le basculement de puissance entre Europe et Amérique : « Un Gugliemo Ferrero, un Lucien Romier sont frappés par la croissance du bloc américain [...] il n'est pas niable qu'il soit très profond et vraiment pathétique leur doute sur le demain de notre hégémonie. En fait ils croient que la palme va passer de la mère à la fille, à la fille aînée d'outre-mer. »[7] Dans un passage célèbre de *Regards sur le monde actuel* qui sera surtout cité après la Seconde Guerre mondiale, Paul Valéry renchérit dans le quasi-prophétisme :

> Le résultat immédiat de la Grande Guerre fut ce qu'il devait être : il n'a fait qu'accuser et précipiter le mouvement de décadence de l'Europe. [...] L'Europe aspire visiblement à être gouvernée par une commission américaine. Toute sa politique s'y dirige. Ne sachant nous défaire de notre histoire, nous en serons déchargés par des peuples heureux qui n'en ont point ou presque point. Ce sont des peuples heureux qui nous imposeront leur bonheur.[8]

Du déclin de puissance à la décadence morale, le pas est franchi par plusieurs auteurs dont Raymond Poincaré dans la préface qu'il écrivit à l'ouvrage de Gaston Riou en 1928 : « Ainsi les uns doutant de l'Europe

---

[5]   Albert Demangeon, *Le déclin de l'Europe*, Paris, Payot, 1920, p. 16.

[6]   Albert Demangeon, *op. cit.*, p. 17.

[7]   Gaston Riou, *Europe, ma patrie* (1928), Paris, Baudinière, 1945.

[8]   Paul Valéry, *Regards sur le monde actuel*, Paris, Stock, 1931, p. 45 et 52.

économique parce qu'elle a fléchi matériellement, les autres doutant de l'Europe culturelle parce qu'elle a fléchi spirituellement, ici comme là c'est notre primauté qui est en cause, notre primauté d'Occidentaux – dogme sans hérétique depuis les temps pharaoniques »[9]. La Grande Guerre a plongé les Européens dans une crise spirituelle et morale dont la cause est plus lointaine mais dont la perception est venue brutalement : la déchristianisation des croyances et des comportements a introduit une crise[10] dans la civilisation occidentale qui s'est développée historiquement dans le cadre géographique et culturel du continent européen ; elle a gagné d'autres continents et constitue aujourd'hui la culture dominante et de référence à l'échelle mondiale. Or, pour ces auteurs des années 1920 et 1930, un lien dramatisé est établi entre la construction de l'Europe unie et la préservation de cette hégémonie culturelle occidentale à l'échelle mondiale ; comme l'écrit Jules Romains en 1933, il faut à tout prix favoriser « l'avènement d'une Europe unitaire hors de laquelle je ne vois point de salut pour notre civilisation occidentale »[11].

Dans le contexte, à l'époque, de l'impérialisme colonial et d'un certain racisme lié au nationalisme dominant, l'Europe est confondue avec la race blanche ou, sous la plume de Gaston Riou, avec la « civilisation blanche »[12]. Avec un Keyserling, avec un Romain Rolland, un René Guénon, un Maurice Muret, Francis Delaisi, un Jean Caves, et surtout avec un Oswald Spengler, auteur de *La décadence de l'Occident*, le doute ne porte pas sur l'Europe seulement, mais sur la race blanche elle-même. Ce qui s'explique d'ailleurs par le fait que, envisageant avant tout la crise de la culture, ou ce qu'on pourrait appeler crise de l'idéalisme, ils ne sauraient être impressionnés le moins du monde par l'aspect surtout économique et quantitatif, de la force américaine. Pour ces derniers, le crime de l'Europe serait justement de s'être américanisée : d'avoir pour vivre, perdu les raisons de vivre ; d'avoir trahi les valeurs profondes ; d'avoir préféré la matière à l'esprit ; de s'être en un mot déshumanisée. « Car ce n'est pas en impérialiste que j'envisage le destin blanc. Ou, si l'on veut, c'est par universalisme que je suis impérialiste blanc. Le pire malheur qui pourrait arriver à l'humanité en ce moment, le pire malheur *sub specie aeternitatis*, ce serait que la civilisa-

---

[9] Raymond Poincaré, Lettre-préface à *Europe, ma patrie* de Gaston Riou, *op. cit.*, p. 13-14.

[10] Gaston Riou, *Europe, ma patrie* : « l'essence de la querelle Orient-Occident, est qu'il y a carence chez nous, jusqu'à nouvel ordre, de pouvoir spirituel », p. 84.

[11] Jules Romains, *L'avenir de l'esprit européen, op. cit.*

[12] Gaston Riou, *S'unir ou mourir*, Paris, Baudinière, 1929, p. 131 : « Mais selon que la démocratie triomphera ou sera vaincue, l'Europe, et toute la civilisation blanche, gardera sa couronne ou la perdra à jamais. »

tion d'Occident perdit la foi dans les valeurs humaines qu'elle représente et, par suite, cessât de croire en sa mission »[13].

En raison de cette confusion entre l'Europe, la civilisation occidentale et la race blanche, on aboutit alors à l'idée selon laquelle l'humanité serait en péril en raison du déclin/décadence des Européens, puisque ces derniers sont interprétés comme constituant sa partie la plus excellente :

> Au tréfonds, l'homme occidental, quand il suspend une minute sa bataille économique, constate en lui un je ne sais quoi d'absolu à l'égard de l'homme en tant qu'homme, un respect, une révérence, une charité, un amour, pour ce mystère vivant qu'est un homme. Disons-le hardiment : c'est cela l'Occident. C'est cela la raison de son droit à la primauté. C'est cette religion de la personne humaine qui confère à l'homme blanc le devoir de régir la planète.[14]

Cet humanisme au sens strict du terme, cette religion de l'homme[15] que professe Gaston Riou le conduit à étendre cette sacralité au lieu où cette conception de l'humanité s'est éclose puis développée, l'Europe/Occident : « L'Occident est un sanctuaire : le sanctuaire de la personne humaine ». Conclusion : pour sauver le monde, il faut faire l'unité de l'Europe :

> Non moins ai-je la certitude que la race blanche, et particulièrement l'Europe, a le droit et le devoir de vivre. Précisément à cause des valeurs profondes durables, immortelles, dont elle s'est faite le champion dans le monde. Car ce n'est ni son mercantilisme, ni son outillage, qui autorisent à mes yeux sa primauté, mais le sentiment qu'elle a – ou qu'ont du moins ses plus nobles représentants – du caractère sacré de la personne humaine. Après des années de réflexion, après bien des études et des voyages, je conclus que notre civilisation, malgré ses tares, est nécessaire à la race, qu'elle est la plus haute force actuelle de libération intérieure, et que, si elle acceptait de disparaître, ce serait pour longtemps la nuit sur la planète.[16]

---

[13] Gaston Riou, *Europe, ma patrie, op. cit.*, p. 21 et 22.

[14] Gaston Riou, *S'unir ou mourir, op. cit.*, p. 113. On peut s'étonner de l'aveuglement de l'auteur sur l'immense négation de ce qu'il affirme – le caractère sacré de la personne humaine, l'Occident religion de la personne humaine – par l'hécatombe anti-humaine que représente la guerre 1914-1918 ou les massacres perpétrés par les Européens dans leur continent et hors de ce même continent.

[15] Gaston Riou semble professer un personnalisme chrétien laïcisé : « Toute la noblesse de notre civilisation consiste en ce qu'elle a accueilli et cherché à comprendre des hommes comme Akhenaton, Socrate et Platon, les Stoïciens, le Christ, la lignée des saints et des Réformateurs et les grands humanistes, de Montaigne à Goethe, par qui, peu ou prou, elle croit que l'homme est sacré. », *id.*

[16] Gaston Riou, *op.cit.*, p. 114.

Cette idée est également développée par Julien Benda dans la perspective philosophique post-hégélienne d'un évolutionnisme historicisant ; en attendant le stade ultime de l'humanité qui se concrétisera par une unité politique du genre humain, la phase présente et immédiatement antérieure, c'est l'incarnation de cette humanité par le corps politique de la civilisation européenne ; à l'imitation de Fichte dont il plagie volontairement le titre de son ouvrage (les *Discours à la nation européenne* se voulant une réplique mimétique aux *Discours à la nation allemande*), l'histoire de l'humanité serait l'histoire des sociétés humaines dont la légitimité hégémonique sur les autres s'expliquerait par cette incarnation suprême à un moment donné de l'humanité ; pour Benda, après les nations, l'heure de l'Europe a sonné ; c'est pourquoi il ne craint pas d'affirmer que « la cause de l'Europe unie, c'est la cause de l'humanisme universel »[17].

C. Conserver une suprématie mondiale par la réalisation de l'unité européenne

Dans son ouvrage de 1920 Albert Demangeon avait bien diagnostiqué le double mouvement inverse d'une civilisation et d'un continent qui lui donna naissance : le monde s'européanise tandis que le continent européen se marginalise[18]. Ce constat pessimiste se transforme en argument optimiste chez le jeune fondateur de la Paneurope : la civilisation européenne « est dans son essence activité et raison [...] C'est dans les sciences qu'elle excelle et dans leurs applications, la technique, la chimie, la médecine. C'est par là qu'elle dépasse, jusqu'ici, toutes les autres civilisations »[19]. La primauté de la civilisation européenne est chaque fois plus assurée et ce sont les autres civilisations qui seraient en pleine régression : « Alors que toutes les autres sont en décadence, elle poursuit sa carrière triomphale. [...] Il semble que dans cent ans, la civilisation européenne doive avoir absorbé les autres. » La construction de la Paneurope doit être l'interface politique de cette hégémonie culturelle et civilisationnelle. En 1933, les participants au congrès sur L'Avenir de l'esprit européen, renchérissent sur ce thème déjà perçu de la « mondialisation » ; le comte Keyserling parle d'un « esprit plané-

---

[17] Julien Benda, *Discours à la nation européenne*, Paris, NRF, 1933.

[18] Albert Demangeon, *Le déclin de l'Europe*, *op. cit.*, p. 313 : « Il existe maintenant plusieurs foyers de haute humanité au lieu d'un. Depuis les grandes découvertes le monde s'est européanisé ; sous l'influence de continents et de peuples plus jeunes dans le progrès, il tend à se régionaliser. Il se prépare un nouveau classement des régions de la terre où l'Europe ne tiendra plus seule la tête. C'est une rupture d'équilibre qui s'accomplit au détriment de l'Europe. »

[19] Richard de Coudenhove-Kalergi, *Paneurope*, *op. cit.*, p. 37.

taire » issu du « contact immédiat entre tous les points du globe, créé par les moyens de communication modernes », faisant « de tout le monde des voisins »[20] ; William Martin fait chorus en soulignant à son tour le fait que « la civilisation est aujourd'hui planétaire. Tous les besoins, tous les faits économiques sont universels. Lorsque je parle de la civilisation européenne, ce n'est parce que je pense que l'on peut faire l'unité de l'Europe indépendamment, et en dehors du monde, mais simplement parce que la civilisation européenne est encore dirigeante et s'impose peu à peu au monde entier, avec lequel elle tend à coïncider »[21]. Or c'est là que le raisonnement trouve ses limites : l'Europe du XXe siècle ne représente plus à elle seule cette « civilisation européenne » devenue « occidentale » ; la rivalité américaine n'est pas simplement une rivalité de puissance mais de culture d'origine historique européenne réactivée sous le nom « d'occidentale » ; la construction politique de l'unité européenne est une réplique face à l'hégémonie naissante des États-Unis mariant puissance et culture ; pour que les États-nations d'Europe conservent l'originalité de leur conception de la civilisation occidentale qu'ils ont historiquement engendrée face à « l'américanisme », il leur faut se constituer en entité politique commune, en continent face au continent américain[22].

La double difficulté qui s'oppose à ce dessein c'est le nationalisme en Europe et son corollaire l'impérialisme[23]. C'est bien pourquoi, Drieu la Rochelle intitule son ouvrage de 1931, *L'Europe contre les patries*, en confondant, comme cela était courant à l'époque, les deux concepts de « patrie » et de « nation » ; autant dire qu'il ne s'agit pas de l'Europe contre les patries, mais contre les nations, en raison d'une inadaptation, d'une distorsion entre un espace économique et technique qui s'internationalise et un espace politique en Europe qui se replie sur la revendication du siècle précédent – le XIXe – : pas de nation sans État et pas d'État sans la revendication implicite ou explicite du caractère absolu de la souveraineté. Comme l'écrit en 1930 un fin observateur de son époque, Ortega y Gasset, « à mon avis, la sensation d'amoindrissement, d'impuissance qui pèse indéniablement ces années-ci sur la vitalité européenne, se nourrit de cette disproportion entre l'intensité du potentiel européen et le cadre de l'organisation politique dans lequel il doit agir. »[24] La poursuite d'un rôle hégémonique à l'échelle mondiale face à

---

[20] Hermann de Keyserling, *L'Avenir de l'esprit européen, op. cit.*

[21] William Martin, *L'Avenir de l'esprit européen, op. cit.*

[22] Lucien Romier, *Qui sera le maître ? Europe ou Amérique ?*, Paris, Hachette, 1927.

[23] Jean-Luc Chabot, *Le nationalisme*, Paris, PUF, coll. « Que sais-je ? », 1997.

[24] José Ortega y Gasset, *La révolte des masses*, (1930), Paris, Le Labyrinthe, 1986, p. 200.

la concurrence américaine se heurte à cette contradiction, d'autant que de 1914 à 1945 nous sommes à l'apogée du nationalisme en Europe ; l'armistice de 1918 ne s'est pas accompagné du « désarmement moral » ; tout au contraire, certaines iniquités du Traité de Versailles alimentées par ce nationalisme même, n'ont fait qu'en augmenter l'intensité. Comme l'écrit Julien Benda en 1933, il s'agit d'un « nationalisme comme on n'en a jamais vu de tel dans l'histoire »[25].

Or, c'est la logique même de ce nationalisme qui constitue le ressort de l'impérialisme colonial, manifestation de l'hégémonie mondiale des nations européennes. Ce sont donc deux logiques qui s'affrontent, celle de la continuation de l'empire colonial à métropole nationaliste en Europe et celle de la création d'un « empire »[26] européen par l'union pacifique des États-nations qui le composent. L'époque de l'entre-deux-guerres n'est pas mûre pour opérer cette substitution de la logique de puissance entre les empires coloniaux et la construction européenne, logique qui ne commencera à se réaliser que dans les années 1950 ; l'attachement à l'empire colonial est à son apogée en 1930 aussi bien en France qu'en Grande-Bretagne et les propositions des partisans de l'Europe unie de « fédéraliser » les colonies apparaissent alors d'un irréalisme spectaculaire. Richard de Coudenhove-Kalergi préconise dans *Paneurope* la mise en commun des possessions coloniales comme gage de la pérennité du système colonial lui-même ; laissons-le décrire les conséquences concrètes d'une telle proposition :

celles des puissances européennes qui, par suite de leur position géographique ou pour des nécessités historiques ne prirent pas part au partage des continents extra-européens comme l'Allemagne, la Pologne, la Tchécoslovaquie, la Scandinavie et les Balkans, trouveraient dans l'empire colonial africain un vaste champ d'activité où dépenser leur énergie. En particulier, ils aideraient la Belgique et le Portugal dans la mise en valeur de leurs colonies, ces deux puissances ne pouvant qu'incomplètement les exploiter. Le problème de la colonisation italienne dans l'Afrique du Nord qui menace de conduire à un conflit entre la France et l'Italie, celle-ci ayant besoin de colonies de peuplement et la France en possédant, recevrait dans la Paneurope une solution pacifique satisfaisante pour les deux parties. Bien que l'Afrique

---

[25] Benda Julien, *Discours à la nation européenne, op. cit.*, p. 192.

[26] Jean-Luc Chabot, « L'idée d'empire dans la représentation de la construction européenne », Communication au colloque, *L'idée d'empire dans la pensée, historique, juridique et philosophique*, organisé par le Centre de recherche *Philosophie, Langages & Cognition*, Département de philosophie de l'Université Pierre Mendès France-Grenoble II, 10-11 mars 2004. Actes à paraître.

du Nord soit administrée par la France, les Italiens auraient, en effet, les mêmes droits que les Français.[27]

Il n'est fait ici nulle mention de l'empire britannique tout simplement parce que ce fils de diplomate austro-hongrois excluait le Royaume-Uni de la construction européenne, en raison même de son empire. Or l'empire français qui lui est comparable par son extension mondiale, est au contraire soumis à cette mise en commun ; il y a là une méconnaissance manifeste de l'attachement de l'État-nation républicain français à son empire : comment penser un instant dans le climat de nationalisme dominant qu'il soit capable d'accepter la moindre mise en commun avec l'Allemagne ou l'Italie ? C'est pourquoi les projets de Max Lazard en 1933 visant à une fusion des armées, des colonies et des diplomaties pour la création d'un ensemble politique européen excluant la Grande-Bretagne, la Russie et la Turquie relevaient d'un semblable irréalisme.[28]

Cette ambition visant à conserver une place de choix à l'échelle mondiale pour les États-nations d'Europe face aux États-Unis et au Japon (ou à la Chine) demeure l'une des motivations les plus importantes de la construction européenne d'aujourd'hui[29]. Cette comparaison d'un siècle à l'autre sur les finalités de cette quête d'Union européenne, se prolonge également dans les moyens utilisés pour sa réalisation avec davantage de contrastes que de ressemblances.

II. Hypertrophie successive de l'éthique et de la technique dans la réalisation de l'Union européenne

Avant la Seconde Guerre mondiale, c'est la compensation d'un déficit éthique et religieux qui est mobilisé pour la réalisation de l'Union; par la suite, c'est le recours à la technique et à l'utilitaire qui prétendent

---

[27] Richard de Coudenhove-Kalergi, *Paneurope*, *op. cit.*, p. 138-139.

[28] Max Lazard, *De l'unification politique de l'Europe occidentale*, Paris, Gamber, 1933. Il est symptomatique de constater que nombre de projets d'Union européenne retenus par le concours de la *Revue des Vivants* en 1930 écartent cette idée d'une mise en commun des colonies.

[29] À titre d'illustration de l'argument, la communication du Parti socialiste en France pour les élections européennes de juin 1989 s'appuyait, entre autres, sur des campagnes successives d'affichages publicitaires (les 4x3) ; au sein de cet exercice de sémiologie politique, une affiche représentait devant la surface du globe deux athlètes revêtus des emblèmes américains et nippons se partageant le monde au détriment de l'Europe ; l'argument en faveur du suffrage européen visait à empêcher cette double domination mondiale (Rappelons que la loi du 15 janvier 1990 a mis un terme à ces campagnes onéreuses de communication en interdisant le recours à la publicité payante sur ces panneaux comme dans la presse, dans les trois mois qui précèdent le mois de l'élection).

écarter tout débat de fond jusqu'à l'effondrement des systèmes politiques se réclamant du marxisme-léninisme en Europe centrale et orientale. Dans les deux cas, il s'agit toujours de légitimer l'identité collective d'un continent qui a inventé la nation quelques siècles auparavant.

A. Associer au projet politique d'une Union européenne, le relèvement éthique et spirituel des européens

Le mot « désarroi » est peut-être celui qui traduit le mieux l'état d'âme de l'européen de l'après Première Guerre mondiale ; cette perte des repères mêle chez beaucoup la perception simultanée de bouleversements sociaux et d'une crise des valeurs, religieuse et morale. La violence sociale de la Grande Guerre a eu des effets semblables à celui de la Révolution française : chasser l'Ancien régime d'une partie de l'Europe[30], prolonger la violence guerrière par la violence révolutionnaire ; mais en arrière-plan il y a toujours le sentiment d'un vide spirituel, d'une crise religieuse et ontologique, et donc, d'une incertitude éthique ; c'est ce que traduisent les propos de Gaston Riou en 1928 lorsque évoquant la querelle Orient-Occident il conclut que l'essence de cette querelle c'est « qu'il y a carence chez nous, jusqu'à nouvel ordre, de pouvoir spirituel »[31]. Bertrand de Jouvenel lui fait écho dix ans plus tard en soulignant lui aussi « que le grand problème de notre temps n'est pas celui des institutions politiques, comme le croient les uns, ni celui du régime social, comme le disent les autres. Le grand problème, ce sont les rapports du temporel et du spirituel »[32].

La question de la confusion déjà évoquée entre la construction européenne et la civilisation européenne réapparaît parce que la réalité des civilisations est inséparable du fait religieux et du sens de la vie : nous ne trouverons donc le principe de l'unité européenne, et partant la marque essentielle du caractère européen, ni dans les faits géographiques, ni dans les faits ethniques. L'Europe est surtout un produit de l'histoire, le support d'une tradition intellectuelle et morale. Cette tradition, seule, a uni les Européens dans le passé, a fait la force et la puissance rayonnante de leur civilisation, les a soutenus pour les inventions de l'esprit comme pour les entreprises matérielles.[33] Toute éthique est un guide pour l'action humaine en vertu de finalités clairement adoptées ;

---

[30] Arno Mayer, *La persistance de l'Ancien Régime. L'Europe de 1848 à la Grande Guerre*, Paris, Flammarion, 1983.

[31] Gaston Riou, *Europe, ma patrie, op. cit.*, p. 84.

[32] Bertrand de Jouvenel, *Le réveil de l'Europe*, Paris, Gallimard, 1938, p. 269-270.

[33] Lucien Romier, « La solidarité européenne », in *Semaines Sociales de France*, Le Havre, XVIIIᵉ session, 1926, p. 516.

pour une partie de ces auteurs, la création d'une Europe unie serait susceptible de ranimer cette « tradition intellectuelle et morale » de la civilisation européenne dont « la noblesse c'est enfin et surtout, d'avoir popularisé deux notions sublimes et qui semblaient ne pouvoir être que l'apanage d'une élite infime, les notions d'ascétisme et d'héroïsme »[34].

Héros ou saint, tel est justement le titre d'un ouvrage que Richard de Coudenhove-Kalergi publie en 1927 où le constat du déficit éthique est le même : « il y a actuellement en Europe des puissances politiques, l'autorité morale leur fait défaut »[35]. Sous l'influence de la pensée de Nietzsche, la situation de l'époque en appelle selon lui à une aristocratie de l'esprit, celle des héros qui remplacent les saints, celle de ceux qui vont construire l'Europe en même temps qu'une nouvelle table des valeurs.

Le paradoxe d'une telle position réside dans le fait d'attendre d'un changement politique extérieur (la construction européenne) des vertus éthiques capables de ranimer intérieurement l'être des Européens et, à travers eux, l'humanité. Ce comportement magique n'est pas nouveau ; une partie du support idéologique de la Révolution française a procédé ainsi : croire qu'un bouleversement institutionnel, qu'un changement intervenant dans certaines structures de la société, puisse engendrer une rénovation profonde du genre humain ; ce n'est d'ailleurs pas par hasard si certains écrivains en faveur de la cause européenne, retiendront la formule de la « révolution européenne »[36]. Confondre la politique et la morale autour de la polysémie du terme Europe (civilisation historique et projet politique) ne veut nullement dire qu'il n'y ait pas un certain rapport de causalité et d'identité entre les deux termes ; la construction européenne a besoin de racines identitaires et de principes mobilisateurs, mais les deux genres ne se confondent pas. C'est pourtant ce que certains vont réaliser dans l'entre-deux-guerres jusqu'à l'extrémité de la « religion séculière »[37].

---

[34] Gaston Riou, *Europe, ma patrie, op. cit.*, p. 53-54.

[35] Richard de Coudenhove-Kalergi, *Held und heiligen*, Vienne, Paneuropa Verlag, 1927 ; *Héros ou Saint*, Paris, Rieder, 1929, p. 210-211.

[36] Alfred Fabre-Luce, *Histoire de la révolution européenne, 1919-1945*, Paris, Domat 1954. Mentionnons également Robert Aron et Arnaud Dandieu, *La révolution nécessaire*, Paris, Grasset, 1933 ; il s'agit des origines intellectuelles de l'Union européenne des fédéralistes (1945) et de la revue contemporaine, *L'Europe en formation*, regroupant autour d'Alexandre Marc un groupe de néo-proudhoniens mêlant le thème de la révolution fédéraliste et de la réalisation de l'Europe.

[37] L'expression est de Raymond Aron dans son livre de 1945, *L'âge des empires et l'avenir de la France*, Paris, Éditions Défense de la France.

B. L'idéologie européiste, religion séculière, comme traduction naïve de cette quête civilisationnelle des valeurs

Face au déploiement des totalitarismes naissants, aussi bien le nationalisme que le communisme, Richard de Coudenhove-Kalergi pressent cette substitution du religieux et du philosophique par le politique lorsqu'il écrit en 1923 que « cette idée doit finir par s'imposer à tous, que la nation a succédé à la confession »[38], ou encore lorsqu'il dépeint le communisme comme « une religion offrant plus de fanatisme que les anciennes, plus d'ardeur à convertir le monde à sa foi, par la parole et par le sang »[39]. Julien Benda peu après, invente le concept de « religions du temporel » pour caractériser le totalitarisme idéologique ou la déification d'un élément du politique :

> Le suprême attribut que nous avons reconnu aux passions politiques, la divinisation de leur réalisme est avoué, lui aussi, avec une netteté inconnue jusqu'alors : l'État, la Patrie, la classe sont aujourd'hui franchement Dieu ; on peut même dire que pour beaucoup (et plusieurs s'en font gloire), ils sont seuls Dieu.[40]

C'est donc sur ce même registre des idéologies politiques ou religions séculières que certains des penseurs et militants de l'Union européenne des années 1920 et 1930 vont engager leur discours européiste. Coudenhove-Kalergi parodie l'Apocalypse de Saint Jean en décrivant le combat pour l'Europe unie comme décisif pour le sort de l'humanité : « […] et formés en rangs serrés, les Paneuropéens et les anti-européens se livreront une bataille décisive pour le destin de l'Europe ; ils choisiront entre le passé et l'avenir, entre l'étroitesse d'esprit et la largeur de vue, entre la barbarie et la culture »[41]. Gaston Riou lui aussi souscrit à ce manichéisme éthique en affirmant purement et simplement qu'un « humaniste européen qui ne sent point aujourd'hui qu'il faut promouvoir l'Union européenne, je le tiens pour traître à l'humanisme […]. Aujourd'hui la cause de l'esprit c'est la cause de l'Union européenne »[42]. Julien Benda est encore plus explicite lorsqu'il s'adresse aux constructeurs de l'Europe : « il s'agit d'opposer au pragmatisme rationaliste un autre pragmatisme, à des idoles d'autres idoles, à des mythes d'autres mythes, à une mystique une autre mystique. Votre fonction est de faire

---

[38] Richard de Coudenhove-Kalergi, *Paneurope*, op. cit.

[39] Richard de Coudenhove-Kalergi, formule de 1931 dans *La Lutte pour l'Europe*, mais la même idée se trouve en 1923 dans *Paneurope* avec l'idée de « l'Islam rouge ».

[40] Julien Benda, *La trahison des clercs*, Paris, Grasset, 1927, Hachette « Pluriel », 1975, p. 191-192.

[41] Richard de Coudenhove-Kalergi, *Paneurope*, op. cit., p. 146.

[42] Gaston Riou, *Europe ma patrie*, op. cit., p. 136-137.

des Dieux. Juste le contraire de la science. Vous êtes des apôtres. Juste le contraire des savants »[43]. Le mot d'ordre est alors lancé : « créons des mythes et des héros européens ».

L'Europe ne se fera pas avec la pure raison, pas plus qu'aucune réalité terrestre. Elle exigera comme la nation, la mise en œuvre d'un élément d'irrationalité, de mysticité, de religion. Cette religion pourra d'ailleurs être la religion de la raison. Mais la religion de la raison est une religion…[44]

Cette hypertrophie de l'éthique qui du politique passe au religieux par le relais de la civilisation, manifeste une escalade verbale et imaginaire nourrie de l'impuissance face aux formidables obstacles du moment. Lorsque le nationalisme totalitaire sera écrasé en 1945 et que le socialisme marxiste-léniniste d'État, qui ne l'est pas moins, lui servira de repoussoir, le courant en faveur de la construction européenne passera d'une élite à une autre, d'une hypertrophie de la morale à l'hypertrophie de la technique, d'une méthode hégélienne et nietzschéenne (Coudenhove-Kalergi, Riou, Benda) à une méthode saint-simonienne (Monnet), d'une idéologie européiste à une autre qui nie en être une au nom de la technique.

C. Les limites d'une idéologie technicienne et la réapparition du besoin d'éthique

Dans les années 1920 et 1930, les projets de construction de l'Europe à côté de ce déploiement important d'argumentaires éthiques et ontologiques, développe une récurrence de propositions essentiellement à caractère juridique et institutionnel où s'alternent les plans de traités constitutifs de l'union et le contenu de ces traités sous la forme de structures constitutionnelles de l'union future. Rien de bien original ne distingue ces centaines[45] de modes d'emploi et là ne réside pas la difficulté. Évoquant en 1933 les raisons déjà d'une désaffection à l'égard de la mode « Europe unie » des années antérieures, Georges Duhamel réfute l'argument passe-partout de la crise économique : « Ce découragement est-il imputable à ce qu'on appelle la crise ? Non, sans doute. Je crois que la crise n'y est pour rien, mais que l'Europe est en péril dans l'esprit de ses serviteurs, dans l'esprit des Européens. »[46] La volonté fait défaut parce que les mentalités d'une large majorité des gouvernés aussi

---

[43] Julien Benda, *Discours à la nation européenne, op. cit.*, p. 20.

[44] Julien Benda, « Créons des mythes et des héros européens », *L'Europe nouvelle*, 17 février 1933.

[45] Tel est le cas du concours de projets d'Union européenne organisé par la *Revue des vivants* et dont les premiers furent publiés par cette revue en 1930.

[46] Georges Duhamel, *L'avenir de l'esprit européen, op. cit.*, p. 128-129.

bien que des gouvernants ne sont pas propices à ce dessein contraire à leurs passions et leurs intérêts du moment.

Le plan élaboré par Jean Monnet dans les premiers mois de 1950 qui deviendra la proposition Schuman du 9 mai 1950 et ensuite le Traité de Paris du 18 avril 1951 prend principalement en compte cette résistance des mentalités en raison de l'attachement ancestral à la nation en Europe tout en profitant d'un nouvel effondrement de puissance des États-nations d'Europe à l'issue du second conflit mondial. L'objectif va consister dans le cadre de procédures formelles qualifiées de démocratiques (ratifications parlementaires) de faire l'Europe presque à l'insu des peuples qui la composent au nom d'une autre légitimité : la compétence technicienne dans le domaine des rationalités économiques. Cette « techno-démocratie éclairée » ne vise que des objectifs pragmatiques concrets en répudiant tout argumentaire sur les valeurs ; elle n'a d'autre morale que celle de l'efficacité et du résultat[47] mais elle porte en son sein une croyance cachée : l'intégration technique sectorielle des États membres entraînera inexorablement l'union politique européenne. Comme dans les théories de Saint-Simon, le politique est conçu à la fois comme du paraître et du subsidiaire[48] par rapport au technique et à l'économique. Cette méthode relève aussi du constructivisme et du volontarisme social engendrés par les penseurs politiques de la modernité, principalement Thomas Hobbes : la société est un pur construit des volontés et des intelligences humaines, un artefact non naturel, une machine sociétale pour empêcher la guerre et assurer une certaine prospérité. Le droit et le marché en sont les outils principaux débouchant sur quelques politiques publiques communes.

De la fin des années 1940 à la fin des années 1980, le développement de cette Europe communautaire n'a fait l'objet que de débats sporadiques et limités[49] ; les philosophes et les penseurs du politique ne s'intéressent pas à cette question contrairement à ce que l'on a pu constater dans l'entre-deux-guerres. Il s'agit d'un ensemble original qui se développe dans l'un des pôles du système bipolaire mondial, sous la protection militaire américaine face à la menace latente de l'URSS et du camp socialiste mondial. C'est l'effondrement du système soviétique à partir de 1989 qui ouvre le débat parce que la menace s'éloigne ou se

---

[47] Voir la caractérisation du phénomène technocratique (le gouvernement de ceux qui savent) par James Burnham, *Machiavellians, Defenders of Freedom*, 1943, trad. fr., *Les Machiavéliens*, Paris, Calmann-Lévy, 1949.

[48] Jean-Luc Chabot, *Aux origines intellectuelles de l'Union européenne, op. cit.* Voir l'épilogue sur « Les pères fondateurs de l'Europe : Richard de Coudenhove-Kalergi et Jean Monnet ».

[49] Par exemple, en France, la crise de la CED de 1952 à 1954.

dissémine (terrorisme mondial), parce que la construction européenne se déploie vers l'Est aux dimensions géographiques du continent et même au-delà[50], parce que l'idée de contrepoids à l'hyperpuissance américaine fait son chemin. À l'élargissement vers l'Est s'accompagne la volonté de renforcer l'Union sur le plan politique ; mais dans ce domaine, la progression piétine car l'hyper-technicité juridique des traités, de celui de Maastricht (1992) au Traité-constitution de Rome (2004) s'avère insuffisante pour emporter l'adhésion des peuples européens ; la technique s'essouffle faute d'un contenu et d'une finalité entraînantes, en appelant à un regain d'éthique. Au-delà de l'utilité et de la technique, la question de l'identité de l'Union européenne redevient la question centrale en mettant à jour des problématiques semblables à celles des années 1920 dans un contexte idéologique et politique différent. Le besoin de retrouver les origines – les racines communes de l'Europe –, celui de fournir des objectifs à longue portée, font réapparaître les trois questions de la civilisation, de la morale et de la religion, d'une part, celle de la puissance mondiale[51], de l'autre : conserver un rôle directorial partagé à l'échelle mondiale, redécouvrir l'originalité des valeurs communes qui ont été le moteur d'une civilisation[52], en un mot, une fierté commune.

Quelques constantes frappent le regard de l'observateur de la construction européenne sur un peu moins d'un siècle. L'élitisme d'abord : à aucun moment n'a surgi un mouvement populaire en faveur de l'Europe unie ; l'idée a toujours été le fait d'intellectuels ou d'hommes d'influence proches des détenteurs du pouvoir politique dans tel ou tel pays d'Europe, provoquant une sensibilisation lente mais progressive des élites dirigeantes.

La question de l'identité nationale a souvent été négligée par confusion avec le nationalisme. Si le nationalisme s'est éteint pour l'essentiel en Europe avec la mise à jour en 1945 des crimes contre l'humanité réalisés par le nazisme, l'attachement profond à la nation qu'elle soit en position étatique ou sub-étatique[53], n'a pas été apprécié à sa juste mesure dans l'après Seconde Guerre mondiale. Dans sa volonté de réaliser un

---

[50] Le doublement des membres du Conseil de l'Europe dans la dernière décennie du XXe siècle (de Lisbonne à Vladivostock), le doublement des membres de l'Union européenne de 1992 à 2004 (de 12 à 25, de l'Irlande à la Finlande et aux pays Baltes).

[51] Richard de Coudenhove-Kalergi, *Europe, puissance mondiale*, Paris, Stock, 1972.

[52] Jean-Luc Chabot, « La crise existentielle et identitaire de l'Europe : le discours européen de Jean-Paul II », *Revue du Marché commun et de l'Union européenne*, n° 427, avril 1999, p. 269-276 et *Annales Theologici* (Université Pontificale, Rome), 1998, vol. 12, fasc. 1, p. 209-223.

[53] La Catalogne ou l'Écosse au sein de l'État-nation espagnol ou britannique.

ensemble intégré supranational, Jean Monnet a sous-estimé le fait national en tant que structure culturelle populaire en longue période, assimilant le patriotisme national, même dans sa forme modérée, à une séquelle du nationalisme idéologique. Les nations d'Europe ne sont pas mortes par enchantement et leur fonction culturelle patriotique ne s'érode que lentement sous l'effet de la mondialisation et de sa culture du marché.

Un peu moins de quatre-vingt ans après que Gaston Riou ait écrit *Europe, ma patrie*, l'Union européenne contemporaine n'est toujours pas pour l'européen d'aujourd'hui sa patrie ni même sa seconde patrie, tout juste une seconde citoyenneté, ce qui est fort différent. Le « patriotisme constitutionnel » invoqué par Jurgen Habermas pour l'Allemagne contemporaine[54] demeure le fait d'une élite intellectuelle lorsqu'elle est transposée à la construction européenne. Comme l'écrivait Julio Dantas en 1933,

> il existe « un Esprit Européen » ; mais il n'existe pas de « conscience européenne ». En effet, l'Européen actuel, selon la phrase heureuse de M. Jules Romains, « ne se conçoit pas lui-même comme européen [...]. Notre « nationalité » est une réalité stable, permanente et profonde ; notre « européanité » est une réalité instable, flottante et superficielle.[55]

En cette même année 1933 Julien Benda proposait de créer des mythes et des héros européens ; loin de souscrire à l'artifice du procédé, il ne faut pas pour autant l'écarter totalement, pour faire apparaître cette fraternité européenne qu'invoquait Richard de Coudenhove-Karlergi en

---

[54] Jurgen Habermas, « Pas d'Europe sans constitution commune ! », entretien, *Le Point*, 13 avril 2001 : « J'ai proposé, en 1986, le concept de " patriotisme constitutionnel " afin de rappeler, dans une Allemagne encore divisée et contre la vision ethnique de la nation, le fait que la République fédérale d'Allemagne représentait une nation de citoyens qui pouvaient être fiers d'avoir surmonté leurs ressentiments anti-occidentaux ainsi que d'avoir créé des institutions démocratiques stables. Pour atteindre cet objectif, la réunification ne fut pas nécessaire. L'ancienne République fédérale a donc fourni un exemple de ce que l'État-nation démocratique n'a pas pour fondement une communauté d'origine, mais une Constitution et une culture politique communes. [...] Je suis pour une Constitution européenne, donc pour que l'Union européenne se dote d'un nouveau principe de légitimité et acquière elle-même le statut d'un État. Tant que les traités internationaux entre les gouvernements des États membres constituent la seule base réelle, le passeport européen que vous comme moi possédons demeure une fiction – sur ce point, Chevènement a tout à fait raison. Les citoyens des États membres ne pourront se considérer les uns les autres comme membres d'un même corps politique que le jour où ils se seront donné par un référendum une Constitution commune. »

[55] Julio Dantas, *L'avenir de l'esprit européen, op. cit.*, p. 72.

1924[56]. Ce qui manque à l'Europe, c'est un imaginaire enthousiasmant : que les douze étoiles d'or sur champ d'azur de son drapeau aient une signification pour le citoyen national/européen comme les « stars and stripes » l'ont pour le citoyen américain.

---

[56] Richard de Coudenhove-Kalergi, *Lettre ouverte aux parlementaires français*, Vienne, juin 1924 : « La mission de la France, Messieurs, se résume en un mot : les droits de l'homme. […] Reprenez la grande mission de votre pays : annoncez au monde que la troisième Révolution vient d'éclater : celle de la fraternité. »

Carl Schmitt,
un précurseur du *Großraumplanung*
national-socialiste ?

Jürgen ELVERT

Université de Cologne

À première vue, le concept de *Großraum* (« grand espace ») ne semble exister ni dans la mémoire collective allemande actuelle, ni dans celle des années 1930 particulièrement intéressantes pour notre sujet. Le mot n'apparaît pas plus à l'époque qu'aujourd'hui dans les dictionnaires[1] et dans les encyclopédies où seule est examinée l'expression *Großraumwirtschaft*[2]. Ce vide, au moins partiel, est étonnant, surtout si on considère que cette expression de *Großraum* constituait, dans les années 1930, un concept d'une actualité particulièrement brûlante tant sur le plan scientifique que politique, un concept explosif même à partir duquel on peut entreprendre de représenter de la façon la plus sûre les objectifs de la politique national-socialiste. L'absence de référence dans les ouvrages actuels apparaît d'autant plus remarquable que le concept de *Großraum* avait déjà été introduit dans le discours scientifique ayant trait à la géopolitique depuis la fin du XIXᵉ siècle. En son temps, Friedrich Ratzel par exemple avait considéré l'État comme un *bodenständigen Organismus* (un « organisme autochtone ») soumis à la loi des *wachsenden Raüme* (des « espaces croissants »), considérant qu'il était inhérent au caractère organique de l'État de se mouvoir et de s'accroître comme un tout : « Et quand bien même seuls ses éléments se meuvent ou se multiplient, cela représente pourtant un mouvement et un développement pour l'ensemble. L'extension à un endroit donné profite à tous

---

[1]   Richard Pekrum (ed.), *Das deutsche Wort. Rechtschreibung und Erklärung des deutschen Wortschatzes sowie der Fremdwörter*, Leipzig, 1933, ou Duden-Redaktion (ed.), *Duden. Rechtschreibung der deutschen Sprache*, 21, nouvelle édition, Mannheim, Leipzig, Wien, Zürich, 1996.

[2]   On ne trouve l'entrée *Grossraum* ni dans *Der Neue Brockhaus* en 5 volumes (1937), ni dans la *Brockhaus Enzyklopedie* en 24 volumes, 19ᵉ édition (ici volume 9, 1989).

les autres territoires en tant qu'accroissement de la somme du sol, des habitants, des biens et des possibilités »[3].

De telles considérations, ou des considérations similaires dans lesquelles l'extension de l'État était représentée comme un phénomène obéissant en quelque sorte à une loi naturelle qui ne pouvait être endiguée que par des États de force équivalente ou supérieure, ou qui pouvait même être inversée, avaient rencontré dans toute l'Europe, avant même la Première Guerre mondiale, un grand intérêt dans l'opinion publique. Après la guerre, la géopolitique jouissait, en particulier dans le Reich allemand, d'une haute estime, du fait même qu'elle participait plutôt bien à l'habillage scientifique des exigences d'une révision du Traité de Versailles. Cet intérêt n'était pas seulement celui de l'extrême droite. Des considérations du même ordre rencontraient aussi le plus grand écho dans les cercles libéraux et sociaux-démocrates[4]. Un Adolphe Hitler ne faisait dans *Mein Kampf* qu'interpréter de façon particulièrement radicale l'image de l'espace comme une graduation de la force de l'État lorsqu'il constatait « qu'aucun peuple [...] sur cette terre ne possède ne serait-ce qu'un mètre carré de terre selon un souhait supérieur et en vertu d'un droit supérieur. De même que les frontières de l'Allemagne sont des frontières de hasard et des frontières momentanées dans le combat politique de l'époque, de même en va-t-il des frontières des espaces vitaux (*Lebensraüme*) des peuples ». Il en concluait pour « la mère germanique de toute vie qui a donné au monde actuel son image culturelle » que l'Allemagne « soit deviendrait une puissance mondiale, soit n'existerait pas du tout ». Mais pour devenir une puissance mondiale, elle avait besoin de « cette dimension qui lui donne à l'époque actuelle la valeur nécessaire et qui donne la vie à ses citoyens »[5].

---

[3] Friedrich Ratzel, *Politische Geographie*, Munich, 3ᵉ éd. 1923 (1ᵉ éd. 1897), p. 16.

[4] Pour Gustave Stresemann par exemple, il existait une relation directe entre l'espace et l'influence d'un État. Il en déduisait qu'une hégémonie allemande sur l'Europe centrale était une condition nécessaire pour un rétablissement du Reich en tant que grande puissance. À cet effet, Stresemann, de même que d'autres dirigeants libéraux de son époque, voulait, entre autres, instrumentaliser de façon ciblée les communautés allemandes disséminées en Europe centrale. Voir à ce sujet, Jürgen Elvert, *Mitteleuropa ! Deutsche Pläne zur europäischen Neuordnung (1918-1945)*, Stuttgart, 1999, p. 80-85. En ce qui concerne le SPD, il faudrait renvoyer eu cercle de Hofgeismar, au nom duquel, par exemple, Otto Jacobsen déclarait en 1926, dans une contribution aux *Süddeutschen Monatshefte*, que la création de la Grande Allemagne était un objectif politique central pour « tous ceux qui approuvent le peuple, l'État et la nation, qui veulent à nouveau faire respecter le peuple allemand ». *Idem*, p. 80.

[5] Adolf Hitler, *Mein Kampf*, vol. 2, *Die Nationalsozialistische Bewegung*, Munich, 1936, p. 740 sqq.

Avec le topos de l'État comme organisme géographique, Hitler se rattachait à une catégorie centrale de la géopolitique, mais en la réduisant de manière outrancière à sa composante social-darwiniste, mettant sciemment entre parenthèses une base analytique beaucoup plus large, où intervenaient des aspects de politique économique et sociale comme des questions juridiques, sociologiques et politiques. Par là même il confirmait une nouvelle fois, certes sans le vouloir, un problème de fond, existentiel, de la géopolitique, celui du lien puissant unissant cette discipline aux intérêts nationaux. Mais il montrait aussi que les bases de la « pédagogie politique » de Karl Haushofer, le géopoliticien allemand sans doute le plus célèbre de l'entre-deux-guerres, avaient trouvé chez lui un terrain fertile[6].

Les noms de Haushofer et de Hitler, ainsi que la large base sociale des idées révisionnistes délimitent la zone de tensions dans laquelle doit être replacé le début de la réflexion sur la *Raumpolitik* dans l'Allemagne de l'entre-deux-guerres. Dans les pages suivantes, il s'agira donc de donner d'abord quelques exemples représentatifs des variations, scientifiquement ou économiquement fondées, de la réflexion en la matière avant l'arrivée au pouvoir des nazis. Il s'agira ensuite de montrer les continuités et les ruptures dans les travaux sur le *Großraum* après 1933. Dans cette seconde partie, il faudra considérer de plus près les réflexions de Carl Schmitt relatives à ces questions, et les replacer dans le contexte de l'ensemble de son œuvre et se sa biographie, avant, pour terminer, d'examiner plus globalement l'impact de la pensée de Schmitt sur le *Großraumplanung* national-socialiste.

Les variations du concept de *Großraum* à l'époque de la République de Weimar

Comme cela a déjà été évoqué, les modèles de *Großraum* qui furent ébauchés dans les années de la République de Weimar sont étroitement liés au révisionnisme contre le Traité de Versailles caractéristique de l'époque. Si ces réflexions retenaient toute l'attention des cercles de décideurs politiques proches de la coalition de Weimar, et de ce fait en charge de l'État, celles-ci prenaient naissance dans des cercles antidémocratiques d'intellectuels de droite, qualifiés aujourd'hui communément de « révolutionnaires conservateurs », constituant une sorte d'avant-garde national-socialiste conservatrice du révisionnisme alle-

---

[6] Voir à ce sujet B. Karl-Eckhard Hahn, « Geopolitik », in Caspar von Schrenck-Notzing (ed.), *Lexikon des Konservatismus*, Graz, Stuttgart, 1966, p. 202 sqq. La précoce influence de Haushofer sur les réflexions de Hitler en matière de géopolitique vient, comme on sait, des bons contacts entre Haushofer et Rudolf Hess.

mand. Dans ce contexte, il faut cependant considérer qu'en règle géné-rale ils n'utilisaient pas le concept de *Großraum*, même s'ils pensaient en termes de plus grands espaces et faisaient éclater les frontières du Reich allemand. Comme désignation de l'espace, ils utilisaient ordinai-rement des notions telles que « nouveau » ou éventuellement « troi-sième » Reich, ou également, plus globalement, « Europe centrale ».

L'image de l'Europe centrale qui est à la base de la pensée révolu-tionnaire conservatrice est l'aboutissement d'un assez long chemine-ment du développement de l'histoire des idées qui commença au début du XIXe siècle par la quête de l'identité nationale allemande. Ce proces-sus fut influencé par des points de vue historico-culturels, politiques et économiques auxquels se surimposèrent en même temps l'antagonisme austro-prussien et la fondation du Reich en 1871. Dans les discussions sur les visées guerrières de l'Allemagne avant et après la Première Guerre mondiale, l'Europe centrale regagna de l'importance en tant que définition de l'espace dans lequel le Reich allemand aspirait à une position hégémonique[7]. La guerre perdue fit apparaître plus attractive l'idée de l'Europe centrale comme source d'énergie de la puissance politique de l'Allemagne. Le poids de cet espace, dans lequel le Reich allemand devrait affirmer des prétentions, justifiées pour ainsi dire par le droit naturel, à un rôle de leader politique, économique et culturel, se trouvait renforcé aussi dans un contexte de visées révisionnistes. En outre, les puissances victorieuses avaient fondamentalement modifié la carte politique du centre de d'Europe. Toute proposition de réorganisa-tion spatiale était destinée désormais à constituer une provocation parce qu'elle offrait une alternative aux dispositifs de la paix de Paris de 1919 dont l'ambition avait été de mieux résoudre les questions territoriales que ne l'avaient fait les anciens belligérants. Les frontières géographi-ques de cet espace oscillaient entre une solution minimale, une « Grande Allemagne » augmentée de la république autrichienne, parfois des Sudètes donnés à la Tchécoslovaquie, et une Europe centrale s'étendant de la mer Baltique à la mer Noire et incluant des parties des Pays-Bas, de la Belgique, du Nord-Est de la France et du Nord de l'Italie. Indé-pendamment de ses frontières, cet espace devait offrir au Reich alle-mand des possibilités de développement lui permettant de regagner un rôle de leader, au moins dans le concert des nations européennes.

Pour justifier le choix de l'espace, étaient avancées des raisons soit historiques et culturelles, soit d'actualité politique, voire de politique économique, qui souvent se chevauchaient. Parmi les études qui sollici-

---

[7]   Sur le discours allemand sur l'Europe centrale aux XIXe et début XXe siècles, voir l'étude de Henry Cord Meyer, *Mitteleuropa in German Thought and Action (1815-1945)*, La Haye, 1955.

taient l'histoire pour justifier la prétention de l'Allemagne au leadership en Europe centrale, celle de l'historien de Cologne Martin Spahn occupait une position particulière. Elle mettait en relation les éléments caractéristiques de la pensée géopolitique de l'époque avec des aspects de l'histoire allemande et européenne, et en déduisait un processus de développement organique marqué de façon prépondérante par des entités telles que « espace », « peuple », « esprit », éventuellement « volonté »[8]. Spahn entendait par « État » la somme du « peuple » et de l'« espace ». Selon Spahn, tandis que le peuple marquerait l'espace par son activité, l'État créerait le droit, surveillerait et ordonnerait le processus de symbiose du peuple et de l'espace[9]. Parce que le processus de croissance du peuple allemand ne se déroulerait pas isolément, mais en concurrence avec d'autres organismes connaissant une semblable croissance organique, on assisterait à une compétition dont sortirait vainqueur l'organisme le plus puissant. Pour remporter le succès dans cette compétition, l'État aurait à défendre le peuple et l'espace[10].

À la différence de la France, le peuple allemand ne possédait pas de frontières naturelles, et serait en conséquence prédestiné à la croissance spatiale jusqu'à ce qu'il dispose lui-même de l'espace naturel dont il aurait besoin, comme tous les autres peuples, pour son existence[11]. Partant de cette thèse, Spahn délimitait le champ d'action du peuple allemand, entouré d'après lui de « frontières naturelles ». Celui-ci s'étendait du Rhin jusqu'au Rhône à l'ouest, du Pô à l'Adriatique jusqu'à Split, puis jusqu'au Danube et en le traversant jusqu'à la mer Noire, et de là jusqu'à la mer Baltique en arc en cercle par le Dnjestr et la Düna. Pour l'essentiel, cet espace correspondait au territoire des empereurs Staufen dans l'Europe des XIIe et XIIIe siècles, y compris les royaumes de Pologne et de Hongrie, territoire qui, d'après Spahn, n'aurait pu réaliser son unité que par une identité purement germanique.

---

[8]   Martin Spahn, « Mitteleuropa und das deutsche Volk », in Freidrich Heiß (ed.), *Volk und Reich. Politische Monatshefte für das junge Deutschland*, Berlin W. 30, Motzstraße 22, octobre 1925, p. 1-40.

[9]   M. Spahn (1925), p. 4.

[10]   *Ibid.*

[11]   Certes Spahn lui aussi ne pouvait pas nier l'existence de la Mer du nord et de la mer Baltique au nord et des Alpes au sud, cependant, comme il l'écrivait, l'eau ne représenterait jamais, hormis quelques exceptions isolées, une frontière naturelle. Une constatation d'autant plus notable que peu auparavant il avait désigné la Biscaye comme frontière naturelle occidentale de la France ! Il l'expliquait par le fait que si les Alpes étaient plus élevées que les Pyrénées et les Carpathes, elles étaient plus pénétrables. « Le flot de l'histoire les contourne, écrivait-il, mais passe aussi par-dessus pour pénétrer dans la plaine du Pô. Seuls les Apennins s'avèrent à nouveau être un obstacle difficile à surmonter » (p. 5).

Cependant, comme dans le cours ultérieur de l'histoire, le peuple allemand avait omis de façonner cet espace pour en faire un territoire homogène, il serait pour ainsi dire dans l'obligation de le réorganiser selon ses propres représentations pour pouvoir y occuper enfin la position qui lui revenait, celle du peuple dominant de l'Europe[12].

Parmi les programmes qui traitèrent d'un point de vue politico-économique de la création d'un *Großraum* sous la direction de l'Allemagne, le mémorandum de l'Europe du Sud-Est du *Mitteleuropäischen Wirtschaftstages* (MWT)[13] d'octobre-novembre 1932 occupa une place à part dans la mesure où il prévoyait un partage de la région en sphères d'influence italienne et allemande[14]. Ce faisant, il reconnaissait les intérêts italiens immédiats dans l'espace adriatique où le gouvernement de Mussolini soutenait depuis déjà assez longtemps, par l'envoi d'armes et d'argent, le mouvement d'indépendance croate conduit par Ante Palevic. C'est aussi la raison pour laquelle le mémoire en question recommandait le partage de la Yougoslavie et de l'Europe centrale en une sphère d'intérêts italo-allemande. La Yougoslavie elle-même était réduite à l'ancienne Serbie et au Monténégro, les parties restantes devant être réunies à un État croato-slovène. Quant à la Roumanie, on préconisait un soutien délibéré aux groupes ethniques rebelles, allemands et hongrois, sur le territoire desquels devait être encouragé l'établissement d'une Transylvanie indépendante. Par là même, le territoire national roumain aurait été réduit à sa taille d'avant-guerre. La Roumanie primitive, conjointement à la Bulgarie augmentée de parties de la Macédoine, du reste de la Yougoslavie ainsi que de l'Albanie et de la Grèce auraient formé la sphère d'influence italienne en Europe du Sud-Est. En contrepartie, le mémorandum recommandait d'exiger le consentement italien à une union douanière germano-autrichienne conservant les frontières du Brenner avec l'Autriche, ainsi que le renoncement italien à exercer à l'avenir une influence en Tchécoslovaquie et en Pologne. De surcroît, il devait être exigé de Mussolini qu'il se déclare prêt à accepter la formation d'une fédération danubienne composée de la Hongrie, de la Croatie-Slovénie et de la Transylvanie, unifiée par un système de contingentements commerciaux équilibrés, de participations au capital et de préférences douanières, et considéré par le mémorandum du MWT comme un domaine d'intérêts communs germano-italiens. Mais en même temps, les planificateurs du MWT partaient du principe que l'Italie présumerait trop de ses forces avec la sphère

---

[12] M. Spahn (1925), p. 12.

[13] Sur l'histoire et le rôle du *Mitteleuropäische Wirtschaftstages* (Congrès économique de l'Europe centrale), voir J. Elvert, *Mitteleuropa !*, *op.cit.*, p. 203 sqq.

[14] Sur la genèse et le contenu du MWT, J. Elvert, *Mitteleuropa !*, *op.cit.*, p. 204 sqq.

d'influence qui lui était destinée, si bien que le Reich allemand, en l'espace de quelques années, exercerait le contrôle exclusif sur l'espace de l'Europe centrale[15].

La politique national-socialiste du *Großraum* avant la Seconde Guerre mondiale

Ces deux études sont de bons exemples des multiples réflexions de même nature promises au succès d'opinion dans ces années 1920 marquées par l'esprit révisionniste. Même si pour la plupart elles apparaissaient dans les milieux de la « révolution conservatrice », leur écho dépassait largement ce cercle pour pénétrer au sein de la société allemande de l'époque[16]. Les conséquences en sont connues : une nette majorité d'Allemands soutinrent les premières visées de la politique étrangère national-socialiste après 1933. Ni l'annexion de l'Autriche en mars 1938, ni la cession des Sudètes lors de la conférence de Munich en septembre de la même année ne furent ressenties comme injustes. Elles étaient au contraire considérées comme des mesures légitimes différées depuis trop longtemps et destinées à préserver les intérêts allemands et à réviser l'ordre européen instauré à Versailles. Cependant, Hitler avait dévoilé dès novembre 1937, devant les officiers supérieurs de l'armée et des responsables politiques, que ses visées dépassaient nettement ce cadre. Pour lui, les questions autrichienne et tchécoslovaque se posaient en termes d'espace qu'il voulait en cas de nécessité résoudre par la force.

Les fondements de la politique national-socialiste du *Großraum* sont clairs. L'Autriche et la Tchécoslovaquie y constituaient deux entités centrales car elles étaient considérées comme les deux leviers déterminants pour l'obtention d'une domination politique et économique en Europe centrale. Comme cela a déjà été évoqué, les « révolutionnaires conservateurs » des années 1920 avaient indiqué la soi-disant nécessité d'une telle extension du pouvoir de l'Allemagne. La politique national-socialiste puisait dans le large fonds de concepts qui avaient été développés avant 1933, se contentant de les développer plus avant, connectant, plus clairement qu'auparavant, différentes trames argumentaires. Étaient concernés en premier lieu les aspects de politique générale et de

---

[15] J. Elvert, *Mitteleuropa !*, *op.cit.*, p. 206.

[16] C'était le résultat de plus de 400 périodiques représentant un tirage total moyen de 1,3 millions d'exemplaires. Sur cet impact de la presse « révolutionnaire-conservatrice », voir J. Elvert, « Mitteleuropa im urteil der nationalkonservativen publizistik der Weimarer Republier » (à paraître dans les suppléments des publications de l'Institut pour l'histoire européenne de Mayence).

politique économique, mais aussi des points de vue nationaux. C'est ainsi que dès le mois d'octobre 1934, une étude du bureau de la politique extérieure du NSDAP avait réclamé d'établir, pour l'économie allemande, un lien le plus étroit possible avec l'Europe centrale et du sud-est comme base d'une domination politique de cet espace[17]. Une recommandation similaire avait été donnée en mars 1933 par le ministre des Affaires étrangères. Un mémoire rédigé par le secrétaire von Bülow lui-même avait jadis proposé, afin de conforter plus particulièrement la position allemande dans l'espace danubien, l'octroi de préférences douanières pour les exportations en provenance de cet espace[18]. Au début, ces recommandations concernaient la Yougoslavie et la Roumanie afin d'obtenir deux débouchés importants pour le Reich et en même temps y gagner en influence politique.

On a là deux ébauches de la politique national-socialiste concernant l'Europe centrale et du Sud-Est pour laquelle, de manière plus générale, on peut discerner quatre séries de concepts. Sous différentes combinaisons, il est possible de tous les mettre en évidence pour la période 1933-1939, sans qu'il y ait eu une préférence identifiable pour une variante particulière. En général, les différentes instances du régime nazi en charge de l'Europe du Sud-Est suivaient souvent plusieurs pistes, partiellement et aussi de manière contradictoire, ce que l'on peut considérer aussi bien comme le résultat de la politique national-socialiste classiquement ambivalente, que comme le résultat de l'hétérogénéité de l'ensemble des États de cette partie du continent européen[19].

La première variante avait pour but les intérêts économiques du Reich en Europe centrale et dans les Balkans. Avec pour arrière plan, dans une perspective de *Großraum*, le programme hitlérien « d'acquisition d'un espace vital » dirigé en premier lieu contre l'Union soviétique, les représentants de cette « école » assignaient à l'espace de l'Europe centrale et du Sud-Est le rôle de réservoir principal de matières premières ainsi que de base agricole pour l'empire continental en devenir. La seconde variante partait d'une réorientation de la politique étrangère des

---

[17] Voir à ce sujet la note « Politik im Süd-Osten » rédigée par Georg Ferdinand Duckwitz, collaborateur au service de la politique extérieure du NSDAP, datée du 27 octobre 1934, classée « très confidentielle », dans *Bundesarchiv* (BA), (Bestand) NS 43, Bd 44, fol. 1-27.

[18] Günter Wollstein, « Eine Denckschrift des Staatssekretärs Bernhard von Bülow vom März 1933. Wilhelminische Konzeptionen der Außenpolitik zu Beginn der nationalsozialistischen Herrschaft", *MGM* 13, 1, 1975, p. 90 sqq.

[19] Sur les caractéristiques des différentes variantes de la politique extérieure à l'égard de l'Europe centrale et du Sud-Est, voir Andreas Hillgruber, « Deutsche Außenpolitik im Donauraum 1930-1939 », in A. Hillgruber, *Die Zerstörung Europas. Beiträge zur Weltkriegsepoche 1914-1945*, Franfort/Main, Berlin, 1989, p. 145.

puissances victorieuses de la Première Guerre mondiale, en se concentrant sur la Roumanie et la Yougoslavie comme l'avait suggéré von Bülow dans son mémoire. Dans ce cas, il s'agissait d'empêcher un rapprochement de la Roumanie avec l'Union soviétique, et une nouvelle aggravation de l'antagonisme qui opposait la Yougoslavie à l'Italie. Dans ce contexte, il était tout aussi nécessaire de détacher la Roumanie et la Yougoslavie de la Tchécoslovaquie que d'affaiblir la Petite Entente. La variante n° 3 prenait comme point de départ une alliance de tous les États révisionnistes d'Europe, c'est-à-dire des perdants de la guerre mondiale. Cette perspective aurait eu cependant pour conséquence une coopération plus étroite entre la Hongrie et la Bulgarie, ainsi qu'une aggravation des tensions avec la Roumanie et la Yougoslavie, et aurait conduit par là même à une réactivation de la Petite Entente. La quatrième variante prévoyait au contraire une instrumentalisation des différents mouvements « fascistes » de cette région, il est vrai de faible envergure et de surcroît divisés entre eux. De plus, les communautés allemandes en Tchécoslovaquie, Hongrie, Roumanie, Yougoslavie auraient servi de levier pour faire aboutir des revendications politiques propres, ou même faire imploser ces États de l'intérieur.

En raison de ces options politiques concurrentes et pour partie en contradiction les unes avec les autres, les différentes instances du régime nazi en charge des questions de politique extérieure se gênaient mutuellement. En conséquence, la politique extérieure nazie ne parvint pas jusqu'au début de la Seconde Guerre mondiale à ériger en Europe centrale et dans les Balkans un empire informel politiquement dirigé par l'Allemagne. Il est vrai que l'on peut douter que cela ait jamais eu beaucoup d'importance pour Hitler. Beaucoup plus qu'au contrôle politique total de la région, il aurait tout d'abord attaché de l'importance à son utilisation économique pour les visées futures du régime national-socialiste. Certes après 1933, étaient en concurrence plusieurs options de politique économique, mais, concernant précisément l'Europe du Sud-Est, elles finirent par s'insérer parfaitement dans la politique plus globale d'espace autarcique choisie par la direction nazie.

Le « Nouveau Plan » de Hjalmar Schacht de septembre 1934 qui, par une stricte réglementation du marché des devises et la conclusion d'accords de clearing bilatéraux, visait à rétablir l'économie allemande, et à long terme à la réinsérer dans l'économie mondiale, créa aussi dans l'espace danubien les conditions structurelles pour une géopolitique nazie. Pour l'Europe du Sud-Est, cela signifiait une maîtrise des flux du commerce extérieur des marchandises qui devait contribuer à créer dans le Sud-Est européen un grand espace économique assuré de son ravitaillement et à l'abri du blocus. À cet effet, il s'agissait d'affaiblir systématiquement les positions française et britannique, et de créer en même temps une base d'économie militaire pour une conquête de « l'espace vital » à l'Est[20].

Les accords de clearing qui furent conclus entre 1933 et 1936 entre les États de l'espace danubien et le Reich garantissaient aux pays producteurs une certaine quantité minimum de vente sur le marché allemand. Mais par là même ils créaient aussi une dépendance qui ne se limitait pas seulement aux garanties de vente. Lorsque Schacht se rendit dans la région en 1936, il put déjà constater qu'il avait à faire dans tous les cas à des États créanciers qui globalement exportaient plus dans le Reich qu'ils n'en importaient. Les autorités compétentes à Berlin n'avaient pas du tout l'intention de fournir en totalité les marchandises souhaitées, mais au contraire n'autorisaient à l'exportation que des quantités limitées de produits. Cela ne signifiait pas seulement un contrôle de la quantité des exportations, mais aussi de la qualité. On fournissait uniquement ce que l'on voulait. On exerçait ainsi un contrôle direct sur les systèmes économiques des partenaires commerciaux. Naturellement, cela pouvait ne pas être du goût des États des Balkans concernés, mais leur degré de dépendance du marché allemand était entre temps devenu si grand qu'ils n'avaient pratiquement aucun moyen de s'y opposer.

Le « Second Plan quadriennal » de septembre 1936 créa finalement les conditions pour une ouverture systématique à des fins d'économie militaire de l'Europe centrale et du Sud-Est, désormais composante stable d'un grand espace économique qui, en raison de ses excédents agricoles, pouvait couvrir les besoins en céréales pour le pain et le fourrage mais aussi, avec ses matières premières, satisfaire le besoin de réserves stratégiques de l'Allemagne[21]. En premier lieu, cela concernait, à côté de divers minerais, les réserves de pétrole roumaines et hongroises. En outre, il s'agissait de développer l'industrialisation des États des Balkans plutôt insuffisante jusque là, pour y installer des centres de production capables également de produire dans le cadre d'une économie de guerre. Les directives alléguées par le plan quadriennal étaient en conséquence relatives au développement du réseau de pipe-lines entre la

---

[20] Jürgen Elvert, « Der Balkan und das Reich. Deutsche Südosteuropapläne zwischen den Weltkriegen », in J. Elvert (ed.), *Der Balkan. Eine europäische Krisenregion in Geschichte und Gegenwart*, Stuttgart, 1997, p. 161 sqq.

[21] Sur ce tournant de 1936, voir Bernd-Jürgen Wendt, « Südeuropa in der nationalsozialistischen Großraumwirtschaft », in Gerhard Hirschfeld, Lothar Kettenacker (ed.), *Der "Führerstaat" : Mythos und Realität*, Stuttgart, 1981, p. 426 sqq. ; également Hans-Erich Volkmann, « Die NS-Wirtschaft in Vorbereitung des Krieges », in Militärgeschichtliches Forschungsamt (ed.), *Das deutsche Reich und der Zweite Weltkrieg*, vol. 1 : *Ursachen und Voraussetzungen der deutschen Kriegspolitik*, plus particulièrement p. 339-348.

Roumanie, la Hongrie et le Reich, la production d'essence synthétique dans certains États de l'Europe du Sud-Est, ainsi que la construction d'usines pour la fabrication de métaux légers en Hongrie et Yougoslavie. Les mesures prises dans ce contexte se traduisirent rapidement par des chiffres concrets. La Bulgarie, la Grèce, la Yougoslavie, la Roumanie et la Hongrie avaient exporté en 1933 vers l'Allemagne des marchandises pour une valeur globale de 198,5 millions de Reichsmark, et importé en contrepartie pour 154,3 millions de produits. En 1937, le rapport se montait respectivement déjà à 574 et 555,7 millions, et en 1940 il atteignait 1143,9 et 1178 millions[22].

Même si une résistance à l'intégration dans un *Großraum* économiquement planifié s'était manifestée au début dans quelques États – particulièrement en Roumanie et Yougoslavie –, celle-ci s'affaiblit à partir de l'Anschluss et de l'annexion allemande du reste de la Tchécoslovaquie. À cela contribuait sûrement aussi la résignation britannique devant les visées hégémoniques de l'Allemagne dans l'Europe du Sud-Est, ouvertement reconnue par le Premier ministre Chamberlain en novembre 1938 devant la Chambre des Communes lorsqu'il concéda au Reich le droit d'y occuper une position dominante. De cette façon, pouvait être occultée par Londres la prise de conscience que sa propre politique n'avait proposé pendant trop longtemps à l'espace danubien aucune alternative au rôle de satellite dans un « grand espace économique » allemand et n'avait aussi rien entrepris pour stabiliser, de concert avec la France et les USA, l'indépendance économique de l'Europe du Sud-Est comme base de sa souveraineté politique. Les chiffres bruts de 1937 le démentaient : 47 % des exportations totales de la Bulgarie, 41 % de celles de la Hongrie, 35 % de celles de la Yougoslavie, 32 % de celles de la Grèce et 27 % de celles de la Roumanie étaient à destination de l'Allemagne, et ces chiffres devaient encore augmenter sensiblement jusqu'au déclenchement de la guerre[23].

Carl Schmitt, avocat de la politique national-socialiste du *Großraum*

L'action de Carl Schmitt (1888-1985) peut se diviser en trois phases dont ses différents écrits sont le reflet. Pendant sa première période de création (jusqu'en 1933), parurent la plupart de ses œuvres les plus importantes. Il devint alors l'un des spécialistes de droit public les plus estimés de la République de Weimar. En 1921, à l'âge de 33 ans, il

---

[22] Karlheinz Rieker, « Die deutschen Handelsbeziehungen zu Südeuropa », *Deutsche Zeitschrift für Wirtschaftskunde*, 4, 1, 1939, p. 132-137.
[23] J. Elvert (ed.), *Der Balkan...*, *op.cit.*, p. 166.

obtint sa première nomination à une chaire de droit public à l'Université de Greifswald, nomination suivie de quatre autres qui le conduisirent de Bonn à Berlin, puis Cologne, avant de revenir à Berlin où il enseigna finalement jusqu'à sa mise à la retraite anticipée en 1945. Sous le régime national-socialiste, Schmitt, qui avait adopté avant 1933 une attitude très sceptique envers le mouvement nazi qu'il considérait, à l'instar de beaucoup d'autres révolutionnaires conservateurs, comme un mouvement plébéien, se fit rapidement un nom en tant que juriste en phase avec le système. À cela contribuèrent ses tentatives de justification, extrêmement douteuses tant d'un point de vue moral que juridique, de mesures nazies, telles que l'élimination de Röhm en juin 1934 ou l'idéologie raciale, présentées comme une affirmation d'autodéfense de l'État[24]. De telles prises de position ainsi que d'autres lui valurent rapidement des avantages au sein de la hiérarchie de l'État et du parti nazi. Mais il y avait également des personnalités aussi envieuses qu'influentes qui l'accusèrent, lui qui n'avait adhéré au NSDAP qu'en avril 1933, d'opportunisme et qui parvinrent à le discréditer aux yeux des grands dignitaires du régime. Un événement futile suffit à l'automne 1936 pour le priver de toutes ses fonctions et charges honorifiques dans le parti, et ne lui laisser que sa chaire de professeur ainsi que sa qualité, purement honorifique, de membre du Conseil d'État[25]. Cette prise de distance plutôt involontaire avec le système n'empêcha pourtant pas Schmitt de prendre une part très active durant la Seconde Guerre mondiale à l'« *Aktion* Ritterbusch », une initiative qui portait le nom de son auteur, Paul Ritterbusch, professeur de droit à Kiel, et qui réunissait d'éminents spécialistes des sciences humaines qui voulaient manifester leur propre « engagement dans la guerre »[26]. Après la Deuxième Guerre mondiale, il

---

[24] Sur l'élimination de Röhm, Carl Schmitt, « Der Führer schützt das Recht. Zur Reichstagsrede vom 13.7.1934 », *Deutsche Juristenzeitung*, vol. 39 (15), 1934, p. 946 sqq. ; sur la politique raciale du parti nazi, Carl Schmitt, « Die deutsche Rechtswissenschaft im Kampf gegen den jüdischen Geist », *Deutsche Juristenzeitung*, vol. 41, 1936, p. 1193 sqq. Son rapport ambivalent aux Juifs se rattachait aussi à sa critique des principes juridiques, soi-disant empreints de judaïsme, de la République de Weimar. À ce sujet, voir Dirk van Laak, « Carl Schmitt. Ein Widergänger Weimars ? », in Wolfgang Bialas, Manfred Gangl (ed.), *Intellektuelle im Nationalsozialismus*, Francfort/Main, p. 68-87 (ici p. 72) ; voir également Raphael Gross, « Carl Schmitt und die Juden. Strukturen einer deutschen Rechtslehrer », Thèse, Essen, 1997.

[25] D. van Laak, *art. cit.*, p. 76.

[26] Frank-Rutger Hausmann, "*Deutsche Geisteswissenschaft*" *im Zweiten Weltkrieg. Die Aktion Ritterbusch (1940-1945)*, Dresde-Munich, 1998, p. 44. Pour ce qui est des adversaires de Schmitt pendant la période nazie, voir Lutz Hachmeister, *Der Gegnerforscher. Die Karriere des SS-Führers Franz Alfred Six*, Munich, 1998, p. 160 sqq. ; de même, Hausmann, *Deutschegeisteswissenschaft*, p. 26.

ne parvint plus, en raison de son engagement dans le régime nazi, à retrouver une chaire à l'université, et ses tentatives pour prendre part aux débats publics comme publiciste ne connurent qu'un succès médiocre[27]. C'est ainsi qu'il dut finalement se limiter à de nouvelles éditions de ses œuvres, proposant quelques travaux plus récents relatifs à des questions de philosophie historique et de théorie politique dans lesquelles il se rattachait toujours à des problématiques des années 1920[28].

Malgré son caractère très controversé, son œuvre exerce jusqu'à nos jours une grande force d'attraction. Elle est toujours à même de susciter des débats académiques, d'autant plus que ses conceptions géopolitiques ont aussi de l'intérêt dans une discussion sur le processus d'intégration européenne d'après-guerre, même si on fait souvent remarquer que Schmitt, héritier de la tradition antilibérale allemande, a donné ses contributions théoriques les plus susceptibles d'intéresser la problématique de l'Europe à l'époque du national-socialisme[29]. Cependant, on ne doit pas perdre de vue dans ce contexte que le concept de *Großraum* renvoie à une forme d'organisation politique qui pourrait prétendre succéder à l'État-nation[30]. Par conséquent, l'Union européenne des années 2000 serait aussi un *Großraum*, même si celle-ci repose sur d'autres structures internes et une autre conception d'elle-même que le *Großraum* légitimé juridiquement par Carl Schmitt. Dans cette perspective, les réflexions de Carl Schmitt relatives à cette question conservent encore aujourd'hui une remarquable actualité malgré tous les scrupules parfaitement fondés à propos du contexte dans lequel elles ont été formulées.

Un coup d'œil sur les représentations géopolitiques de Carl Schmitt permet bien de cerner l'ensemble des discussions dans l'Allemagne de

---

[27] Au début des années 1950, Schmitt était considéré comme *persona non grata*, à tel point qu'il n'était pas question par exemple de lui donner la fonction de co-éditeur de la revue *Das historisch-politisch Buch* fondée en 1952 par Gustav Adolf Rein (ce dernier proche du système nazi lorsqu'il était recteur de l'Université de Hambourg). Voir à ce sujet, Michael Salewski, « Die Ranke-Gesellschaft und ein halbes Jahrhundert », in Jürgen Elvert, Susanne Krauß (ed.), *Historische Debatten und Kontroversen im 19. und 20. Jahrhundert*, Stuttgart, 2003, p. 136.

[28] Voir par exemple à ce sujet Helmut Quaritsch, « Carl Schmitt », in Caspar von Schrenck-Notzing (ed.), *Lexikon des Konservatismus*, Graz-Stuttgart, 1996, p. 484-488.

[29] Sur cette question, voir par exemple : Christian Joerges, *Europa, ein Großraum? Zäsuren, Kontinuitäten, Re-Konfigurationen in der rechtlichen Konzeptualisierung des Integrationsprojekts*, EUI Working Paper Law, n° 2002/2, San Domenico (FI), 2002, p. 37.

[30] Voir à ce sujet Jeronimo Molina Cano, « Carl Schmitt and the tellurical thought », in www.sgir.org/conference2004-/papers/molina.pdf (consulté le 22 mars 2005).

l'entre-deux-guerres[31]. C'est ainsi que dans les modèles d'organisation européenne présentés au début de la République de Weimar était encore clairement reconnaissable une tradition développée déjà avant la Première Guerre mondiale dans laquelle on accordait, entre autres, une grande importance aux points de vue philosophiques et théologiques[32]. Carl Schmitt considérait dans ces années-là qu'une Europe néochrétienne était la base idéale d'un ordre de paix durable[33]. Mais par la suite, vers la fin des années 1920, il devint un partisan résolu des projets pour l'Europe centrale forgés dans les milieux de la révolution conservatrice, les défendant publiquement dans ses écrits[34]. De même que ceux-ci pénétrèrent en partie dans les conceptions politiques du national-socialisme, Schmitt se transforma, dès après le 30 janvier 1933, en un partisan du nouveau régime, s'essayant même, à la veille de la Seconde Guerre mondiale, à légitimer par le droit international la *Großraumpolitik* allemande[35].

À première vue, cette évolution pourrait suggérer l'hypothèse que l'on aurait eu affaire, avec Carl Schmitt, à un opportuniste sans frein. Mais on ne ferait que partiellement rendre justice à sa personnalité. Car malgré son caractère indubitablement opportuniste[36], presque aucun autre professeur de science politique n'a influencé aussi durablement la science politique et le droit public que Carl Schmitt. Déjà, à l'époque de la République de Weimar, il passait pour le professeur de droit public le plus réputé de son époque, ne craignant pas en outre d'attaquer le système parlementaire de Weimar et de lui opposer son propre concept d'« État total »[37]. C'est une des principales raisons pour laquelle, à

---

[31] Voir John Mac Cormick, "Carl Schmitt's Europe. Cultural, Imperial and Spatial Proposals for European Integration, 1923-1955", in www.gongfa.com/shimite McCormick.pdf (consulté le 23 mars 2005).

[32] J. Elvert, *Mitteleuropa !…, op.cit.*, p. 45-56.

[33] Carl Schmitt, *Römischer Katholizismus und politische Form*, Hellerau, 1923.

[34] Carl Schmitt, *Der Begriff des Politischen. Mit einer Rede über das Zeitalter der Neutralisierungen und Entpolitisierungen*, nouvelle édition, Munich, 1932. L'article, « Das Zeitalter der Neutralisierung und Endpolitisierungen » fut rédigé en 1929. Voir à ce sujet, Felix Blindow, *Carl Schmitts Reichsordnung. Strategie für einen europäischen Großraum*, Berlin, 1999, p. 172.

[35] Carl Schmitt, « Großraum gegen Universalismus. Der völkerrechtliche Kampf um die Monroedoktrin », *Zeitschrift der Akademie für Deutsches Recht*, vol. 6, 1939, p. 333-337 ; de même Carl Schmitt, *Völkerrechtliche Großraumordnung mit Interventionsverbot für raumfremde Mächte. Ein Beitrag zum Reichsbegriff im Völkerrecht*, Berlin, 1939.

[36] L'opportunisme de Schmitt est traité en détail par F. Blindow, *Carl Schmitts Reichsordnung…, op.cit.*, p. 35 sqq.

[37] Pour apprécier l'importance de Schmitt pour la science politique et le droit public en Allemagne, on se reportera à Diemut Majer, compte rendu de Piet Tomminsen (ed.),

l'époque du national-socialisme, il devait être promu, tout au moins pour quelques années « *Kronjuristen des Dritten Reich* » (« principal juriste du Troisième Reich »)[38].

Schmitt développa ses réflexions sur « l'État total » à une époque où le système parlementaire de Weimar, en raison de sa prétendue incapacité à gérer les crises, était déjà dans une grande mesure ébranlé. Le fait de savoir si un système autoritaire pouvait être une véritable alternative à un régime parlementaire n'était déjà plus la question dans le débat politico-juridique de 1930 ; il s'agissait plutôt de savoir de quelle façon il allait l'être. Vues sous cet angle, les réflexions de Schmitt en la matière reflètent l'ambiance de l'époque ; ainsi sa justification ultérieure selon laquelle ses travaux n'auraient été que des analyses de la réalité et non des preuves d'intérêt idéologique ou politiques peut être recevable, même si on ne la partage pas nécessairement[39].

Schmitt a émis son diagnostic de 1931 dans un article[40] où il élaborait la thèse que « l'État parlementaire libéral » serait devenu « total » par faiblesse, en effaçant les frontières du social et du politique[41]. Cet article s'entendait comme un avertissement contre les exigences des partis qui mettaient l'État en péril, ce qui de ce fait s'appliquait aussi au NSDAP. Schmitt lui-même eut un comportement conforme à ses demandes et soutint de son mieux à cette époque les cabinets des régimes présidentiels de Brüning, Von Papen et Schleicher en s'engageant expressément pour un élargissement des droits souverains des institutions d'État, envisageant même un accroissement des compétences du chef de l'État en tant que « gardien de la constitution »[42]. D'après Félix Blindow, il est possible que dans ce contexte la compréhension de la nature de « l'État total » par Carl Schmitt puisse procéder de considérations politico-économiques, étant donné qu'il disposait alors de bons contacts avec des représentants et des institutions influents dans l'économie, tels la *Mitteleuropäischen Wirtschafstag* ou encore la *Langnam-*

« Schmittiana. Beiträge zu Leben und Werk Carl Schmitts », *Das Historisch-Politische Buch*, 46, 1998, p. 76 sqq.

[38] Le concept de *Kronjurist* du Troisième Reich fut popularisé pour l'essentiel par Waldemar Gurian, ancien admirateur de Schmitt avant d'être son adversaire acharné. Voir à ce sujet F. Blindow, *Carl Schmitts Reichsordnung...*, *op.cit.*, p. 30 sqq.

[39] C'est ce que soutint Schmitt en 1960 devant le linguiste Jean-Pierre Faye.

[40] Carl Schmitt, « Die Wendung zum totalen Staat (1931) », in C. Schmitt, *Positionen und Begriffe. Im Kampf mit Weimar, Genf-Versailles (1923-1939)*, Hambourg, 1940, p. 146-157.

[41] C'est ce contexte que souligne F. Blindow, *Carl Schmitts Reichsordnung...*, *op.cit.*, p. 21 sqq.

[42] D. van Laak, *art. cit.*, p. 73.

Verein, une union d'industriels rhénans proche de cette première institution. Ces contacts se seraient notamment traduits dans des publications où le rapport symbiotique d'une économie « saine » et d'un État fort aurait été thématisé[43]. Cependant, il importait à Schmitt de ne jamais laisser l'économique prendre le pas sur le politique. La nécessaire primauté du politique lui paraissait garantie dans un État autoritaire, mais pas dans un système parlementaire libéral. Pour cette raison, il voyait dans le fascisme et dans le bolchevisme la preuve de la supériorité du politique sur l'économique. Que pour cela les sympathies de Schmitt aillent du côté du fascisme italien, c'est ce qu'il avait souligné à plusieurs reprises depuis les années 1920[44].

L'analyse des motifs qui pourraient avoir poussé Schmitt à se vouer au nouveau régime immédiatement après 1933 nous amène à la conclusion que, à l'instar d'autres révolutionnaires conservateurs, il doit avoir espéré un moment pouvoir accomplir alors sous le couvert du national-socialisme la « révolution de droite » considérée comme inéluctable pour une refonte politique, économique et sociale de l'Allemagne. Peut-être Schmitt était-il persuadé – et en cela il était de nouveau comparable à d'autres intellectuels de la droite conservatrice de l'époque – de pouvoir noyauter le national-socialisme par un soutien actif et le transformer conformément à ses propres représentations[45]. C'est en faveur de cette interprétation que pourrait plaider sa définition du national-socialisme, vu comme une entreprise où l'on pouvait constater un « triple accord de l'État, du mouvement et du peuple », le mouvement nazi créant une nouvelle homogénéité du peuple et une nouvelle souveraineté de l'État[46]. On peut ainsi voir dans les écrits publiés dans ce contexte des tentatives pour montrer à « l'État total » les limites de son action[47]. Vu sous cet angle, son texte en forme de justification *Der Führer schützt das Recht* (« Le Führer protège le droit ») présenté après la « Nuit des longs couteaux », généralement considéré comme l'une des pires apologies du national-socialisme sortie de la plume de Schmitt, pourrait aussi être interprété comme une tentative de délimiter les frontières juridiques du droit pénal nazi, en faisant du Führer le justicier suprême, mais en

---

[43]   *Ibid.*, p. 23 sqq.

[44]   F. Blindow, *Carl Schmitts Reichsordnung...*, *op.cit.*, p. 23.

[45]   D. van Laak, « Carl Schmitt. Ein Widergänger Weimars ? », *art.cit.*, p. 74.

[46]   C'est à cette possibilité que renvoie par exemple Reinhard Mehring, « Vergangenheitsbewältigung bei Carl Schmitt », in Bialas, Gangl (ed.), *Intellektuelle*, p. 120-134, ici p. 124. Mehring se réfère à l'étude suivante : Carl Schmitt, *Staat, Bewegung, Volk. Die Dreigliederung der politischen Einheit*, Hambourg, 1933.

[47]   R. Mehring, « Vergangenheitsbewältigung... », *op.cit.*, p. 124.

déclarant en même temps toutes les autres infractions à la loi comme des faits délictueux devant être poursuivis pénalement à l'avenir[48].

Rétrospectivement, une telle attitude peut sûrement être jugée naïve, si ce n'est présomptueuse. De ce fait, on s'est aussi demandé à propos de Schmitt quel niveau de naïveté était acceptable pour un scientifique, et le cas échéant à quel degré de conscience de ses responsabilités il devait accéder[49]. Dans ce contexte, il est également possible de conclure du comportement de Schmitt qu'il n'aurait eu aucun sentiment de responsabilité[50]. Cependant, c'est là à mon sens une façon de voir a-historique car cela transpose les valeurs du XXe siècle finissant aux environs de 1933, c'est-à-dire à une époque où avaient cours de toutes autres valeurs marquées par le nationalisme et le révisionnisme. Schmitt lui-même a du prendre conscience de son erreur d'appréciation initiale au plus tard après sa mise sur la touche partielle de 1936. Sa constatation vis-à-vis de Ernst Jünger en octobre 1941 que « *non possum scribere contra eum, qui potest proscribere* »[51], prouve clairement au moins deux choses différentes : premièrement qu'il ne se faisait plus d'illusions à cette époque sur ses possibilités d'action au sein du national-socialisme, deuxièmement qu'il semble avoir au moins essayé auparavant de s'ériger en faux contre des décideurs. Comme ni le déroulement de la guerre à l'époque de la citation, ni les interlocuteurs de Schmitt ne demandaient une justification de sa propre façon d'agir, il ne reste comme seule explication rationnelle de sa résignation que sa prise de conscience de sa perte de toute influence sur les détenteurs du pouvoir politique.

Si cette version est exacte, Schmitt devrait effectivement avoir essayé auparavant d'exercer une influence sur le développement de l'État nazi. Après sa mise à l'écart de 1936, il ne lui restait plus pour cela que le niveau professionnel. Cela concernerait donc aussi le jugement de Schmitt sur la *Großraumpolitik* du national-socialisme. À cet effet, il existe environ quinze publications datant des années 1936-1945[52]. Doivent être examinés ici de plus près deux travaux représentatifs

---

[48] C'est à ce contexte que renvoie l'article de Wolfgang Schuller, « Mehr als ein Hauch von Aktualität », dans le *Frankfurter Allegemeine Zeitung* du 9 décembre 1995, p. 13.

[49] Dietmut Majer, « Rezension Paul Noack, Carl Schmitt. Eine Biographie », in *Das Historisch-Politische Buch*, 43, 1995, p. 252.

[50] *Ibid.*

[51] Cette citation est attestée dans Ernst Jünger, « Das erste Pariser Tagebuch. Eintrag vom 18. Oktober 1941 », in *Auswahl aus dem Werk in fünf Bänden*, vol. 2, Stuttgart, 1994, p. 47.

[52] Voir à ce sujet F. Blindow, *Carl Schmitts Reichsordnung…, op.cit.*, p. 174.

pouvant être considérés comme des « documents clés » pour la compréhension schmittienne du *Großraum* dont l'inspiration s'enracinait clairement dans la conception « révolutionnaire conservatrice » de la fin des années 1920 et du début des années 1930. Il s'agit de l'allocution présentée en mars 1939 devant une assemblée de la *NS-Rechts-wahrerbundes* (« Union national-socialiste des gardiens du droit ») à Kiel et publiée la même année sous le titre *Völkerrechtliche Großraumordnung mit Interventionverbot raumfremder Mächte* (« L'organisation des grands espaces conforme au droit international avec interdiction d'intervention des puissances étrangères à cet espace »)[53], ainsi que d'une analyse élaborée dans le cadre de l'« *Aktion* Ritterbusch » portant sur le rapport terre/mer dans le droit international moderne intitulée *Staatliche Souveränetät und Freies Meer. Über den gegensatz von Land und See im Völkerrecht der Neuzeit* (« Souveraineté nationale et liberté des mers. À propos de l'opposition terre/mer dans le droit international des temps modernes »)[54].

Dans le premier de ces textes, en comparant les principes de la doctrine de Monroe et les règles de sécurité des voies de communication à l'intérieur de l'Empire britannique, Schmitt essayait de faire ressortir la différence entre un droit international pensé par rapport à de grands espaces concrets et un droit universel humanitaire et universaliste[55]. Il est évident que ses sympathies allaient à ce qu'il appelait « la conception d'un ordre concret, déterminé spatialement » de la doctrine de Monroe[56], dont l'essence serait cependant menacée par la tendance à une idéologie universelle « pan-interventionniste » de caractère anglo-saxon[57]. Schmitt considérait que la position du Reich allemand en tant que « puissance populaire et nationale » au sein de l'espace centre européen était comparable à celle des USA au sein des autres États du continent américain[58]. Partant de cette constatation, il attribuait au Reich le droit d'établir et de faire appliquer les principes du droit international en vigueur dans un tel *Großraum*, et renvoyait à ce propos à la doctrine de Monroe en tant que « première déclaration dans l'histoire du droit international moderne

---

[53] Carl Schmitt, *Völkerrechtliche Großraumordnung mit Interventionverbot raumfremder Mächte*, 1939.

[54] Carl Schmitt, « Staatliche Souveränität und Freies Meer. Über den Gegensatz von Land und See im Völkerrecht der Neuzeit », in Fritz Hartung (ed.), *Das Reich und Europa*, Leipzig, 2ᵉ éd., 1941, p. 91-117.

[55] Carl Schmitt, *Völkerrechtliche Großraumordnung…*, *op.cit.*, p. 57.

[56] *Ibid.*, p. 39.

[57] *Ibid.*, p. 39.

[58] *Ibid.*, p. 64.

parlant d'un *Großraum* et établissant le principe de la non-intervention de puissances étrangères à cet espace »[59].

Il soulignait à plusieurs reprises dans la suite de son étude qu'il ne lui importait pas de formuler alors de son côté une doctrine de Monroe germanique « pour l'espace de l'Europe centrale, mais que son but était simplement de dégager l'idée centrale, légitimement fondée, du message originel de Monroe ». Il entendait par là l'idée de la non recevabilité, en termes de droit international, d'intervention de puissances étrangères (à l'espace) dans un *Großraum* dominé par un principe d'ordre[60]. Cependant, il devait reconnaître que dans son projet, cette notion de *Großraum* pouvait justement tout à fait être transposée à la réalité de l'époque contemporaine[61]. Les puissances étrangères en question étaient pour lui les concepteurs de cette « construction individualiste libérale et par conséquent universaliste de la protection des minorités d'Europe centrale à partir d'un contrôle exercé par l'intermédiaire de la Société des Nations universaliste de Genève et d'une intervention dans l'espace est-européen », en bref des « puissances occidentales étrangères à cet espace »[62].

À première vue, les thèses de Schmitt peuvent être interprétées aussi bien dans la continuité de la réflexion sur l'Europe centrale de la Révolution conservatrice que comme une légitimation du concept de domination national-socialiste. Le concept d'Empire qui est à la base de tous ses développements indique cependant les racines de ceux-ci. Car lorsqu'il écrivait que le « nouveau concept d'ordre » (que le « Troisième Reich » visait à opposer en tant que « nouveau droit international » au droit international européen du XIXe siècle dépassé par le développement politique et qualifié comme tel de « droit mondial universaliste ») était un *Großraumordnung* porté par un peuple qui serait le seul à satisfaire aux représentations de l'espace donné et aux « véritables forces vitales politiques » de l'époque considérée et pourrait ainsi agir « de façon planétaire », sans anéantir les peuples et les États, ses développements rappelaient clairement les concepts « nationaux » d'ordre nouveau qu'un Karl Christian von Loesch avait auparavant esquissés dans ses propositions pour un règlement de la question des minorités

---

[59] *Ibid.*, p. 32.

[60] De même que Schmitt attribuait à l'État, en tant que facteur d'ordre dans un univers politique tendant au chaos, un rôle supérieur à tout autre en politique intérieure, de même le principe des « règlements et configurations concrets » jouait aussi un rôle dominant dans sa recherche d'un nouvel ordre « impérial ». À ce sujet, Hans Hattenhauer, *Europäische Rechtsgeschichte*, Heidelberg, 1992, p. 684 sqq.

[61] Carl Schmitt, *op.cit.*, p. 35.

[62] *Ibid.*, p. 62.

d'Europe centrale[63]. Le fait que ceux-ci constituaient une référence importante dans le raisonnement schmittien est démontré par son plaidoyer en faveur du « pénible » travail engagé des années durant par les juristes allemands, au nombre desquels il comptait, à côté de Karl C. von Loesch, Max Hildebert Boehm et Kurt O. Rabl[64], qui se seraient efforcés tous les trois, à partir d'une perspective résolument nationale, de définir un droit de la communauté nationale pour l'Europe centrale.

À l'évidence, Schmitt espérait encore au printemps 1939 pouvoir orienter la *Großraumpolitik* national-socialiste dans une direction inspirée du courant révolutionnaire conservateur. La tentative pour légitimer au regard du droit international les intérêts nationaux-socialistes en Europe centrale doit se comprendre en outre comme une contribution supplémentaire de Schmitt au rôle qu'il s'était lui-même attribué de « défenseur de l'Europe » et qu'il avait lui-même défini comme étant celui d'un « katechon » (celui qui retient), donc comme une sorte d'animateur dont la tâche serait de ralentir le « déclin de l'Europe » prophétisé par Spengler, si ce n'est même de l'arrêter. Ce n'est que de cette façon que l'on pouvait faire obstacle à l'essor de l'Amérique comme puissance mondiale dominante, tel que l'avaient prévu déjà Tocqueville et Donoso Cortès longtemps avant le déclenchement de la Seconde Guerre mondiale[65]. La réponse de Carl Schmitt à la question de savoir comment cette ascension pouvait être enrayée était dès lors la légitimation juridique de l'accomplissement national-socialiste du rêve de *Mitteleuropa* de la Révolution conservatrice en essayant de définir un *Großraum* pangermaniste d'Europe centrale et orientale, et en fixant simultanément par écrit une interdiction d'intervention pour les puissances « étrangères à l'espace ».

---

[63]   *Ibid.*, p. 85-88. Sur ces concepts « *völkisch* » d'ordre nouveau, Karl C. von Loesch, « Volkspolitik und Reichspolitik », *Volk und Reich*, 9, 1933, H. 3, p. 164-182.

[64]   Rabl avait en 1938 présenté un texte sur la question des droits des communautés ethniques en Europe centrale (Kurt. O. Rabl, *Grundlagen und Grundfragen eines mitteleuropäischen Volksgruppenrechts*, Tübingen, 1938.), dont le problème fondamental, à son avis, consistait à harmoniser le lien nécessaire à l'État et le lien naturel au *Volkstum*. Il ne faisait pour lui aucun doute qu'on ne pouvait y parvenir en transposant purement et simplement des systèmes d'autorité et des formes constitutionnelles d'origine occidentale, mais au contraire en reconnaissant l'Europe centrale comme un espace multiethnique dont les structures naturelles forgées au cours de l'histoire devaient être respectées. Ce faisant, l'argumentation de Rabl correspondait pour l'essentiel à celle déjà énoncée en 1933 par Karl C. von Lœsch (cf. note 63). De même, à ce sujet, Max Hildebert Boehm, *Volkstheorie und Volkstumspolitik der Gegenwart*, Berlin, 1935.

[65]   À ce sujet, Henry Cord Meyer, *Mitteleuropa in German Throught and Action, 1815-1945*, La Haye, 1955, p. 344.

Son exposé sur *Staatliche Souveränetät und Freies Meer* doit se comprendre comme une tentative pour définir académiquement le « *Großraum Europa* », tel qu'il semblait de dessiner après les premiers succès militaires de l'Allemagne[66]. Ce faisant, il se rattachait à des réflexions antérieures, mais s'efforçait aussi en même temps d'approfondir son argumentation historique. Partant du concept de souveraineté de Bodin dont la notion d'État à la française marqua les Temps modernes et par là même condamna au déclin l'Empire et l'ordre médiéval de l'Europe, Schmitt passait en revue le développement ultérieur de la notion d'État à l'époque moderne et, parallèlement, celle de droit international. Pour lui, ce processus de développement représentait une dissolution de l'esprit originel du *Großraum*, et avec lui, en même temps, un rétrécissement sur l'espace « national ». De ce fait cependant, la possibilité avait été offerte aux puissances périphériques, essentiellement la Grande-Bretagne, d'utiliser la liberté des mers et les continents extra-européens comme des « sphères où elles pouvaient exercer librement leur force et déployer leur puissance ». En ce qui concernait la Grande-Bretagne, cette possibilité avait été utilisée sur une si grande échelle que l'île britannique « se serait transformée à partir d'un morceau de continent en un bateau, ou même un poisson » et aurait ainsi perdu son « ancrage » européen. Finalement, elle pourrait, « telle une baleine ou un Leviathan » s'éloigner vers un autre endroit de la planète « dès que sa situation lui paraîtrait dangereuse ». À vrai dire, l'orientation mondiale de l'Angleterre était toujours liée à l'intérêt vital que représentait pour elle le maintien du pluralisme européen qui seul permettait l'espace de liberté dont Londres avait besoin pour sa politique « planétaire »[67]. Schmitt avait attribué à la France et à la Grande-Bretagne, créateurs et défenseur de ces concepts, la responsabilité directe des questions relatives à l'État-nation et au droit international. C'est à partir de là que pouvaient commencer la tentative ultérieure de légitimation scientifique du nouveau concept d'ordre européen. Au centre de ces réflexions, on trouvait invariablement la « politique de construction européenne commune » des puissances de l'Axe dont le but affiché aurait été de doter à nouveau l'Europe d'un « centre vivant » afin de s'opposer aux « tentatives traditionnelles de regroupement de carac-

---

[66] Carl Schmitt, « Staatliche Souveränität… », *op.cit.*

[67] *Ibid.*, p. 114 sqq. L'image de la métamorphose d'une île encore amarrée en Europe en un poisson pouvant, selon les besoins, modifier sa position se retrouve à d'autres endroits de ses écrits.

tère artificiel » sur le modèle de l'Europe occidentale. En bref, une alternative conforme au « principe d'ordre national organique ».

Carl Schmitt était-il un précurseur de la politique de *Großraum* national-socialiste ?

Pour pouvoir faire porter à Carl Schmitt la responsabilité de précurseur de la *Großraumpolitik* national-socialiste, il faudrait apporter la preuve que la direction national-socialiste s'est inspirée pour la conception et la réalisation de sa politique des réflexions de Schmitt. Mais à cet égard, il semble que l'on puisse émettre quelques doutes. Certes, on a indiqué dans la première partie de cette étude qu'il y a eu en Allemagne des réflexions sur la *Großraumpolitik* avant la prise du pouvoir par les nazis, et qu'il s'agirait en cela de modèles développés en premier lieu chez les intellectuels « révolutionnaires-conservateurs » dès les années 1920, à des fins de révision de l'ordre européen imposé par le Traité de Versailles. Schmitt faisant incontestablement partie des dirigeants de la Révolution conservatrice et, s'étant lui-même déclaré partisan de cette conception du *Großraum* appliquée à l'Europe centrale, on pourrait à première vue le compter en effet au nombre des précurseurs de la *Großraumpolitik* national-socialiste. Il est vrai qu'il faut tenir compte dans ce contexte du fait que les réflexions allemandes en la matière avaient subi un changement de paradigme après 1933. S'il s'agissait pour l'essentiel, avec les conceptions émanant des cercles de la Révolution conservatrice, d'une volonté de façonner le *Großraum* de l'Europe centrale d'après des principes fédéraux – même s'ils étaient très diversifiés et en règle générale également hiérarchisés –, à l'époque nazie s'imposèrent de plus en plus des concepts établissant une domination du Troisième Reich fondée sur une idéologie raciale et organisée de façon centralisatrice dans un *Großraum* s'assimilant à un espace vital européen ou eurasiatique. Tandis que de telles conceptions peuvent être qualifiées de « modèles impérialistes » en raison de leur structure de domination commune centralisée, les conceptions des révolutionnaires conservateurs furent prolongées après 1933 dans des jeux tactiques qui suggéraient pour l'avenir des formes d'organisation fédérales à fondement souvent national. De semblables approches peuvent se rassembler sous le terme générique de « modèles germaniques »[68]. Par son origine, Schmitt était proche des représentants des « modèles germaniques » et déjà par lui-même en nette opposition avec les défenseurs des conceptions impérialistes du *Großraum* national-socialiste jusqu'à la défaite de Stalingrad.

---

[68] Voir à ce sujet mes commentaires in J. Elvert, *Mitteleuropa !...*, *op.cit.*, p. 352-386.

En outre, il ne faut pas oublier que le concept de *Großraum* fut toujours controversé dans l'Allemagne nazie entre 1933 et 1945. Même pendant la guerre, on ne s'entendait pas sur le sens de ce concept, la définition préférée selon le cas dépendant toujours de la position politique de chacun[69]. Carl Schmitt a marqué sans aucun doute de façon déterminante cette discussion avant et après 1933. Cependant son influence politique prit fin en 1936 lorsque, à la suite d'une intrigue de collègues concurrents, il perdit une grande partie de ses charges honorifiques et politiques au sein du parti. Parmi ses adversaires de l'époque figurait par exemple Reinhard Höhn qui put dès lors jouir de la faveur grandissante du régime et essaya dans ce contexte de développer sa propre théorie du *Großraum*, ce qui devait faire encore reculer davantage l'influence schmittienne. La théorie de Höhn se distinguait de celle de Schmitt en ceci que Schmitt essayait plutôt de fixer un cadre englobant, alors que Höhn faisait des propositions concrètes pour la formation d'un grand espace européen[70]. À dire vrai, aucun des deux adversaires ne parvint à élever au rang de doctrine sa propre position dans ce débat. Au contraire, d'autres propositions furent avancées en même temps qui se prononçaient contre l'utilisation du concept de *Großraum* appliqué au nouvel ordre européen en raison du caractère multiforme du continent. Certains rejetaient carrément le concept de *Großraum* en raison de sa façon par trop schématique et exclusivement juridique d'interpréter le phénomène, préférant le concept de *Lebensraum* (« espace vital ») comme plus adapté aux intentions national-socialistes[71].

Quant à savoir si Carl Schmitt, avec ses considérations dans lesquelles il avait défini les différents *Großräume* du monde et limité ainsi le *Großraum* européen à l'Europe, voulait refuser de possibles projets de conquête universelle de certains dirigeants nationaux-socialistes et donner des limites à la politique de conquête national-socialiste, on ne se prononcera pas[72]. Ce serait une version possible de ses travaux.

---

[69] Le compte rendu de Roger Diener, « Schrifftumübersicht zur Großraumlehre », in *Reich, Volksordnung, Lebensraum. Zeitschrift für völkische Verfassung und Verwaltung*, n° VI, 1943, p. 565 sqq. offre un bon aperçu des différentes conceptions de *Großraum* qui se contredisent partiellement les unes les autres. On y cite notamment un auteur qui donne un tableau détaillé de la littérature sur ce thème et qui, en guise de conclusion, met en garde contre le danger de « procéder à des déterminations conceptuelles stériles pour la science juridique devant un objet aussi dynamique que le développement du *Großraum* » (p. 566).

[70] Ainsi par exemple dans Reinhard Höhn, « Reich – Großraum – Großmacht », *Reich, Volksordnung, Lebensraum. Zeitschrift für völkische Verfassung und Verwaltung*, n° II, 1942, p. 97-226.

[71] À ce propos, R. Diener, « Schrifftumübersicht... », *op.cit.*, p. 566.

[72] À propos d'une telle lecture des études schmittiennes, voir Wolfgang Schuller, *op. cit.*

D'autres voix, critiques vis-à-vis de Schmitt, renverraient plutôt aux possibilités d'interprétation interminables des constructions conceptuelles schmittiennes à l'époque nazie, et lui reprocheraient aussi son manque de dimension éthique[73]. Par rapport à la problématique initiale, on peut cependant retenir au bout du compte que Carl Schmitt a fait partie de ces intellectuels révolutionnaires conservateurs qui s'employèrent à discréditer la première république allemande. Par là même, ils préparèrent le terrain à la destruction définitive de cette république par les nazis. Schmitt lui-même s'était en outre immédiatement efforcé de coopérer étroitement avec le système nazi, et avait pu établir en l'espace de trois ans sa position de *Kronjurist* du Troisième Reich. Cependant, lorsqu'il s'agit non plus seulement de justifier sur le plan du droit international le concept de *Großraum*, mais d'en assurer la réalisation politique concrète, il ne disposait plus des possibilités d'exercer une influence directe sur les décisions politiques. Dans cette mesure, le postulat de « précurseur » ne paraît pas pertinent, même si, en raison de son pouvoir d'abstraction élevé, il a contribué sans conteste à fournir au système nazi les arguments de droit international dont il avait besoin pour légitimer les agressions contre les voisins européens pendant la Seconde Guerre mondiale. Dans cette mesure, la notion de complice me paraît plus appropriée pour décrire sa participation à la conception et à la réalisation de la *Großraumpolitik* national-socialiste.

---

[73] D. Majer, « Rezension Paul Noack… », *op. cit.*, p. 252.

L'idée d'Eurafrique
dans les années 1950

L'exemple des projets économiques franco-allemands[*]

Sylvie LEFEVRE-DALBIN

Université Louis Pasteur – Strasbourg III

Dès la fin de la Seconde Guerre mondiale, les territoires français d'outre-mer encore inexploités apparaissent indispensables au relèvement économique de la métropole. Mais celle-ci ne peut à elle seule faire face au financement de leur développement. La France veut aussi affirmer sa position en Afrique, principalement en Afrique du Nord, afin de conserver leur cohésion à ces régions en y installant de puissantes organisations industrielles. C'est le plan préparé par Eirik Labonne, ancien résident général au Maroc et en Tunisie, désormais délégué général pour les Affaires d'Afrique et du Moyen-Orient à la présidence du Conseil. Apparaît alors aussi l'intention du gouvernement français de favoriser, dans toute la mesure du possible, les investissements privés étrangers, et notamment européens, dans le cadre du développement de l'Afrique française[1].

Surtout à partir de 1948-1949, la France, engagée dans la guerre froide, modifie petit à petit sa politique économique vis-à-vis de l'Allemagne dans le but affirmé de détourner les Allemands des marchés de

---

[*] Ce texte reprend en grande partie des travaux antérieurs publiés dans la *Revue d'Allemagne* : « Projets franco-allemands de développement économique en Afrique du Nord (1950-1955) », *Revue d'Allemagne*, tome XXV/4, octobre-décembre 1993, p. 581-588 ; « Associer l'Allemagne au développement économique de l'Afrique : un leitmotiv français avant la décolonisation (1950-1956) », *Revue d'Allemagne*, tome XXXI/3-4, juillet-décembre 1999, p. 463-479.

[1] Note du 14/7/1948 (Archives diplomatiques du ministère des Affaires étrangères à Paris [désormais MAE-Paris], série Z-Europe 1944-60, sous-série Allemagne, volume 83, folio 38).

l'Europe de l'Est et de les intégrer à l'Ouest[2]. Il faut toutefois attendre le lancement du plan Schuman le 9 mai 1950 pour que l'on s'achemine vers l'idée d'« une communauté de destin franco-allemand » où il est alors explicitement question d'associer la République fédérale à la mise en valeur des territoires de l'Union française[3].

Cette étude, qui tente de montrer la persistance indéniable de hiérarchies dans le processus d'édification de l'Europe communautaire à travers l'exemple encore méconnu que sont les projets franco-allemands de développement économique de l'Afrique et l'idée d'Eurafrique qui prévaut dans les années 1950, s'appuie essentiellement sur les Archives diplomatiques du ministère des Affaires étrangères à Paris et celles de la Banque BNP-Paribas (à l'époque, Banque de Paris et des Pays-Bas). Cette dernière, par la personne de son directeur général Jean Reyre, participe en effet activement à la préparation des plans français. Je développerais donc mon propos autour de trois points : I) le plan Labonne, qui est à la base des projets français proposés aux Allemands dans les années 1950 ; II) le plan Schuman et l'idée d'une communauté de destin franco-allemand en Afrique ; III) l'évolution dans la deuxième moitié des années 1950 avec, d'une part, la relance des projets franco-allemands en Afrique après la signature des accords de Paris en octobre 1954 et, d'autre part, les conséquences de la signature des traités de Rome en mars 1957.

I. À la base des projets français : le plan Labonne

Le vaste programme préparé pour la période 1949-1953 dans le cadre du plan Monnet, en vue de la participation publique de la métropole à l'équipement de l'Afrique française et en particulier du Maghreb, s'occupe surtout de développer l'agriculture, afin de nourrir une population en rapide accroissement. En ce qui concerne l'industrie, il est nettement axé sur la recherche de matières premières (plomb,

---

[2] Trois notes de la sous-direction d'Europe centrale du ministère des Affaires étrangères rédigées entre le 7 et le 11/5/1948 (MAE-Paris, Z-Europe 1944-60, Allemagne, v. 82, f°326).

[3] Poidevin, Raymond, *Robert Schuman – Homme d'État (1886-1963)*, collection « Personnages », Paris, Imprimerie Nationale, 1986, p. 259 ; texte de la déclaration de Robert Schuman du 9/5/1950 (Archives historiques des Communautés européennes à Florence, Dossiers de la Haute Autorité de la CECA, vol. I 1952-56, service juridique, CEAB 1/55) ; et une « Note sur le développement du continent africain en liaison avec la réalisation du pool européen de l'acier et du charbon » non datée [entre le 15 et le 20/6/1950] (Fondation Jean Monnet pour l'Europe à Lausanne, série AMG, document 2/4/18).

phosphates), mais laisse de côté l'industrie lourde pour laquelle il n'est prévu que des travaux de préparation[4].

Le financement exclusivement français de ce plan s'avère rapidement insuffisant. Les Français cherchent alors à garantir par d'autres sources de capitaux les investissements nouveaux pour une mise en valeur plus poussée des ressources naturelles de l'Afrique, profitable conjointement aux territoires en question et à la métropole.

Eirik Labonne présente, en juin 1948, dans le cadre de deux conférences à l'ENA, un projet concernant la « politique économique de l'Union française »[5]. Ce programme repose essentiellement sur la création d'industries lourdes. D'après lui, la meilleure manière de résoudre le problème de l'alimentation en Afrique est de créer du travail par l'exploitation intensive des ressources du sous-sol et la fondation de puissantes industries de transformation. Devant l'impossibilité d'industrialiser simultanément tous les territoires français d'Afrique, Labonne propose de faire porter l'effort sur quatre zones appelées Zones d'Organisations industrielles africaines (ZOIA) :

– La zone la plus indispensable et la plus urgente à développer se situe aux confins algéro-marocains. Elle va de la région minière de Djerada-Tiouli où il y a de l'anthracite, du manganèse, du plomb, du zinc et de la bauxite ; elle s'étend au sud le long de la voie ferrée jusque vers Colomb-Béchar où, en dehors du charbon, se trouvent des gisements de cuivre, de plomb et de minerai de fer. Plus à l'Ouest, vers Erfoud, le minerai de plomb abonde ; elle aboutit en plein Sahara où l'on a relevé l'existence de minerai de cuivre en de nombreux endroits.

– Une deuxième zone desservie par le port de Bône correspond aux confins algéro-tunisiens. C'est la région des mines de fer de Djerissa et de l'Ouenza, mais toute cette zone recèle aussi du zinc, du plomb et du manganèse.

– Dans l'arrière-pays de Conakry, en Guinée, de nombreuses rivières sont susceptibles d'un équipement hydroélectrique qui fournirait l'énergie nécessaire au traitement de la bauxite et du minerai de fer ; conditions favorables, d'après Labonne, pour l'installation d'usines électrochimiques et électrométallurgiques.

---

[4] Note sur le plan Labonne de novembre 1949 (BNP-Paribas, Service des archives historiques à Paris, Archives Paribas, Département des Industries de base [désormais Paribas, DIB], carton 25, dossier 1).

[5] « Politique économique de l'Union française – Industrialisation et armement », deux conférences de M. Eirik Labonne à l'ENA, juin 1948 (MAE-Paris, Secrétariat général 1945-66, v. 74, f° 41).

– Enfin la quatrième et dernière zone se situe à Madagascar dans l'arrière-pays de Tuléar. On y trouve du minerai de fer, du graphite, du cuivre, du manganèse et surtout du charbon (gisement de la Sakoa).

Pour financer, ce programme, Labonne envisage le recours non seulement aux budgets civils des États de l'Union française et aux capitaux qui pourraient être fournis par les sociétés privées françaises, mais aussi aux investissements gratuits au titre du plan Marshall, aux investissements d'organismes publics américains ou à ceux d'industries privées étrangères. Ceci dit, il ne propose rien de précis à ce sujet.

Le plan Labonne fait l'objet de nombreuses discussions entre les différents ministères parisiens intéressés dans les mois qui suivent[6]. En fait, quel que soit l'intérêt qu'il présente, ce programme s'avère trop éloigné des réalités pour être susceptible d'une application.

II. Le plan Schuman et l'idée d'une « communauté de destin franco-allemand » en Afrique

Le point de départ des projets franco-allemands de développement économique en Afrique se trouve dans le plan Schuman. En effet, René Mayer, alors ministre de la Justice, fait ajouter à la proposition du 9 mai 1950 une phrase invitant les Allemands (mais aussi les autres pays européens) à participer au développement de l'Afrique : ainsi, « l'Europe pourra, avec des moyens accrus, poursuivre la réalisation de l'une de ses tâches essentielles : le développement du continent africain ».[7]

Les Allemands interprètent cette proposition comme un corollaire du plan Schuman : c'est-à-dire, qu'en échange du charbon de la Ruhr, la France, en plus de ses mines de charbon et de son industrie sidérurgique, apporte le grand marché des territoires africains. Ils espèrent donc développer leurs relations avec l'Afrique et participer à son exploitation[8].

---

[6] Télégramme du service de Coopération économique du Quai d'Orsay pour l'ambassade de France à Washington n° 5788 du 31/12/1948 (MAE-Paris, DE/CE 1945-60, v. 386, f° 22) ; rapport sur la conférence du 25/2/1949 à l'état-major de la Défense nationale sur l'« Industrialisation et équipement stratégique de l'Union française » ; lettre n° 381 de Labonne à Parodi, secrétaire général du ministère des Affaires étrangères, du 31/3/1949 et lettre n° 395 de Labonne à Laloy au Quai d'Orsay du 5/5/1949 (MAE-Paris, Secrétariat général 1945-1966, v. 74, f° 75, 72 et 136).

[7] Cf. note 3.

[8] Deux articles publiés par le *Studienausschuss für deutsch-französische Beziehungen* à Düsseldorf le 31/7/1950 (Rheinisch-Westfälisches Wirtschaftsarchiv à Cologne, Archives Gutehoffnungshütte, Fonds Hermann Reusch [désormais Gutehoffnungshütte, Fonds H. Reusch], Dossier 400 10146/541) et une dépêche du Haut-Commissariat français en Allemagne du 5/6/1950 reproduisant un article de *La Gazette de Lausanne* des 3-4/6/1950 (MAE-Paris, Z-Europe 1944-60, Allemagne, v. 459, f° 151).

Jusque-là, une politique stricte de contingentement a limité les exportations allemandes vers l'Afrique française. Mais l'Allemagne a réussi tout de même bon an mal an à développer ses échanges avec les pays du Maghreb (importations de produits agricoles contre exportations de biens d'équipement) souvent dans le cadre d'affaires de compensation, et ce, grâce à l'appui des autorités françaises locales[9].

Du côté français, même si certains politiques et industriels font part de leurs craintes, dès le mois de juin 1950, une mission d'ingénieurs et de techniciens est envoyée par la France sur place afin d'élaborer des plans pratiques pour l'exploitation commune des richesses économiques de ces régions[10]. Robert Schuman lui-même considère, semble-t-il, qu'en vue de la création du pool européen du charbon et de l'acier et de la place de la France dans ce pool, il est extrêmement important de développer en Afrique, de toute urgence, dans des conditions autonomes et sous le contrôle exclusif de la France, aussi bien les charbonnages que les mines et les industries métallurgique, sidérurgique et chimique. Il se montre alors soucieux de soutenir et de hâter la constitution et le fonctionnement de la première ZOIA[11].

Eirik Labonne reprend donc l'étude de son programme et l'adapte aux nouvelles conditions de la réalisation de l'ouverture des marchés d'outre-mer à la République fédérale dans le cadre du plan Schuman. Dans une note du 8 mars 1951, il constate que « le gouvernement allemand, soucieux de réduire son déficit dans le commerce franco-allemand, est prêt à fournir à la France en contrepartie du matériel industriel. En cas de refus français, il est prêt à arrêter ses achats en France, qui sont en quasi totalité des produits agricoles ». Par conséquent,

> dans le cadre de cette conjoncture, il se trouve que la fourniture de matériel allemand aux entreprises de base de la première Zone d'Organisation industrielle africaine pourrait apporter un substantiel remède et répondre à l'opportunité politique comme aux exigences financières et économiques.

---

[9] Lettre de Mazeran, directeur de la SÉMI à Paris, à Reusch, directeur des Gutehoffnungshütte à Oberhausen, du 3/8/1949 (Gutehoffnungshütte, Fonds H. Reusch, Doss. 400101401/87).

[10] Deux articles publiés par le *Studienausschuss für deutsch-französische Beziehungen* à Düsseldorf le 31/7/1950 (Gutehoffnungshütte, Fonds H. Reusch, Doss. 400 10146/541) et un article du *Handelsblatt* du 16/6/1950 (MAE-Paris, Z-Europe 1944-60, Généralités, v. 111, f° 275).

[11] Note intérieure n° 96 du Comité des Zones d'Organisations industrielles africaines n° 96 non datée [1950-1951] (MAE-Paris, Secrétariat général 1945-66, v. 76, f° 3).

[...] la fourniture de matériel permettrait à l'Allemagne de développer l'industrie africaine et, pour une part d'y prendre participation.[12]

La question suivante se pose alors : Quels sont les avantages que la France pourrait tirer d'une telle opération ?

Tout d'abord, l'État français pourrait participer à l'exploitation de l'Afrique sans faire appel à de nouveaux crédits qu'il ne pourrait sans doute pas obtenir.

De plus, cette solution permettrait à la fois de stériliser une partie des exportations supplémentaires allemandes en diminuant leur concurrence sur d'autres marchés (en Amérique du Sud par exemple) et de produire de nouvelles matières premières (cuivre, manganèse, plomb, zinc, etc.), ce qui diminuerait la dépendance de la France et augmenterait les rentrées de devises. Elle pourrait par conséquent affirmer sa position en Afrique.

Enfin, cela permettrait évidemment à la France de garantir le marché allemand à ses exportations, en particulier à celles de produits agricoles que les Allemands menacent de suspendre[13].

Mais des problèmes techniques apparaissent. On peut n'en citer qu'un : dans ce programme, l'Allemagne fournirait du matériel sans rentrées de devises contrairement aux recommandations de l'OECE[14].

Les nouveaux plans pour l'équipement industriel de l'Afrique, prévus à Paris, se mettent toutefois en place. Plusieurs organismes sont créés pour favoriser la réalisation des projets français. Un Comité d'études pour l'équipement des zones industrielles, qui dépend directement de la présidence du Conseil (son vice-président est Labonne), dont l'objet est l'étude de la mise en valeur des quatre ZOIA, est chargé en juin 1950 d'analyser les facteurs politiques et économiques de chaque projet qu'il soit de source privée ou gouvernementale.

Dès l'origine ce comité porte son attention sur l'Afrique du Nord et préconise la création d'un établissement public qui, doté de la personnalité morale et de l'autonomie financière, disposerait des moyens nécessaires à la mise en œuvre des programmes arrêtés pour cette région[15].

---

[12] Note de Labonne du 8/3/1951 (MAE-Paris, Z-Europe 1944-60, Allemagne, v. 475, f° 29).

[13] *Ibid.*, deux notes du ministère des Affaires étrangères des 13 et 17/4/1951 et une note n° 112 de la présidence du Conseil du 28/4/1951 (MAE-Paris, Z-Europe 1944-60, Allemagne, v. 464, f° 10 à 36).

[14] Cf. les deux notes du ministère des Affaires étrangères des 13 et 17/4/1951 citées ci-dessus.

[15] Note sur la SEPEMI du 15/4/1954 (Paribas, DIB, carton 56, dossier 13) et lettre et rapport envoyés par la Représentation diplomatique de la RFA à Paris à

C'est ainsi qu'est constitué le 5 janvier 1952, le Bureau d'organisation des ensembles industriels africains (qui devient par la suite le Bureau industriel africain ou BIA). Établissement public de caractère industriel et commercial, il est présidé par Louis Armand, président de la SNCF[16]. Il doit permettre notamment de faire l'inventaire de toutes les ressources minières qui peuvent exister sur l'axe Port-Nemours - Colomb-Béchar (Algérie), puis aider à la création d'entreprises ou prendre des participations dans des organismes et des entreprises pour la mise en valeur des richesses de cette zone[17].

Cependant, les voies de communication, les logements ouvriers, les centrales électriques, garages, ateliers et tout ce qui constitue l'armature d'une industrie n'existent pas en Afrique. Le plan Labonne s'appuie donc essentiellement sur le principe que de telles entreprises ne peuvent être constituées séparément, mais doivent être réunies dans un complexe géographique de type « combinat », appelé aussi « ensemble industriel ». C'est seulement de cette façon que l'Afrique pourra être exploitée de façon rentable grâce aux capitaux privés[18]. L'étude technique et financière (réalisation des capitaux nécessaires, mise en place des nouvelles sociétés, etc.) est confiée à un organisme privé, la Société d'études pour l'équipement minier et industriel (SEPEMI).

Il est intéressant de noter que cette société, dont l'assemblée constitutive s'est tenue dès le 30 mars 1951, regroupe les principales branches de l'industrie française concernée par le développement des régions en question. On trouve ainsi parmi les actionnaires : Saint-Gobain, Ugine, la Société française industrielle et commerciale des Pétroles, la Compagnie générale d'Électricité, Péchiney, etc.[19]. Créée à l'instigation de Labonne, elle a pour objet d'informer le secteur privé des programmes de mise en valeur des territoires sahariens et de susciter la création de sociétés d'études[20].

---

l'*Auswärtiges Amt* les 10 et 13/6/1952 (Politisches Archiv des Auswärtigen Amts à Bonn [désormais AA], Bureau 410, Dossier 89-305.11).

[16] Note sur la SEPEMI citée ci-dessus.

[17] Note de Mazeran du 21/11/1953 envoyée à Reusch le 7/1/1954 (Gutehoffnungshütte, Fonds H. Reusch, Doss. 400 101401/89).

[18] Note d'information n° 30 de l'Association française pour les Relations économiques avec l'Allemagne (AFREA) de juin 1952 (MAE-Paris, Z-Europe 1944-60, Allemagne, v. 476, f° 60).

[19] Lettre du général Georges-Picot à Eirik Labonne du 30/3/1951 (MAE-Paris, Secrétariat général 1945-66, v.76, f°114), lettre et rapport envoyés par la Représentation diplomatique de la RFA à Paris à l'*Auswärtiges Amt* les 10 et 13/6/1952 (AA, Bureau 410, Doss. 89-305.11) et projets de statuts de la SEPEMI (Paribas, DIB, carton 55, dossier 12).

[20] Copie d'une note sur l'ASSEMI de mars 1957 (Paribas, DIB, carton 55, dossier 7).

Les travaux poursuivis par ces trois organismes montrent rapidement la nécessité d'établir des liaisons avec l'industrie étrangère, afin d'assurer aux « virtualités sahariennes » les débouchés indispensables et les moyens de financement nécessaires. C'est dans ces conditions qu'à la fin de l'année 1954, à la demande d'Eirik Labonne et sous l'impulsion de Louis Armand, est créée par le général Georges-Picot « l'Association eurafricaine minière et industrielle » (ASSEMI). Elle groupe un certain nombre d'industriels européens de premier plan désireux de participer éventuellement à la constitution de sociétés agréées exerçant leur activité dans la première ZOIA. Du côté allemand, on trouve un certain nombre de groupes sidérurgiques de la Ruhr (tels que les *Gutehoffnungshütte* ou Thyssen). Elle a pour rôle d'informer et de renseigner les secteurs industriels étrangers des possibilités de développement africain et saharien et les secteurs public et privé français sur les possibilités de coopération avec les secteurs privés étrangers[21].

En juin de la même année, deux sociétés d'études avaient déjà vu le jour dans la première ZOIA. La SENAF (Société d'études nord-africaine de ferro-manganèse) a pour but d'étudier les possibilités d'installation dans la région de Colomb-Béchar d'une petite industrie de la fonte et du ferro-manganèse. En font partie : la Chambre syndicale de la sidérurgie française, le BIA, la Compagnie générale des conduites d'eau et certains des groupes participant à la SEPEMI. La seconde, la SENAZ (Société d'Études nord-africaine de l'Azote) a pour objectif l'installation entre Colomb-Béchar et Oujda d'une usine d'engrais azotés et d'engrais synthétiques fabriqués à partir du charbon de Colomb-Béchar ou de Djerada. Font partie de cette société : le BIA, l'Air liquide, le gaz Lebon, le groupe Baillencourt-Coppet et plusieurs groupes de la SEPEMI[22].

L'Afrique représente, semble-t-il, durant ces années « une grande espérance » en République fédérale. Sous l'impulsion du Dr Johannes Semler, député CSU au Bundestag, les industriels allemands vont se lancer dans l'étude de divers projets. Le Dr Semler entre en relations avec les milieux français intéressés au plan Labonne en 1951 et se rend dans la première ZOIA[23]. En avril de la même année, il fonde la société INDUFINA (*Industrie-Beteiligungs-und Finanzierungs-GmbH*) à

---

21   Lettre du Dr Semler à l'*Auswärtiges Amt* du 3/6/1952 (AA, Bureau 410, Doss. 89-305.11) et projet de note sur l'ASSEMI du 4/3/1957 (Paribas, DIB, carton 55, dossier 7).

22   Extrait de la *Vie française* du 11/6/1954 (Paribas, DIB, carton 25, dossier 1).

23   Rapport de Coignard, délégué français à l'OMS, adressé à Sauvagnargues à la direction d'Europe sur « L'Allemagne et l'Afrique au début de 1952 » (MAE-Paris, Z-Europe 1944/60, Allemagne, v. 433, f° 37).

Munich, qui assure le lien entre la SEPEMI et les firmes allemandes particulièrement attirées par la mise en valeur des richesses naturelles du Maroc. Elle leur apporte son concours financier et technique[24]. Dans cette affaire figurent la *Bayerische Staatsbank*, la *Frankfurter Bank* et l'*Akumulatoren Fabrik*. INDUFINA prend des participations dans la SENAF et la SENAZ[25]. On peut noter aussi par exemple qu'elle participe à hauteur de 25 % au capital de la « Société européenne industrielle pour le Maroc » (EURIMA) à Casablanca, qui fait aussi la part belle aux intérêts des pays du Benelux[26].

On trouve parmi les projets étudiés :

Il y a tout d'abord l'initiative qui propose de développer de manière intensive la production de houille à Djérada (Maroc) dans laquelle une participation allemande à l'exploitation du gisement, qui serait contrôlée par la Banque de France et la Société du Canal de Suez, est envisagée[27].

La création d'un groupe d'industries dans la région de Colomb-Béchar est également préparée. Il est question d'exploiter les ressources minières, telles que le charbon, le fer et le cuivre, de développer les deux voies ferrées existantes, de construire une usine d'engrais azoté ainsi qu'une cimenterie qui, alimentée par la houille locale, fournirait les matériaux de construction nécessaires au développement industriel futur de la région[28].

À la suite de premiers contacts établis en juillet 1952 entre constructeurs aéronautiques français et allemands, il est projeté d'installer une usine de construction aéronautique franco-allemande dans la région d'Agadir. On y fabriquerait des bombardiers lourds et des chasseurs[29].

---

[24] Article du *Spiegel* du 8/10/1952 (MAE-Paris, Z-Europe 1944-60, Allemagne, v. 497, f° 96) et lettre de la Représentation diplomatique de la RFA à Paris du 13/6/1952 (AA, Bureau 410, Doss. 89-305.11).

[25] Réunions des 14 et 15/1/1955 du Comité mixte de liaison industrielle franco-allemand (Paribas, DIB, carton 54, dossier 6).

[26] Dépêche de l'AFP sur « La participation allemande à la mise en valeur des territoires français d'Afrique » en provenance de Berlin du 12/4/1952 (MAE-Paris, Z-Europe 1944-60, Allemagne, v. 436, f°85) et rapport du *Deutsches Wirtschaftsinstitut* : « Der westdeutsche Kapitalexport. Ein Instrument zur Erzielung des Maximalprofits », 4e année, n° 9, Berlin, mai 1953 (Bundesarchiv à Coblence, Bundesministerium für Wirtschaft - B 102, Aussenhandel - Zahlungsverkehr, Doss. 12 680, Cahier 2).

[27] Note de l'*Auswärtiges Amt* du 5/10/1951 (AA, Bureau 204, Doss. 8-82.9407).

[28] Lettre et rapport envoyés par la Représentation diplomatique de la RFA à Paris à l'*Auswärtiges Amt* les 10 et 13/6/1952 et une note de l'*Auswärtiges Amt* du 29/5/1952 (AA, Bureau 410, Doss. 89-305.11).

[29] Article du *Spiegel* du 8/10/1952, télégrammes de François-Poncet à Bonn du 12/7/1952 et de Bonnet à Washington du 19/8/1952 (MAE-Paris, Z-Europe 1944-60, Allemagne, v. 497, f° 96 et f° 12 et v. 379, f° 50).

Enfin, Louis Jacquinot, ministre de la France d'outre-mer, reçoit le 18 mars 1954 dans son bureau, M. Röhr, directeur des *Vereinigte Aluminium Werke* (VAW) au sujet d'un projet d'exploitation en commun par Péchiney et les VAW de gisements de bauxite près de Conakry (troisième ZOIA) et la construction d'un barrage, d'une centrale électrique et d'une usine pour le traitement du minerai, que le gouvernement français est prêt à soutenir[30].

Cependant, la réalisation de ces plans va se heurter, d'une part, aux hésitations françaises et, d'autre part, aux déceptions allemandes. En effet, du côté français, toute perspective d'immixtion des industriels ou financiers allemands dans les entreprises françaises soulève réserves et appréhensions. La forme la plus satisfaisante que peuvent présenter les investissements allemands dans l'Union française est la prise de participations minoritaires dans des sociétés demeurant sous contrôle français[31]. Tant au ministère du Commerce qu'à celui des Colonies, on ne se montre nullement enchanté à l'idée de voir les Allemands prendre pied en Afrique du Nord. De même, l'état d'esprit sur place peut se résumer ainsi : oui, à l'intensification des échanges commerciaux dans le sens d'un développement des exportations vers l'Allemagne ; non, à l'implantation financière et industrielle des Allemands[32].

Du côté allemand, on se heurte toujours en Afrique du Nord à des frontières économiques impatiemment supportées. Les milieux industriels soulignent que, contrairement aux espoirs qu'ils avaient conçus, ni le plan Schuman, ni le plan Labonne, ne tiennent leurs promesses[33]. Leurs plaintes concernent aussi l'accord commercial franco-allemand du 23 juillet 1951 qui, « en dépit d'une augmentation des contingents [...] n'a apporté que des déceptions au commerce allemand avec l'Afrique. Seul le Maroc a offert des possibilités d'exportations supplémentaires »[34]. Enfin, les Allemands sont déçus par certains projets d'exploi-

---

[30] Procès-verbal de la conférence du 18/3/1954 au ministère de la France d'outre-mer (MAE-Paris, Z-Europe 1944-60, Allemagne, v. 435, f° 37).

[31] Dépêches de Bérard à Bonn du 14/4/1953 et de François-Poncet du 6/9/1954 (MAE-Paris, Z-Europe 1944-60, Allemagne, v. 468, f° 194 et v. 477, f° 96).

[32] Article du *Spiegel* du 8/10/1952 (MAE-Paris, Z-Europe 1944-60, Allemagne, v. 497, f° 96).

[33] Note de la sous-direction d'Europe centrale du 27/4/1951, Bulletin d'Informations économiques et financières n° 129 de l'ambassade de France en Suisse du 28/6/1951 et dépêche de Bérard du 8/4/1953 (MAE-Paris, Z-Europe 1944-60, Allemagne, v. 475, f° 53 et 103 et v. 468, f° 173) ; lettre de Mazeran à Reusch du 16/7/1952 (Gutehoffnungshütte, Fonds H. Reusch, Doss. 400 101401/89).

[34] Article de la *Hamburger Freie Presse* du 20/5/1952 (MAE-Paris, Z-Europe 1944-60, Allemagne, v. 466, f° 185).

tation minière dans lesquels ils souhaitaient s'engager, les gisements se révélant après quelques études moins importants que prévu.

En fait, à la fin de l'année 1954, on constate que la France, malgré ses déclarations, s'est montrée jusque-là peu disposée à laisser les Allemands participer au développement économique de l'Afrique. Peu de réalisations concrètes ont vu le jour. Mais après la signature des Accords de Paris en octobre, on assiste à une relance des projets d'investissements.

III. Évolution dans la deuxième moitié des années 1950

A. *Relance des projets d'investissements après la signature des Accords de Paris*

La signature des accords de Paris le 23 octobre 1954 annonce une relance de la coopération économique franco-allemande et le président du Conseil Pierre Mendès France, dans le cadre des Accords de Londres conclus quelques jours plus tôt, propose à l'Allemagne, ainsi qu'au Benelux et à l'Italie, d'exploiter « en commun des investissements non seulement en Afrique du Nord, mais encore dans les autres territoires africains »[35]. Cette position est justifiée à la fois parce que le concours d'investissements étrangers est nécessaire à une véritable mise en valeur des territoires en question, qu'il s'impose dans l'intérêt bien compris de la métropole, qu'il lui offre la chance d'orienter une nouvelle expansion de l'espace économique eurafricain et que le contrôle des pays d'outre-mer doit procéder non pas de méthodes d'administration directe mais d'un choix judicieux et multiple d'emprises économiques, financières et techniques, nationales et internationales[36].

La réaction allemande ne se fait pas attendre. D'après le D^r von Maltzan, directeur des Accords commerciaux à l'*Auswärtiges Amt* : « Comme il est clair que l'économie française ne peut, par elle seule, assurer la mise en valeur des possessions françaises d'outre-mer, et comme il existe, par ailleurs, du côté allemand, une expérience appro-

---

[35] Dépêche du consul général de France pour le Land de Bade-Wurtemberg du 25/11/1954 (Archives de l'Occupation française en Allemagne et en Autriche à Colmar [désormais MAE-Colmar], série CCFA-HCFA, sous-série Dossiers rapatriés de l'ambassade de France à Bonn, carton EU 190/3).

[36] « Note au sujet des investissements étrangers en Afrique française » [non datée] (Paribas, DIB, carton 54, dossier 6).

priée, des possibilités de livraison, du personnel qualifié et d'autres moyens disponibles, un vaste champ d'activité s'ouvre là »[37].

Les Allemands sont toujours intéressés et d'autant plus attirés que, pour eux, Pierre Mendès France semble mettre davantage l'accent sur le duo franco-allemand, même si la solution européenne du plan de Strasbourg (présenté par Johannes Semler et Henri Frenay en 1951 et adopté à l'unanimité par le Conseil de l'Europe) avec ses propositions relatives à l'amélioration des relations économiques entre les États membres du Conseil de l'Europe et les Territoires d'outre-mer (TOM) qui y sont rattachés, n'est pas abandonnée par la France[38].

Plus concrètement la direction des Affaires économiques et financières du Quai d'Orsay, au début de l'année 1955, propose que l'association de l'Allemagne à la mise en valeur des TOM se fasse par l'intermédiaire de sa participation à un certain nombre de grands projets alors à l'étude ou en cours de réalisation : exploitation des bauxites de Guinée, du fer de Mauritanie, du manganèse de Franceville (Moyen-Congo), du bassin houiller de la Sakoa et culture du coton dans les terres irriguées du Tchad[39]. Mais, ce n'est qu'en avril, lors des entretiens Pinay-Adenauer à Bonn, que les Français vont enfin octroyer quelques facilités : l'ouverture de consulats allemands à Alger et à Dakar et d'une mission commerciale à Casablanca est enfin acceptée[40]. D'anciens projets sont relancés. De nouveaux surgissent des discussions prévues par les Accords de Paris entre les industriels français et allemands. Ce sont avant tout les firmes Krupp, Stahlunion, Klöckner, Otto Wolff, DEMAG qui participent à ces échanges de vues[41].

Parmi ces projets :

On note alors le regain des projets de coopération en matière d'armement.

---

[37] Article du Dr von Maltzan dans la *Zeit* du 18/11/1954 (MAE-Colmar, CCFA-HCFA, Dossiers rapatriés de l'ambassade de France à Bonn, EU 190/3).

[38] Dépêche de François-Poncet du 4/1/1955 et dépêche du consul général de France à Hambourg du 23/3/1955 (MAE-Paris, Z-Europe 1944-60, Allemagne, v. 435, f° 124 et 207).

[39] « Note au sujet de la participation de l'Allemagne à la mise en valeur des TOM » de la direction des Affaires économiques et financières du 11/1/1955 (MAE-Paris, Z-Europe 1944-60, Allemagne, v. 437, f° 129).

[40] Compte rendu des travaux des experts du 30/4/1955 lors des « Entretiens Pinay-Adenauer » à Bonn les 29-30/4/1955 (MAE-Paris, Z-Europe 1944-60, Allemagne, v. 389, f° 125).

[41] Dépêche de François-Poncet du 23/4/1955 (MAE-Paris, Z-Europe 1944-60, Allemagne, v. 478, f° 164).

Le projet d'établissement d'une entreprise de construction aéronautique en Afrique du Nord, qui avait vu le jour en 1952, est repris. Il est question de la participation de techniciens et de capitaux allemands notamment[42].

Un projet d'exploitation des mines de fer du Sud-Atlas, de création d'un combinat des mines de cuivre de l'Afrique du Nord et d'exploitation des réserves de charbon de l'Atlas est préparé, ainsi que le développement de l'industrie des engrais et l'installation d'usines de produits finis (en particulier la fabrication de machines agricoles)[43].

Un consortium de producteurs allemands mais aussi américains, britanniques, français et suisses, animé par Péchiney, va entreprendre la construction à Fria, en Guinée, d'une usine d'alumine d'une capacité de 420 000 tonnes à partir de 1956. Le 20 novembre 1958, la société allemande Aluminium Werke donne son accord à Péchiney pour entrer dans le capital de cette usine avec une participation à hauteur de 5 %[44].

Mais l'atmosphère a changé. Les Allemands se montrent dorénavant de plus en plus réticents vis-à-vis des propositions françaises. Dans son étude sur la coopération franco-allemande en matière d'armement, le délégué français à l'Office militaire de Sécurité remarque :

> après un vif regain d'intérêt sur les perspectives ouvertes par le gouvernement français quant à la création de complexes industriels communs d'armement en Afrique du Nord, [...] on voit apparaître dans les milieux allemands de nombreuses réserves. On se rend compte en effet que l'industrialisation de l'Afrique du Nord n'est encore qu'en projet et que tout est à créer [...]. D'autre part, nos difficultés politiques en Afrique du Nord n'ont pas été sans influer fortement sur les esprits allemands qui semblent craindre d'éveiller la haine des populations indigènes en effervescence, sentiment qui pourrait gagner le monde arabe aux yeux duquel l'Allemagne serait discréditée[45].

Les problèmes techniques, mais aussi politiques s'accumulent donc en 1955-1956. Même si une convention d'établissement est enfin signée entre la France et la RFA en 1956, les plans envisagés sont trop vastes, trop ambitieux pour être mis en chantier rapidement. Ils sont aussi trop coûteux pour que seuls des capitaux français et allemands permettent

---

[42] Fiche de la direction d'Europe du 15/4/1955 (MAE-Paris, Z-Europe 1944-60, Allemagne, v. 504, f° 39).

[43] *Ibid.*

[44] Note de la direction des Affaires économiques et financières au sujet de la répartition des capitaux dans la société à Fria en Guinée du 20/11/1958 (MAE-Paris, DE/CE 1945-60, v. 391, f° 169).

[45] Dépêche de Bérard du 30/11/1954 (MAE-Paris, Z-Europe 1944-60, Allemagne, v. 208, f° 7).

leur réalisation[46]. De plus, la position de la France en Afrique du Nord s'avère de plus en plus délicate. Les réticences des Allemands augmentent, ceux-ci préférant protéger leur place sur les marchés du Moyen-Orient[47]. Le gouvernement fédéral devient notamment plus circonspect en ce qui concerne la création d'usines d'armement en Afrique du Nord depuis que certains États arabes lui ont fait savoir « qu'ils considéreraient cette participation comme un acte inamical et interrompraient, en conséquence, leurs relations commerciales avec la République de Bonn »[48].

B. Mise en place de la Communauté européenne et ses conséquences

Les vicissitudes politiques de l'année 1956 (la reconnaissance de l'indépendance de la Tunisie et du Maroc, l'adoption de la loi-cadre pour les Territoires d'outre-mer destinée à apaiser les revendications africaines et malgaches que le gouvernement Guy Mollet fait adopter en juin, puis les crises de Suez et de Budapest à la fin de l'année) ne favorisent pas le développement des projets franco-allemands en Afrique. L'évolution vers l'indépendance des pays africains et le développement de la guerre d'Algérie vont bouleverser les données du problème.

C'est aussi le moment où les négociations en vue de la mise en place du Marché commun européen s'accélèrent. En effet, l'approfondissement du processus européen est engagé depuis la conférence de Messine de juin 1955. La France et la Belgique souhaitent y associer leurs Territoires d'outre-mer. Un mémorandum franco-belge propose donc en novembre 1956 d'associer progressivement dans le Marché commun les territoires d'Afrique en prévoyant le développement des échanges commerciaux entre les pays membres et les TOM, d'une part, le partage entre les membres de la communauté des dépenses d'investissement assurées jusque-là par les seules métropoles, d'autre part[49]. C'est donc vers l'Europe en construction que se tourne la France pour financer ses projets de développement en Afrique. Cette question demeure le point le plus délicat des négociations qui ont lieu à Bruxelles au début de l'année 1957. Les Français demandent aux autres partenaires des avantages

---

[46] Bulletin d'Informations économiques et financières n° 285 de l'ambassade de France en Suisse du 22/1/1955 (MAE-Paris, Z-Europe 1944-60, Allemagne, v. 478, f° 86).

[47] Télégramme de Blankenhorn à Bonn pour les missions diplomatiques allemandes à l'étranger du 19/11/1954 (AA, Bureau 204, Doss. 8-82.9407).

[48] Télégramme de François-Poncet du 6/4/1955 (MAE-Paris, Z-Europe 1944-60, Allemagne, v. 437, f° 67).

[49] Dépêche de Couve de Murville à Bonn du 7/1/1957 (MAE-Paris, DE/CE 1945-60, v. 720, f° 1).

contingentaires ou tarifaires à l'importation des produits d'outre-mer en contrepartie de l'application à leur bénéfice du régime préférentiel dont dispose la France dans ses territoires et par ailleurs l'engagement de participer à la constitution d'un fonds d'investissement à la fois sur le plan social (écoles, enseignement, recherches techniques, formation professionnelle, hôpitaux) et dans le domaine économique (infrastructure).

Ce projet se heurte dans un premier temps aux réserves du gouvernement allemand qui, invoquant les principes libéraux de son économie, s'oppose à la constitution d'un fonds économique d'investissement. En revanche, il se dit prêt à contribuer au financement de projets d'investissements productifs soumis à la Commission européenne et examinés par elle[50].

Un accord tenant largement compte des propositions françaises intervient toutefois entre les six partenaires en février à Paris. Une convention d'association des TOM au Marché commun est signée en même temps que le Traité de Rome le 25 mars[51]. Elle régit notamment le fonctionnement du fonds d'investissement commun pour les Territoires d'outre-mer qui est alimenté par les six pays. La France et la RFA vont alors fournir les plus grosses contributions (200 millions de $ chacune pour cinq ans sur 581,25 $ en tout). Les territoires français recevront la plus grosse part, soit 511,25 millions[52].

On connaît la suite. En 1958, la Communauté française se substitue à l'Union française pour quelques temps. Puis, à la suite de la Guinée, le Mali réclame son indépendance et la Communauté se désagrège. Le 1er juillet 1960 les autres TOM français que le Traité de Rome a associés au Marché commun (Cameroun, Togo, Mali, Madagascar) acquièrent aussi leur indépendance. Puis en 1962, c'est au tour de l'Algérie.

À travers l'offre d'un chantier communautaire à partir de la mise en valeur des territoires africains, apparaît clairement une vision des rapports franco-allemands toujours empreinte de hiérarchie. On passe, dans un premier temps, d'une hiérarchie pays vainqueur/pays vaincu directement issue de la fin de la Seconde Guerre mondiale, où la France tente de désarmer économiquement l'Allemagne à son profit, à l'amorce d'un tournant dans les relations économiques franco-allemandes, dans un

---

[50] Télégramme de Bousquet à Bruxelles du 28/1/1957 (MAE-Paris, DE/CE 1945-60, v. 720, f° 106).

[51] Note du Quai d'Orsay relative à l'association de divers pays africains au Marché commun du 11/5/1959 (MAE-Paris, DE/CE 1945-60, v. 722, f° 2).

[52] Note d'information sur les territoires d'outre-mer et le Marché commun non datée [1956-1957] et note de la sous-direction d'Europe occidentale sur « L'état actuel de l'association des PTOM » du 30/11/1960 (MAE-Paris, DE/CE 1945-60, v. 721, f° 18 et v. 723, f° 214).

deuxième temps (1948-1949), avec l'idée d'un partenariat avec l'Allemagne avant que celle-ci ne retrouve sa place sur le marché mondial, à la mise en œuvre enfin, au cours des années 1950, petit à petit, d'une coopération franco-allemande privilégiée au cœur du processus de construction économique de l'Europe[53].

En un mot, à travers les projets franco-allemands de développement économique de l'Afrique, peut être identifiée la transition d'une hiérarchie des pays consécutive à la Seconde Guerre mondiale vers une autre hiérarchie : celle d'une construction européenne à Six avec un moteur franco-allemand.

---

[53] Sylvie Lefèvre, *Les relations économiques franco-allemandes de 1945 à 1955. De l'occupation à la coopération*, Comité pour l'Histoire économique et financière de la France, Paris, Imprimerie nationale, 1998.

Les ambitions et les stratégies européennes d'un petit État

Le cas de la Belgique
des années 1920 aux années 1950

Geneviève DUCHENNE

Université catholique de Louvain

« En somme », notait l'écrivain belge Paul Dresse, « nous avons été, depuis les Temps Modernes, un pays aussi souvent envahi qu'attaqué, un pays que submergeait sans cesse la marée des invasions, pour le laisser [...] libre mais ruiné à des degrés variables ». Mais l'écrivain ajoutait : « Il est vrai que cette position intermédiaire qui faisait notre malchance en cas de conflit, faisait notre prospérité en temps de paix »[1].

Ces quelques lignes publiées en 1945 – elles sont extraites d'un essai intitulé *Le Complexe belge*[2] – soulignent très justement l'un des traits caractéristiques de la Belgique du XXe siècle : ce petit État, né en 1830, aux confins de la latinité et de la germanité et *fort* de 30153 kilomètres carrés, n'est pas en mesure d'assurer seul la défense de son territoire. Cependant, alors que cette incapacité à se défendre détermine son statut de « petite puissance »[3], sa position intermédiaire s'avère être atout majeur en temps de paix.

---

[1] P. Dresse, *Le Complexe belge*, Bruxelles, Charles Dessart Éditeur, 1945, p. 105.

[2] À propos de cet essai, R. O. J. Van Nuffel notait : « *Le Complexe belge* connut deux éditions un rien différentes (1945 et 1968). Elles sont un écho des sentiments exprimés dans une brochure, préfacée par Pierre Nothomb : *Belgique, mon tourment* (1966). Se basant sur des données historiques, voire monumentales, il en vient à déclarer que la « complexité » belge devrait, en fait, assurer son unité, son identité ». Cf. R. O. J. Van Nuffel, « Paul Dresse », in *Nouvelle biographie nationale*, t. IV, Bruxelles, Académie royale des sciences, des lettres et des beaux-arts, 1997, p. 136.

[3] D'après l'historien A. Fleury, qui se base sur les travaux de J.-C. Allain sur la moyenne puissance, une « petite puissance » est « un État dépendant, dont le sort est tributaire, soit de la volonté d'une grande puissance ou de groupe de puissances, soit

Dès lors, les ambitions et les stratégies européennes nourries et mises en place par la Belgique, et ce, des années 1920 aux années 1950, devaient tenir compte des éléments suivants : L'« Europe » apparaît, à l'issue des deux conflits mondiaux, comme un moyen de garantir la paix du continent et donc la prospérité du pays, elle recouvre parallèlement et de manière ambivalente une double volonté de reconnaissance. En effet, au sein de l'État-nation Belgique, il s'agit de défendre ou de réfuter l'existence d'une identité belge et, à l'échelle du continent, de légitimer – malgré une infériorité hiérarchique – une position et un rôle clefs. L'idée d'Europe unie qui s'épanouit pleinement à l'issue de la Première Guerre mondiale – les raisons permettant d'expliquer son engouement, réel ou supposé, sont le pacifisme, la perte hégémonique ou l'inter-dépendance économique – trouve, en Belgique un terreau particulier[4].

Cette contribution s'articulera donc autour de ces deux axes – dans le premier, nous verrons comment s'élabore, en Belgique, « une certaine idée de l'Europe »[5] et, dans le second, nous tenterons de déterminer comment l'européisme se traduit en Belgique[6] afin d'illustrer les voies

---

de circonstances géographiques, stratégiques ou historiques qui lui sont favorables ». Cf. A. Fleury, « Les petits États dans la politique européenne aux XIXe et XXe siècles », in M. Dumoulin, G. Duchenne (dir.), *Les petits États et la construction européenne. Actes de la VIIe Chaire Glaverbel d'études européennes 2001-2002*, Bruxelles, P.I.E. Peter Lang, 2002, p. 17 (Actes de la Chaire Glaverbel d'études européennes, n° 2). Par contre, G. Trausch notait à l'issue d'un colloque tenu en 1998 sur « Le rôle et la place des petits en Europe au XXe siècle » : « Le petit État n'est pas seulement petit par la taille mais encore par la perception des grands ». L'historien luxembourgeois d'ajouter : « Les historiens n'ont pas grand chose à gagner à ces discussions sur la définition du petit État, sinon à renforcer leur conviction qu'il faut travailler au cas par cas, c'est-à-dire sur la base d'une documentation aussi large et diversifiée que possible ». Cf. G. Trausch, « La place et le rôle des petits pays en Europe », in R. Frank (dir.), *Les identités européennes au XXe siècle. Diversités, convergences et solidarités*, Paris, Publications de la Sorbonne, 2004, p. 111 et 115. (Internationale – 73).

[4]   À ce propos, voir notre contribution « L'idée européenne en Belgique dans l'entre-deux-guerres (1919-1939) », in M. Dumoulin, G. Duchenne, A. Van Laer (dir.), *La Belgique, les petits États et la construction européenne, Actes du colloque de clôture de la VIIe Chaire Glaverbel d'études européennes 2001-2002 (Louvain-la-Neuve, les 25, 25 et 26 avril 2002)*, Bruxelles, P.I.E. Peter Lang, 2003, p. 38-57 (Actes de la Chaire Glaverbel d'études européennes, n° 3).

[5]   Nous empruntons cette expression à R. Rothschild, « Une certaine idée de l'Europe », in *Studia Diplomatica. Le rôle des Belges et de la Belgique dans l'édification européenne*, vol. XXXIV, 1981, n° 1-4, p. 47-85.

[6]   À la suite de J.-L. Chabot, nous entendons par « idée d'Europe », ce sentiment d'appartenance à la civilisation européenne sans que celui-ci n'implique un pro-gramme d'unification européenne et par « européisme » et « idée européiste », les projets consacrés à une unification de continent. Cf. J.-L. Chabot, *L'idée d'Europe*

empruntées par un petit État pour s'insérer dans un rapport de force (essentiellement franco-allemand) qui la dépasse. Le cadre chronologique de cette étude sera essentiellement celui de l'entre-deux-guerres, mais nous déborderons toutefois sur les années 1940 et 1950. De nombreux éléments plaident, en effet, pour le rétablissement d'un lien dans l'histoire de l'Europe et de la Belgique entre l'avant et le second après-guerre[7].

I. La Belgique ou une certaine idée de l'Europe

Parmi les forces profondes qui façonnent la situation internationale d'un pays et qui traversent le temps, notaient les historiens Jean-Baptiste Duroselle et Pierre Renouvin, les facteurs géographiques revêtent une importance particulière. Qu'il s'agisse des qualités et des ressources du territoire, de sa position stratégique ou du contrôle des voies de passage et de l'espace[8], ces différents éléments conditionnent curieusement, mais indéniablement, la manière dont la Belgique pense et conçoit l'Europe. « Quand un Français parle de l'Europe », note encore l'essayiste Paul Dresse, « on sent bien qu'il pense encore à son pays, que c'est en fonction de lui qu'il considère les autres nations »[9]. Et l'écrivain explique pourquoi il n'en va pas de même en Belgique : « Les exigences de notre exportation aidant, nous considérons vraiment chaque peuple en soi, objectivement, avec ses ressources et ses besoins réels. Les autres nations trouvent chez nous un miroir plus juste et plus nuancé où leurs diversités se reflètent ». Dressant un inventaire des images généralement utilisées pour caractériser la Belgique – « carrefour de l'Occident, plaque-tournante, charnière » –, l'écrivain ajoute que celle qu'il préfère est « l'image du microcosme » et que « Bruxelles, résumé de la Belgique, est le microcosme du microcosme »[10].

---

unie de 1919 à 1939, Grenoble, Service de reproduction des thèses de l'Université des Sciences sociales de Grenoble, 1978, p. 347-383.

[7] P. Deloge, « La Belgique – petite puissance – et la sécurité en Europe au XXe siècle », in *La Belgique, les petits États et la construction européenne, op. cit.*, p. 93-117.

[8] J.-B. Duroselle, P. Renouvin, *Introduction à l'histoire des relations internationales*, Paris, 1970, p. 6-29. Pour ce qui concerne la Belgique, voir la mise au point de Deloge, « La Belgique – petite puissance – et la sécurité en Europe au XXe siècle », in *La Belgique, les petits États et la construction européenne, op. cit.*, p. 103-106 ; R. Coolsaet, *La politique extérieure de la Belgique. Au cœur de l'Europe, le poids d'une petite puissance*, Bruxelles, De Boeck Université, p. 369.

[9] P. Dresse, *Le Complexe belge, op. cit.*, p. 47.

[10] *Ibid.*, p. 48.

En fait, la rhétorique utilisée par Paul Dresse n'est pas nouvelle et s'ancre dans une tradition ancienne qui consiste à faire de la Belgique le centre de l'Europe[11]. L'écrivain et critique littéraire Franz Hellens recourait aux mêmes images dans un article intitulé « Un Balcon sur l'Europe » publié, en novembre 1922, dans la revue avant-gardiste *Le Disque Vert*. Si l'esprit européen se manifeste aussi assidûment en Belgique – et à Bruxelles – explique Hellens, c'est parce que le pays manque véritablement de cohésion politique, se préoccupe uniquement des affaires et méprise tout ce qui porte la marque d'un nationalisme artificiel. Ces éléments favoriseraient « le développement de cet esprit qui nous donne une grande liberté d'allure et de pensée, nous pousse aux actions d'audace, quand il ne paralyse pas entièrement nos mouvements »[12].

Quelques dix ans plus tard, l'écrivain et polémiste Paul Colin usera lui aussi d'un raisonnement identique[13]. Dans *Belgique, Carrefour de l'Europe* – l'ouvrage publié, en 1933, recevra en 1936 le grand prix quinquennal de littérature, Colin compare la Belgique à « une terre d'expérience », à un « carrefour », à une « terre d'entre-deux »... Ce « pays querelleur et généreux », « mal centralisé », ajoute Colin est en fait le « miroir de l'Europe ».[14]

Ce *déterminisme* géographique atteindra un certain paroxysme avec la théorie de l'« Europe médiane » que développe, après la Seconde Guerre mondiale, l'essayiste belge François Drion du Chapois. Il n'est d'ailleurs pas le premier à utiliser ce concept puisque l'avocat et homme politique belge Lucien Jottrand entrevoyait, au siècle précédent, une entité européenne formée d'une chaîne de petits pays dont il postulait l'union fédérative[15]. En connexion, aussi, avec le philosophe suisse

---

[11] Cf. notre contribution « L'idée d'Europe en Belgique dans l'entre-deux-guerres », in *La Belgique, les petits États et la construction européenne, op. cit..*, p. 40-42.

[12] *Ibid.*

[13] À propos de cette rhétorique et des filiations terminologiques entre Paul Colin et Franz Hellens, voir H. Roland, « Paul Colin et la réception de l'expressionnisme en Belgique francophone dans l'entre-deux-guerres », in *Textyles. Revue des lettres belges de langue française : Alternatives modernistes (1919-1939)*, n° 20, 2001, p. 44-45.

[14] P. Colin, *Belgique, Carrefour de l'Europe*, Bruxelles, Rieder, 1933, p. 25.

[15] C'est en 1854, dans un ouvrage *D'Anvers à Gênes, par les Pays-Rhénans, la Suisse et le Piémont* que Lucien Jottrand expose sa « théorie de la chaîne » tirant des conclusions de la solidarité des petits peuples présents dans l'étroit couloir qui s'étend de la mer du Nord à la Méditerranée. Voir F. Drion du Chapois, *L'Europe médiane vue par Lucien Jottrand*, Bruxelles, 1949. A. Peters note qu'avec cet ouvrage, Drion voulait faire de Jottrand son prédécesseur. Il existe des divergences entre les théories des deux auteurs qui affichent toutefois un même attachement à l'entité belge. Leurs thèses – elles ont pour cadre une réflexion sur le rôle de la Bel-

Gonzague de Reynold[16], l'avocat et journaliste Drion se fait historien pour expliquer, en 1958, dans *La vocation européenne des Belges*[17] qu'au sein d'une entité géographique délimitée naturellement par cinq fleuves – l'Escaut, la Meuse, le Rhin, le Rhône et le Pô –, et par cinq bassins, la Belgique est vouée à occuper une place particulière :

> Nous y avons suffisamment insisté, le système médian est constitué de trois entités : le hinterland du triple estuaire zélandais, le bassin du Rhône, enfin celui du Pô. C'est dans la première que s'encastre le territoire belge. Il y occupe une situation centrale. C'est dire son importance et son destin. Il n'est lieu en Belgique où le bruissement des vagues ne psalmodie les mots de notre vocation. Au souffle des marées, l'appel européen rase nos plaines. Nos collines en échangent les échos.[18]

Conciliant nationalisme et européisme – ses convictions européennes se fondent sur des sentiments monarchistes et patriotiques[19] –, Drion du Chapois place donc la Belgique au centre du dispositif *médian*. Aussi, à

---

gique, sa position et sa situation au cœur de l'Europe – témoignent d'une volonté de donner une réelle importance à la Belgique. Cf. A. Peters, *Lucien Jottrand et l'Europe médiane. Les théories européennes de deux Belges*, Mémoire de licence en histoire, Université de Liège, 2001, p. 11.

[16] G. de Reynold, *La formation de l'Europe*, t. I : *Qu'est-ce que l'Europe*, Fribourg, 1944, p. 45 sqq. Pour une mise au point sur le philosophe, voir O. Meuwly, « Gonzague de Reynold (1880-1970) et son combat pour une Suisse autoritaire et corporatiste », in *Le Temps*, jeudi 15 juillet 2004.

[17] Si la théorie de l'Europe médiane est la plus aboutie dans *La vocation européenne des Belges* (Bruxelles, 1958) – ouvrage quelque peu confus publié l'année de l'exposition universelle de Bruxelles –, Drion du Chapois y travaillait depuis quelques années déjà : « L'Europe possède des régions privilégiées où resurgit sa force substantielle. Beaucoup l'ont remarqué sans en formuler la doctrine. Les uns ont parlé de l'Austrasie, d'autres de la Lotharingie […] Certains ont invoqué plus ou moins justement l'État de Bourgogne, l'Empire de Charles-Quint, que sais-je encore. Personne, sauf erreur, n'avait pensé à reprendre la question *ab initio*. À la méditer des années durant, j'en suis arrivé aux conclusions que voici : Austrasie, Lotharingie, Bourgogne, sont les espèces d'un genre. C'est ce genre qu'il faut définir et délimiter. Il existe, au travers de l'Europe, un système géographique harmonieux… ». Cf. F. Drion du Chapois, *Mes vieilles maisons*, Labor, Bruxelles, 1976, p. 74.

[18] F. Drion du Chapois, *La Vocation européenne des Belges, op. cit.*, p. 256.

[19] Aussi J.-Ch. Snoy et d'Oppuers parle-t-il d'un « […] patriotisme sans faille sublimé par une vision quasi métaphysique de l'Europe des grandes vallées ». Cf son article « Le baron Drion du Chapois : l'homme et ses idées », in *Publication du Centre Européen d'études burgondo-médianes*, n° 27, Bâle, 1987, p. 6. Tandis que J. Richard explique que « Cet européen est aussi un belge passionnément attaché à son histoire nationale, convaincu de la *vocation européenne* de son peuple, infiniment respectueux à l'égard des *princes naturels* qui ont régné en son pays, parvenant même à réconcilier dans son esprit Guillaume d'Orange et les Habsbourg, Guillaume des Pays-Bas et Léopold Ier ». Cf. « Drion du Chapois historien », in *Publications du Centre européen d'études bourguignonnes*, n° 27, Bâle, 1987, p. 12.

l'instar de l'historien suisse Defago, nous considérons que la théorie médiane présente au moins deux attraits : « elle offre la perspective d'une Europe unie et pacifiée et la perspective d'un rôle central pour la Belgique au sein de cette Europe »[20]. Et, si Defago remarque que cette conjonction entre « les *intérêts belges* et le *souci de construction européenne* apparaît souvent chez Drion »[21], il faudrait ajouter au vu de ce qui précède que cette équation est omniprésente et récurrente dans l'historiographie belge.

En effet, derrière les métaphores de ces auteurs qui font parfois preuve d'une grande imagination lyrique – la Belgique est un « balcon sur l'Europe », un « carrefour », un « miroir », une « plaque tournante », le « microcosme de l'Occident »... – et au-delà du motif géographique, peut-être est-il opportun de s'interroger sur l'origine de ces discours ? Autrement dit – et pour reprendre les termes de l'historien suisse – de quelles natures sont précisément ces *intérêts belges* ? D'où vient ce *souci de construction européenne*, ou du moins cette référence – presque permanente – à l'idée d'Europe ?

D'un point de vue interne, la Belgique est – comme le rappelle Paul Dresse – « une nation sans nationalité »[22]. Créée artificiellement en 1830, ce petit État qui est composé de deux, puis de trois communautés linguistiques, n'est pas doté d'une identité propre[23]. Dès lors que se pose la question de l'identité nationale, des auteurs tentent – à l'instar de l'historien Henri Pirenne[24] ou de l'avocat et homme de lettres Edmond

---

[20] H. Defago, *L'européanisme du Centre européen d'études burgondo-médianes*, Travail de séminaire en histoire, Université de Lausanne, 1992, p. 23 – avec notre emphase.

[21] *Ibid.*

[22] Dresse, *Le Complexe belge, op. cit.*, p. 93.

[23] Cf. E. Castano – N. Tousignant, « La Belgique et l'Europe – un *démos* sans *ethnos* », in G.-F. Dumont, *Les racines de l'identité européenne*, Paris, Economica, 1999, p. 100.

[24] Henri Pirenne – spécialiste du Moyen Âge – publie, entre 1899 et 1932, sept tomes d'une histoire de Belgique répondant ainsi à la demande de l'historien allemand Karl Lamprecht. Dans la mesure où il devait figurer dans une collection allemande consacrée à l'histoire de l'Europe, le premier volume paraît en allemand. Selon l'historien, la Belgique serait née à la suite du traité de Verdun (843). Au Moyen Âge, il existait un peuple belge caractérisé par une civilisation commune, à la fois romane et germanique et l'État belge créé en 1830 était une nécessité de l'histoire. Dès 1900, l'ouvrage est une véritable bible pour les nationalistes. Les manuels scolaires sont réécrits et ses thèses conditionnent encore l'enseignement de l'histoire en Belgique. Voulant à tout prix montrer l'homogénéité d'un peuple belge, Pirenne a oblitéré une partie importante de l'histoire de nos régions : la Principauté de Liège et les autres anciens États de l'actuelle Wallonie. Débarrassée de ses *a priori* nationalistes, l'œuvre reste néanmoins un modèle par l'intelligence, l'érudition, l'esprit critique, les

Picard[25] – de démontrer l'existence d'une nationalité belge, et ce, non sans référence à l'idée d'Europe[26]. Ainsi Pirenne écrit en 1912, dans la conclusion d'un petit opuscule qui a pour but de résumer les principaux enseignements de ses quatre premiers volumes de l'*Histoire de Belgique* :

> Elle s'est réveillée au XIXe siècle, et c'est à nous qu'il appartient aujourd'hui de lui rendre la pleine conscience d'elle-même. Car elle se trouve encore, cette patrie, dans les conditions où elle s'est formée dès le commencement de son histoire. Elle occupe encore les confins de deux grandes civilisations, elle encore mi-romane, mi-germanique, elle peut encore, en cultivant avec soin ses aptitudes variées, en n'en laissant périr aucune, en les vivifiant les unes par les autres, *en prenant conscience de son rôle européen*, redevenir ce qu'elle a été à ses époques de splendeurs.[27]

La Belgique – en tant que patrie – ne pourra réellement exister qu'en remplissant son rôle au sein de l'Europe. Edmond Picard – disciple de Pirenne, il défend l'existence d'une âme belge – définira plus précisément ce rôle européen. Revenant aussi sur l'existence de deux communautés, il affirme que le trait d'union entre elles, c'est la race aryenne « éminemment progressive, éducable, inventive ; sa variété latine avec entrain et verbalisme, sa variété germaine avec réflexion et tenace réserve »[28]. Et l'avocat d'expliquer dans un *Essai sur la psychologie de la Nation belge* – l'ouvrage paraît en 1906 – que la Belgique « prodigieusement peuplée, remarquablement prospère, diverse en ses éléments, harmonieuse néanmoins en ce qu'on pourrait nommer son mécanisme, son horlogerie totale allant aux réformes équitables à pas comptés » préfigure – bien mieux que la Suisse ! – les futurs États-Unis d'Europe[29].

---

qualités littéraires, la volonté de mêler étroitement l'histoire politique à l'histoire économique et sociale.

[25] L'avocat et homme de lettres bruxellois, Edmond Picard a profondément marqué les mondes juridique et littéraire belges de la seconde moitié du XIXe siècle et du début du XXe siècle. Aussi, un contemporain remarque que si les journalistes et les avocats exercent une action décisive sur la pensée belge depuis trois-quarts de siècle, « le plus notoire des nationalistes, l'interprète et l'avocat de la pensée belge, c'est Edmond Picard ». Cf. H. Pirenne, *La Formation de la nation belge*, Extraits et notice par A. Counson, Paris, Mertens, s.d. (probablement 1912), p. 95 (L'éducation populaire, n° 21).

[26] Au sujet de « l'âme belge », Cf. J. Stengers – E. Gubin, *Histoire du sentiment national en Belgique des origines à 1918*, t. II : *Le grand siècle de la nationalité belge*, Bruxelles, Éditions Racine, 2002, p. 121-125.

[27] H. Pirenne, *La Formation de la nation belge*, op. cit., p. 95 – avec notre emphase.

[28] E. Picard, *Essai d'une Psychologie de la Nation Belge*, Bruxelles, Larcier, 1906, p. 1.

[29] *Ibid.*, p. 74.

Mais, paradoxalement, les détracteurs de « l'âme belge » recourent eux-aussi à l'idée d'Europe pour défendre l'émancipation d'entités régionales coincées au sein d'un État belge trop – voire mal ? – centralisé. Alors que l'écrivain, professeur et sénateur flamand Auguste Vermeylen résume, vers 1900, la problématique en suivant curieusement le raisonnement de Pirenne : « Om iets te zijn, moeten we Vlamingen zijn. Wij willen Vlamingen zijn om Europeeërs te worden »[30], Jules Destrée – il est député socialiste de Charleroi – affirme dans la célèbre « Lettre au Roi sur la séparation de la Wallonie et de la Flandre » – elle paraît le 15 août 1912 dans la *Revue de Belgique* – qu'« un despotisme centralisateur qui supprime par la force la vie propre des nationalités serait exactement le contre-pied de l'Internationale ». Aussi ajoute-t-il : « On peut donc rêver aux États-Unis d'Europe et chérir sa patrie »[31]. Le socialiste qui entend par « patrie », sa terre natale, la Wallonie, réclame surtout, avec cette formule lapidaire – « Sire, il n'y a pas de Belges »[32] – une fédéralisation de l'État.

Destrée aurait-il pu soupçonner que plusieurs discours, au tournant des années 1920 et 1930, recourraient aussi à l'idée d'Europe pour remettre en cause, plus fondamentalement encore, les structures de l'État ?[33] Cette dimension de l'idée européenne – elle s'épanouira au travers de différents mouvements tels que Plan, Ordre Nouveau et Esprit en France ou *Gegner* et Sollberg en Allemagne – trouvera aussi, en Belgique, un terrain propice. Des jeunes que rassemblent des collaborations ponctuelles à des revues telles que *L'Esprit nouveau, La Nouvelle Équipe, Le Rouge et le Noir* ou encore *Préparation* et *Équilibre* cherchent une troisième voie entre démocratie libérale et régimes totalitaires et plaident pour une révision du vieux cadre européen issu de Versailles[34]. Aussi peut-on lire dans la revue *L'Esprit nouveau* lancé en 1931 par le jeune catholique Raymond De Becker – il est alors en

---

[30]   A. Vermeylen, *Vlaamsche en Europeesche Beweging*, Gand, Flandria, s.d., 16 p. et August Vermeylen : *Vlaamsche en Europeesche Beweging : Van Nu en Straks (1900) : het artikel negentig jaar later* 1990, Gand, August Vermeylenfonds, 1990.

[31]   J. Destrée, « Lettre au Roi sur la séparation de la Wallonie et de la Flandre », in *Revue de Belgique*, 15 août 1912, p. 2.

[32]   *Ibid.*, p. 5.

[33]   M. Dumoulin, « La réflexion sur les espaces régionaux en Europe à l'aube des années 30 », in S. Schirmann (dir.), *Organisations internationales et architectures européennes. Actes du Colloque de Metz (31 mai – 1er juin 2001)*, Metz, Centre de Recherche Histoire et Civilisation de l'Université de Metz, 2003, p. 17-33.

[34]   À ce sujet, voir O. Dard, *Le rendez-vous manqué des relèves des années 30*, Paris, Presses universitaires de France, 2002, p. 9 (Le nœud gordien).

relation avec plusieurs groupements parisiens[35] : « Collaboration dans tous les domaines, jamais absorption ni subordination, CORPORATISME politique, social et économique, RÉGIONALISME, INTERNATIONALISME CONSTRUCTIF, telles sont les DIRECTIONS de notre mouvement »[36]. Et, dans cette vision d'une Europe des Patries – De Becker dira que « le patriotisme bien compris est tout à fait compatible avec l'existence d'une fédération européenne quelconque »[37] – ces jeunes catholiques envisagent un nouvel avenir européen pour le Royaume :

> Nous songeons au rôle que notre pays aurait pu et pourrait encore jouer dans notre Europe s'il n'avait pas été chloroformé depuis quatorze ans par notre ministère des Affaires étrangères et par la presse. La Belgique, plaque tournante de l'Europe, carrefour, centre de liaison, tête de pont. Nous songeons à notre passé. [...] À la mer qui nous borde, à l'Escaut [...], à Anvers, premier port européen. Nos villes, nos fleuves, nos canaux, nos industries, [...], notre caractère ethnique – fait de deux races – loin de nous rapetisser, de nous amoindrir, nous rappelle notre place en Europe, notre originalité, notre caractère européen...[38]

Pourtant, au terme d'une longue et difficile dérive – le parcours sinueux d'un Raymond De Becker laissait-il présager la dangereuse métamorphose ? –, cette remise en cause de la place et du rôle de l'État amena certains à postuler la disparition même de la Belgique pour la sauvegarde de l'Europe. Aussi l'ancien major SS Franz Hellebaut qui, en 1946, rédige un mémoire sur *La genèse de l'ordre des nations* – il est alors incarcéré à la prison de Saint-Gilles en instance d'être exécuté – écrit :

> Les conceptions politiques, en apparence si confuses et divergentes, qui divisent le monde du XXe siècle, se rattachent cependant à un même principe commun : l'impérieuse nécessité de constituer une architecture d'ensemble, susceptible de coordonner l'activité et d'assurer ainsi la vie de quelques soixante nations du monde. Car leur interdépendance ne peut plus faire aucun doute. [...] Si l'on considère l'histoire sous ce véritable aspect, on est conduit à réviser bien des jugements. Le peuple belge en particulier éduqué depuis 1830 dans le culte d'une indépendance farouche et d'une démocratie querelleuse, considère peut-être avec un dangereux parti pris bien des légendes de son histoire.[39]

---

[35] J. Hellman, *The communitarian third way : Alexandre Marc's ordre nouveau, 1930-2000*, McGill-Queen's University Press, 2002, p. 125-158.

[36] « Notre mouvement », in *L'Esprit nouveau*, décembre 1932, p. 2.

[37] R. De Becker, *La Patrie contre l'Europe*, s.d. (avril 1931), 2 pages dactylographiées.

[38] *L'Esprit nouveau*, juillet 1932, p. 2.

[39] Centre d'études et de documentation guerre et sociétés contemporaines (Ceges) : F. Hellebaut, *La genèse de l'ordre des nations. Réflexions sur la défaite de l'Europe*,

Ce Belge qui a versé dans la collaboration absolue avec l'ennemi nazi justifie – bien qu'il s'en défende[40] – son parti pris par l'impérieuse nécessité de réorganiser l'Europe sous l'égide de l'Allemagne hitlérienne seule puissance capable de rétablir l'équilibre européen[41]. S'il est à peine nécessaire de préciser que ce mirage dans lequel la Belgique est sacrifiée au profit du IIIe Reich est alors loin de faire l'unanimité, il illustre cependant l'infériorité hiérarchique d'un pays qui – par deux fois en cinquante ans – a vu sa souveraineté bafouée.

Si pour d'aucuns la Belgique devait s'effacer au profit d'une Europe allemande[42], plusieurs intellectuels – il s'agit d'hommes politiques, de publicistes, d'écrivains, de juristes, d'économistes, etc. – pensent, au contraire, qu'« en Europe occidentale, la Belgique est un élément essentiel de l'équilibre européen »[43]. L'idée d'Europe est alors synonyme de paix. « Est-il donc possible d'avoir une Europe européenne ? », se demandait l'écrivain et essayiste Louis Dumont-Wilden lors d'une séance de la tribune libre de Bruxelles, *Le Rouge et le Noir*, en décembre 1930. « Avant 1914 », poursuivait-il, « quelque chose s'annonçait dans ce sens. Les esprits étaient tendus vers un plan spirituel, intellectuel. [...] La guerre en a détruit les éléments. Depuis lors, on appelle Europe, notre désir de paix »[44]. Lassée d'être le « champ de bataille où l'Europe vient vider ses querelles »[45], la Belgique préfère désormais présider à l'entente de ses grands voisins en jouant son atout de « trait

---

Essai, [1290-1946, principalement 1946], Prison de St Gilles, juin 1946, 13 p. dactylographiées.

[40] Cf. Ceges, Lettre de F. Hellebaut, 31 janvier 1974.

[41] « Dans un monde dynamique de « Grands » on devait prévoir que l'un des peuples, resté le plus vigoureux et le plus dynamique de l'Europe tenterait tout au moins de consolider son indépendance, de se garantir un domaine propre, un rôle de vedette, d'affirmer *sa propre idéologie médiatrice* entre le collectivisme marxiste et le capitalisme démagogique », cf. F. Hellebaut, *La genèse de l'ordre des nations*, op. cit., p. 2.

[42] À propos de ces auteurs – il s'agit, entre autres, de Raymond De Becker, Pierre Daye, Pierre Hubermont, René Baert, José Streel, etc. –, voir G. Duchenne, *Visions et projets belges pour l'Europe. De la Belle Époque aux traités de Rome (1900-1957)*, Bruxelles, P.I.E.-Peter Lang, 2001, p. 155-186 (Euroclio : Études et documents, n° 22).

[43] Discours de P.-H. Spaak, *Annales Parlementaires. Chambre des Représentants. Séance ordinaire 1937-1938*, p. 1044.

[44] « L'Europe d'hier et celle d'aujourd'hui. Séance du 17 décembre 1930 », in *Le Rouge et le Noir*, 24 décembre 1930, p. 8.

[45] Extrait du discours prononcé par I. Van der Ghinst lors de la séance inaugurale du premier Congrès paneuropéen, Vienne, 1er octobre 1926.

d'union »[46]. Aussi, le Comte Louis de Lichtervelde, écrit-il dans ses *Méditations pour le Centenaire* :

> L'existence paisible qu'on avait rêvée pour nous, malgré la géographie, malgré l'Histoire, ne contenait pas moins de risques, pas moins de périls que cette participation à la vie politique du Continent que nous ne pouvons plus décliner. [...] Si la Belgique n'affirme pas [...] sa capacité de fédérer toutes les forces susceptibles d'amortir les chocs entre la civilisation latine et la civilisation germanique, il est à craindre qu'en désespoir de cause la solution radicale d'un partage ne trouve tôt au tard, des deux côtés, d'ardents défenseurs.[47]

L'auteur exhorte alors la Belgique à « rendre à la communauté européenne tous les services qu'elle peut attendre d'un État solide, fermement ancré sur un des points névralgiques du Continent. C'est là notre vrai titre à la vie »[48].

Or cette « nouvelle » mission européenne, la Belgique ne la conçoit qu'au sein de la Société des Nations sur laquelle elle fonde, dès 1919, beaucoup d'attentes : « Non sans avoir espéré obtenir, pour Bruxelles, le siège de la S.D.N. »[49], écrit l'historien M. Dumoulin, « la Belgique, ayant désormais abandonné la neutralité qui lui avait été imposée au lendemain de son indépendance, fonda sa politique extérieure, jusqu'en 1936, à la fois sur la sécurité collective dont un des chantres fut Henri Rolin, et sur le pacte de Locarno de 1925 »[50]. Chef de Cabinet des Affaires étrangères et futur sénateur socialiste, Rolin qui présidera, entre autres, l'Union Belge pour la Société des Nations, explique en 1931 que « des garanties mutuelles, telle était pour le plus grand nombre des Belges et aussi pour le gouvernement, la seule formule qui fût désormais compatible non seulement avec notre dignité, mais avec l'intérêt de maintien de la Paix que nous avions en commun avec les autres

---

[46] *Ibid.*

[47] L. de Lichtervelde, *Méditations pour le centenaire*, Bruxelles, Librairie A. Dewit, 1930, p. 40 et 41.

[48] *Ibid.*

[49] A. Fleury, « Du choix de Genève comme siège de la Société des Nations », in S. Friedlander, H. Kapur, A. Reszler (dir.), *L'historien et les relations internationales. Recueil d'études en hommage à Jacques Freymond*, Genève, Institut universitaire de hautes études internationales, 1981, p. 251-278. Voir aussi D. Defays, *Le choix d'un siège pour la Société des Nations (1919-1920) ? Analyse de la question et de sa perception à travers l'opinion publique belge*, Mémoire de licence en histoire, Université catholique de Louvain, 2001.

[50] M. Dumoulin, « La Belgique dans la construction européenne. Un essai de bilan historiographique », in *La Belgique, les petits États et la construction européenne, op. cit.*, p. 19.

peuples »[51]. La Société des Nations apparaît donc dès l'origine au peuple belge comme représentant pour lui le passage nécessaire d'un État de minorité, d'incapacité politique, de neutralité passive, à un État de politique active basé sur la solidarité de tous[52].

C'est pourquoi la Belgique se montra favorable à l'admission de l'Allemagne au sein de la Société des Nations[53] – l'Allemagne entre le 8 septembre 1926[54]. Cependant, la perte du siège belge au Conseil de la SDN, le 17 septembre 1927, au profit même de l'Allemagne sera durement ressentie par un pays qui estimait y avoir sa place[55] :

> Il est regrettable, notera l'ambassadeur Pierre van Zuylen, que les Puissances n'aient pas senti l'inconvenance de nous écarter du Conseil au moment où elles y introduisaient l'Allemagne. Ce n'était pas seulement un oubli choquant du passé, mais un manque de prévoyance pour l'avenir. [...] Cette exclusion fut péniblement ressentie en Belgique[56].

L'opinion publique française et tous les journaux « de tous les partis », notera le chargé d'Affaires belge à Paris, Obert de Thieusies, « ont été unanimes pour le regretter, et tous les articles qui ont été publiés l'ont été en termes élogieux pour notre pays ». « Il est certain », ajoute-t-il, « que tout le monde en France déplore que la Belgique n'ait pas été réélue : notre pays jouit toujours d'un prestige moral considérable et l'on se rend compte que sa disparition du Conseil de Genève prive la France d'une amie et l'Europe d'un des champions les plus sincères de la paix »[57].

---

[51] H. Rolin, « La politique de la Belgique dans la Société des Nations », in *Publications de l'Institut universitaire de hautes études internationales*, n° 1, Genève, 1931, p. 5. Voir aussi M. Walbroeck (textes choisis et commentés par), *Œuvres d'Henri Rolin*, t. I : *Henri Rolin et la sécurité collective dans l'entre-deux-guerres*, Bruxelles, Bruylant – Éditions de l'Université libre de Bruxelles, 1987.

[52] *Ibid.*

[53] Archives du ministère des Affaires étrangères, Bruxelles (AMAEB), 652 : Lettre de Gaiffier d'Hestroy à E. Vandervelde, Paris, 6 mai 1926.

[54] J.-M. Guieu, « Genève 1926 : capitale de la paix ? L'admission de l'Allemagne à la S.D.N. », in *Bulletin de l'Institut Pierre Renouvin* publié à l'adresse suivante : http://ipr.univ-paris1.fr/bulletin/bulletin12/01_guieu.htm#_ftn.

[55] M. Dumoulin, « La Belgique et le Plan Briand : l'annonce de réformes de structures au plan européen », in A. Fleury, L. Jilek (dir.), *Le Plan Briand d'Union fédérale européenne : Perspectives nationales et transnationales, avec documents. Actes du colloque international tenu à Genève du 19 au 21 septembre 1991*, Berne, Peter Lang, 1998, p. 94.

[56] P. van Zuylen, *Les mains libres. Politique extérieure de la Belgique 1914-1940*, Paris, Desclée de Brouwer, 1950, p. 219-223.

[57] AMAEB, 651 : Lettre d'O. de Thieusies à E. Vandervelde, Paris, 17 septembre 1927.

Ce prestige moral acquis pendant la Grande Guerre – le viol de la neutralité belge ainsi que l'action du Roi Albert Ier ont marqué les imaginations – et l'indéniable capacité économique d'un pays qui possède une colonie, sont autant d'éléments utilisés par la Belgique pour revendiquer une voix dans le concert européen[58]. Cette petite puissance nourrit donc, en dépit de son infériorité hiérarchique, des prétentions européennes. Sa mission européenne est – et devra rester – résolument pacifiste. « J'affirme », dira Paul-Henri Spaak[59] devant la Chambre des Représentants le 31 octobre 1945, « que les petites et les moyennes nations, et en particulier la Belgique, ont un intérêt vital, un intérêt immense à ce que les grandes nations qui ont gagné la guerre, et qui l'ont gagnée grâce à leur entente et leurs efforts communs, restent unies après cette guerre »[60]. Et le ministre des Affaires étrangères d'ajouter :

> J'affirme que si cette unité, cette entente pouvait subsister, large, complète, absolue, l'humanité y trouverait un élément de sécurité énorme et probablement l'assurance d'une paix durable. Par conséquent, jamais dans la politique du gouvernement belge ne naîtra l'idée de jouer la carte d'une grande nation. Au contraire, dans toute la mesure des possibilités, dans toute la mesure où nous avons un rôle à jouer, nous devrons essayer d'être un trait d'union entre les grandes nations.[61]

Instrumentalisée à des degrés divers, l'idée d'Europe permet donc à différents penseurs et intellectuels belges de (re) configurer la place et le rôle de la Belgique au sein du continent et, parallèlement, de (re) penser l'existence de l'État. Comment – sachant cela – la vague européiste qui naît après la Première Guerre mondiale sera-t-elle perçue en Belgique ?

II. Heurs et malheurs de l'européisme

Alors que la Belgique ne semblait guère nourrir d'intérêts particuliers pour les relations internationales avant 1914[62] malgré une présence

---

[58] P. Deloge, « La Belgique – petite puissance – et la sécurité en Europe au XXe siècle », in *op. cit.*, p. 93-117.

[59] À propos de cette grande personnalité, cf. M. Dumoulin, *Spaak*, Bruxelles, Éditions Racine, 1999.

[60] P.-H. Spaak, « Discours du 31 octobre 1945 », in P.-F. Smets (textes réunis par), *La Pensée européenne et atlantique de Paul-Henri Spaak (1942-1972)*, t. 1, p. 69, Bruxelles, Goemaere.

[61] *Ibid.*

[62] J.-W. Serruys, *Sous le signe de l'Autorité. Contribution à l'histoire des idées politiques d'après guerre*, Bruxelles, Éditions de la Cité Chrétienne, 1935, p. 24 sqq.

appréciable à l'étranger[63], la Grande Guerre qui sonne le glas de la civilisation occidentale « l'oblige à regarder dehors »[64]. Or le paysage qu'elle peut alors contempler est plutôt désolé. La violence du conflit fut tellement inouïe – avec ses pertes humaines innombrables et ses destructions matérielles indescriptibles – que les fondements du vieux continent en sortirent ébranlés[65]. Si le thème du déclin de l'Europe se répand alors inspirant de nombreux intellectuels[66], d'aucuns envisagent plus certainement l'avenir : « Le bouleversement des valeurs produit par la guerre », explique, en 1926, un jeune étudiant en droit Yvan Lenain, « est sans doute pour beaucoup dans cette pensée assez répandue que notre génération traverse une époque de transition ». Et il ajoute : « Je suis des plus optimistes. La guerre nous semble un grand fossé sur la carte du monde, elle a liquidé le XIXe siècle mais il faut *reconstruire* »[67]. Comment la Belgique – investie de sa mission européenne – intégrera-t-elle les divers plans élaborés dès le début des années 1920 pour ressusciter une Europe moribonde ? Comment le pays – via l'action de son gouvernement – entend-il s'atteler « au lent et dur travail de reconstituer l'Europe en morceaux »[68] ? Qu'en pensera l'opinion publique ?

Cette dernière est au centre des préoccupations des divers mouvements européistes qui apparaissent en Belgique dans le courant de 1926[69]. Le moment n'est pas fortuit puisque dans la foulée du Plan

---

[63] Cf. M. Dumoulin, « Les contradictions de l'expansion », in M. Dumoulin (dir.), *Présences belges dans le monde à l'aube du XXe siècle*, Louvain-la-Neuve – Bruxelles, Academia – Univers-cité, 1989, p. 7-20 (Avant Première, n° 1).

[64] L. de Lichtervelde, *Méditations pour le centenaire, op. cit.*, p. 40.

[65] À propos de la Première Guerre mondiale et de ses répercussions sur l'entre-deux-guerres, voir la conclusion de S. Audoin-Rouzeau – A. Becker, « Tu n'as rien vu dans les années vingt et trente », in *14-18. Retrouver la guerre*, Paris, Gallimard, p. 259-272 (Bibliothèque des Histoires).

[66] À propos du déclin de l'Europe et des discours européistes qui s'ensuivent voir, entre autres, J.-L. Chabot, *L'idée d'Europe unie, op. cit.* ; Y. Muet, *Les géographes et l'Europe. L'idée européenne dans la pensée géopolitique française de 1919 à 1939*, Genève, Institut européen de l'Université de Genève, 1996, p. 29-36 (Europya, études 1-1996) ; É. Bussière, « Le foisonnement de l'entre-deux-guerres », in É. Bussière, M. Dumoulin, G. Trausch (dir.), *Europa. L'idée et l'identité européenne, de l'Antiquité à nos jours*, Anvers, Fonds Mercator, 2001, p. 219-224.

[67] Y. Lenain, « En marge d'une esthétique nouvelle », in *La Nouvelle Équipe*, n° 1, 15 octobre 1926, p. 27.

[68] P. Daye, « L'Europe en morceaux. Le Continent Uni », in *Le Flambeau*, t. 1, 1930, p. 212-221.

[69] Cf. AMAEB, 11 440 II. Il s'agit de « Paneuropa » (20 septembre 1926) ; de la « Fédération pour l'Entente européenne » (11 octobre 1926) et, dans une moindre mesure, les « États-Unis des Nations européennes » (29 octobre 1926), l'« Union européenne » et le « Comité de documentation franco-allemand » (4 juin 1926). Pour

Dawes (juillet-août 1924) et des Accords de Locarno (octobre 1925) s'amorce, en Europe, une véritable période de détente qui conduira plusieurs groupements à défendre l'idée d'unir plus étroitement les peuples européens : « L'Europe ne peut attendre que ses gouvernements et les chefs de ses partis politiques se rendent compte de la nécessité pour elle de s'unir », explique R. Coudenhove-Kalergi, le *leader* charismatique du mouvement Paneuropa lancé à Vienne en 1923. « Il faut », poursuit-il, « soulever la question européenne dans des discours et des écrits, la présenter à l'opinion publique comme une question vitale pour des millions d'hommes jusqu'à ce que chaque Européen se voie contraint de prendre position »[70].

Dans la logique de propagande de l'Union paneuropéenne – est-il encore nécessaire de souligner l'importance emblématique du mouvement ?[71] – Coudenhove-Kalergi parvient à constituer à Bruxelles, en décembre 1926, dans la foulée du premier Congrès paneuropéen de Vienne, un comité belge qui réunit quelques grandes personnalités issues du monde politique, littéraire et économique. Pourtant, parmi celles-ci, seuls quelques membres défendront clairement – et publiquement – leurs convictions européistes. C'est le cas de l'écrivain et journaliste Pierre Daye – il effectue de grands reportages pour *Le Soir* – ou du député socialiste Jules Destrée qui, entre 1922 et 1935, livre une centaine d'articles pour *Le Soir*, *Le Journal de Charleroi* et *Le Peuple*[72]. Il y vante invariablement les mérites de la Société des Nations, de sa Commission internationale de coopération intellectuelle (CICI) – il y est délégué depuis 1922 – et des projets d'unification européenne tels que le plan d'Aristide Briand[73] ou celui de l'ingénieur américain Dannie Heineman[74]. Administrateur-délégué de la Sofina, Heineman, qui se rapproche de l'économiste Francis Delaisi dans les années 1920, propose

---

plus de détails, cf. G. Duchenne, *Présences européistes en Belgique dans les années 20. Le cas de Paneuropa*, Mémoire de DEA en philosophie et lettres (Histoire), Université catholique de Louvain, 2003.

[70] R. Coudenhove-Kalergi, *Paneuropa*, trad. de Philippe Simon, Paris-Vienne, Éditions Paneuropéennes, 1927, p. 145-146.

[71] Parmi une vaste littérature, voir l'ouvrage récent d'A.-M. Saint-Gille, *La « Paneurope ». Un débat d'idées dans l'entre-deux-guerres*, Paris, Presses de l'Université de Paris-Sorbonne, 2003.

[72] Jules Destrée est à Genève lorsqu'il décide de rassembler ces différents articles dans *Pour en finir avec la guerre*, Bruxelles, L'Églantine, 1931 (Les Cahiers de l'Églantine, VIII).

[73] J. Destrée, « Les États-Unis d'Europe », in *Le Soir*, 31 août 1929, p. 1.

[74] J. Destrée, « L'idée européenne », in *Le Soir*, 7 mars 1931, p. 1.

d'unifier l'Europe par l'électricité[75]. Ce projet qui vise, entre autres, à supprimer la fracture entre l'Europe industrialisée et l'Europe agricole sera défendu par la Belgique en 1931 lors de la deuxième session de la Commission d'études pour l'Union européenne (CEUE) de la SDN. Proche de nombreuses personnalités économiques et politiques, Dannie Heineman contribue donc à « populariser » l'idée européenne au sein des élites subventionnant encore la section belge de l'Union paneuropéenne et l'Institut d'économie européenne (IEE). Lancé en 1932 par le docteur Irénée van der Ghinst après l'échec de l'implantation de Paneuropa en Belgique[76], l'IEE rassemble d'importantes personnalités issues du monde politique et économique – Francis Delaisi, Henri De Man, Paul Van Zeeland, etc. –, se propose d'étudier les modalités d'une union économique européenne[77]. Pendant la Seconde Guerre mondiale, I. van der Ghinst tentera, via l'IEE, de constituer un groupe de réflexion sur la renaissance du pays et sur le statut futur de l'Europe. En 1948, il opèrera, d'ailleurs, le rapprochement de l'IEE[78] avec l'Union européenne des Fédéralistes[79] et la Ligue européenne de coopération économique. Au delà de la permanence de l'engagement, cet exemple permet de souligner la curieuse influence exercée par le médecin flamand : secrétaire particulier d'Émile Vandervelde dans les années 1920 – à ce titre, il l'accompagne lors d'un voyage dans les Balkans en 1924[80] et fit partie, aux côtés d'autres médecins[81], de la délégation belge qui se rendit à Moscou pour la commémoration du dixième anniversaire de la révolu-

---

[75] D. Heineman, « Économistes et techniciens », in F. Delaisi, *Les Deux Europes*, Paris, Payot, 1929, p. 7-19 (Bibliothèque politique et économique) ; et, du même auteur, *Esquisse d'une Europe nouvelle, Conférence donnée le 28 novembre 1930 à Cologne et le 2 décembre 1930 à Barcelone*, Bruxelles, Des Presses de Vromant, 1931, 43 p.

[76] Rossiiskii gosudartvennyi voennyi arkhiv, Moscou (RGVA), 554/1/43 : Lettre de R. Coudenhove-Kalergi à H. Masson, Vienne, 13 mars 1933.

[77] Institut d'Économie européenne, *Rapport sur les travaux 1932-1937*, Bruxelles, 1939.

[78] W. Lipgens, *Die Anfäge der europäischen Einigungspolitik 1945-1950*, t. 1 : *1945-1947*, Stuttgart, 1977, p. 256, 537, 583 et 585.

[79] M. Dumoulin, « La Belgique et les débuts de la construction européenne : Zones d'ombre et de lumière », in *La Belgique et les débuts de la construction européenne. De la Guerre aux traités de Rome*, Louvain-la-Neuve, Ciaco, 1987, p. 16 (Histoire de notre temps).

[80] « Retour des Balkans. Une conversation avec Émile Vandervelde », in *Le Peuple*, 1 octobre 1924, p. 1.

[81] Voir à ce sujet J. Gotovitch, « Médecins engagés des années 30 à la Libération », in *L'engagement social et politique des médecins. Belgique et Canada, XIXᵉ et XXᵉ siècles. Colloque organisé par le groupe d'Histoire et de Sociologie du Communisme et le Centre d'Études canadiennes sous le patronage de la Faculté de Médecine de l'Université Libre de Bruxelles, Socialisme – hors série*, septembre 1993, p. 54.

tion bolchevique en 1927 –, I. van der Ghinst ne militera jamais au sein du POB. Pourtant, il y créera en 1930 un comité de politique étrangère où la question européenne fut certainement évoquée[82].

Émile Vandervelde partage, en tant que *leader* socialiste, les idées européistes de ses amis paneuropéens. Lors du Congrès du POB, en 1927, il a rappelé que le mouvement ouvrier ne pouvait être indifférent à la constitution « d'une fédération socialiste des États-Unis d'Europe ». Pourquoi dès lors, déclarera-t-il, en mars de cette même année – il est ministre des Affaires étrangères depuis le 17 juin 1925 :

> Il est à peine besoin de noter que de multiples raisons, d'ordre très divers, ne permettent guère d'espérer avant longtemps, une fédération des États européens. Ce n'est là, pour Paneuropa, qu'un but lointain et la plupart de ses promoteurs ont surtout des préoccupations d'ordre économique. […] L'existence de plusieurs groupes, plus ou moins rivaux, à tendances analogues et dont les représentants sont les uns et les autres honorablement connus nous oblige à une certaine réserve[83].

Cette réserve qui sera le mot d'ordre du département tout au long de l'entre-deux-guerres s'explique, d'une part, par la rivalité des diverses formations et, d'autre part, par l'idéalisme – voire l'utopie – du projet que ces mouvements défendent. Mais, il s'agit aussi – comme l'expliquera le président de la section belge de Paneuropa Aloïs van de Vyvere à R. Coudenhove-Kalergi qui veut organiser un second Congrès paneuropéen à Bruxelles à l'automne 1927 – de ménager l'opinion publique belge :

> En Belgique, il y a une opinion favorable à toutes les initiatives en vue de la paix. Mais, en même temps, aussitôt qu'il y est question de problèmes politiques, se manifeste un souci dominant de rester en accord parfait avec la France. Un Congrès de nature politique ne peut réussir en Belgique, à l'heure actuelle, qu'à condition d'avoir une représentation de premier ordre, j'aimerais dire semi-officielle, de l'opinion française. […] Dans l'intérêt de l'idée paneuropéenne, il faut donc prendre patience. […].[84]

À l'instar de van de Vyvere, l'ancien ministre des Finances, le catholique Georges Theunis – il refusera de présider le versant économique du second congrès paneuropéen projeté par Coudenhove-Kalergi parce qu'il se méfie de l'Union paneuropéenne qui « *sentait* le boche à plein

---

[82] AMAEB, 11 440 I : Note de M. Henri Rolin au P.O.B. sur le mémorandum de M. Briand, 11 juin 1930).

[83] *Ibid.* : Lettre d'E. Vandervelde à Cartier de Marchienne, Bruxelles, 7 mars 1927.

[84] RGVA, 554/I/13 : Lettre d'A. van de Vyvere à R. Coudenhove-Kalergi, Bruxelles, 29 juillet 1927 :

nez »[85] –, préfère, plus pragmatique, le projet de Conférence Économique Internationale proposée par le ministre français Louis Loucheur en septembre 1925 à l'Assemblée de la Société des Nations. Georges Theunis, qui présidera le Comité préparatoire de la conférence[86], table en effet sur une plus grande liberté des échanges pour résoudre la situation économique anarchique de l'après-guerre :

> L'expérience des huit années qui se sont écoulées depuis la guerre a mis en lumière un fait essentiel : sauf dans l'ancienne zone des opérations, la désorganisation causée par la guerre a été infiniment plus grave que les destructions proprement dites. À l'heure actuelle, la difficulté principale ne réside ni dans une insuffisance des ressources naturelles, ni dans une insuffisance de l'énergie humaine nécessaire à leur exploitation. Sous une forme ou sous une autre, cette difficulté provient toujours non pas d'une insuffisance de la capacité de production mais d'une adaptation défectueuse et d'une série d'obstacles qui empêchent l'utilisation intégrale de cette capacité. Les principaux obstacles au relèvement économique ont été les entraves opposées à la libre circulation de la main-d'œuvre, du capital et des marchandises.[87]

À l'issue de la conférence, Vandervelde – toujours ministre des Affaires étrangères – déclarera que « la Belgique a été à la pointe du combat pour la liberté des échanges. Elle se doit d'être aussi l'un des premiers parmi les États à sanctionner les résolutions qui consacrent cette liberté »[88]. Francis Delaisi en est lui aussi convaincu. Lors d'une conférence donnée à Bruxelles le 28 février 1927, il insiste sur la place essentielle qu'occupe la Belgique dans l'espace européen et donc sur le rôle que celle-ci serait amenée à jouer dans la réalisation d'une union

---

[85] En mars 1928, lors d'un entretien avec Jacques Seydoux, directeur adjoint des Affaires politiques et commerciales du Quai d'Orsay, le ministre Georges Theunis aura des mots très durs à l'encontre de *Paneuropa* : « À la fin mars », explique le fonctionnaire français, « j'avais reçu la visite de M. Theunis qui venait me demander ce que je pensais de Coudenhove et de son affaire, car il devait voir Loucheur à ce sujet ; il était d'avis que l'Union paneuropéenne *sentait le boche à plein nez* ». Lettre de J. Seydoux à A. Léger, Paris, 2 mai 1928. Cité par L. Badel, *Un milieu libéral et européen. Le grand commerce français 1925*-1948, Paris, Comité pour l'Histoire économique et financière de la France – ministère de l'Économie, des Finances et de l'Industrie, 1999, p. 165.

[86] E. Bussière, « Les aspects économiques du projet fédéral d'Aristide Briand », in *Le Plan Briand d'Union fédérale européenne. op. cit.*, p. 77.

[87] Discours prononcé par M. Theunis, président de la Conférence économique internationale de Genève, à la séance de clôture, le 23 mai 1927. Cité d'après J. Marchal, *Union douanière et organisation*, Paris, Sirey, 1929, p. 191.

[88] Extraits cités d'après G. Theunis, « La situation économique mondiale et la Conférence Économique Internationale de Genève », in *La Revue belge*, 15 décembre 1927, p. 491.

économique. Le pays, pour qui le commerce extérieur est « une nécessité vitale », explique l'économiste français, aurait tout intérêt à supprimer les barrières et entraves douanières qui asphyxient son développement économique. C'est de la Belgique – « la véritable plaque tournante de l'Europe nouvelle » – que doit venir l'exemple :

> Depuis des siècles, la Belgique est un champ clos sur lequel les Allemands, les Français et les Anglais sont venus vider leurs querelles. Si à ces querelles du passé s'ajoutent des querelles économiques, il y a là un danger perpétuel pour la Belgique. Tandis que si elle devient la plaque tournante de l'Europe unie – et dans laquelle je comprends l'Angleterre – elle y gagne en prospérité et en sécurité, en même temps qu'elle consolide celles de l'Europe.[89]

Conscient de ses intérêts économiques, le gouvernement belge préfère en effet se tourner vers la SDN pour y défendre son point de vue libre-échangiste. L'historien Michel Dumoulin rappellera : « Quant à la dimension économique à laquelle la Belgique est tellement sensible, il importe de souligner combien la position géographique et la tradition commerciale du pays motivent un intérêt prioritaire du gouvernement »[90]. Parrainant des associations telles l'Union belge pour la Société des Nations (UBSdN) ou l'Association belge de coopération économique internationale (ABCEI)[91] – formations privées qui soutiennent l'institution genevoise, le gouvernement belge se montre très réservé vis-à-vis des idéaux vagues et lointains prônés par Paneuropa et consorts. Cette réserve se transformera même en méfiance lorsque Coudenhove-Kalergi envisagera de mettre en commun les colonies européennes – idées qui, par contre, séduiront un Jules Destrée ou un Pierre Daye. Au delà de la question d'Eurafrique, soulignons que cet intérêt pour la dimension économique – il est vrai qu'elle est vitale – induira encore un certain consensus de la classe politique belge autour de la déclaration Briand. S'il s'agit d'unifier l'Europe en commençant sur le terrain économique, la Belgique est prête à y apporter son concours[92]. Le

---

[89] « Paneuropa ! L'Union économique des peuples d'Europe », in *L'Écho de la Bourse*, 8 mars 1927.

[90] M. Dumoulin, « La Belgique et le Plan Briand : l'annonce de réformes de structures au plan européen », in *Le Plan Briand d'Union fédérale européenne, op. cit.*, p. 94.

[91] Formée dans le courant de l'année 1927, l'Association Belge de Coopération Économique Internationale qui sera bientôt présidée par G. Theunis entretiendra d'étroites relations avec la Chambre de Commerce Internationale et avec l'Union Douanière européenne (UDE).

[92] M. Houtart, « Les réactions en Belgique au Plan Briand (1929-1930) », in M. Dumoulin (dir.), *Penser l'Europe à l'aube des années 30. Quelques contributions belges*, Louvain-la-Neuve – Bruxelles, Bureau de Recueil – Nauwelaerts, 1995, p. 35-93 (Université catholique de Louvain. Recueil de travaux d'histoire et de philo-

libéral Paul Hymans, alors ministre des Affaires étrangères, ne s'est pas exprimé autrement lorsque, précédant Briand à la tribune de cette Xe Assemblée de la SDN, il suggérait, pragmatique, la réduction des tarifs douaniers par le recours aux conventions collectives. Mais dès lors que la conjoncture internationale se dégrade, le mémorandum Briand (mai 1930), en subordonnant le problème économique au problème politique, refroidit l'enthousiasme du pays.

Alors que de nouvelles formations européistes naissent dans le sillage du projet Briand – le Bloc d'action européenne et l'Union jeune Europe, particulièrement actifs en Belgique, veulent instaurer « la paix européenne par la création de l'Europe »[93] –, la Société des Nations inefficace à juguler la crise économique et à régler l'affaire de Mandchourie perd beaucoup de crédibilité[94]. Les thèses que vient défendre Philippe Lamour, directeur de la revue parisienne *Plans*, à Bruxelles les 2 et 3 décembre 1931[95], trouveront un écho favorable auprès d'une « jeune élite » qui conspue l'Europe de Versailles : « La paix a été manquée », explique Lamour. « Les traités », poursuit-il, « sont l'amalgame de deux conceptions contradictoires. L'une juridique et jacobine, conçoit la paix comme une sanction comportant humiliation et réparation. L'autre évangélique et humanitaire, fait du vainqueur l'organisateur de la paix perpétuelle. Ne pouvant les concilier, on les a ajoutées au petit bonheur »[96]. Dans ce contexte intellectuel, plusieurs considèrent, à l'instar de Raymond De Becker, le Plan Briand comme une manœuvre de la diplomatie française pour recouvrer « l'hégémonie spirituelle, politique et économique de la France ». Et le jeune catholique de poursuivre :

> L'Union européenne se construira par étapes, par la révision des traités injustes, par l'agglomération d'États à intérêt parallèles et enfin par la fédération de ces différents groupes d'État. Le travail réel dans cet ordre d'idées ne se fait pas à Genève – où l'on papote – mais dans des conférences comme celles de Sinaïa où se sont établies les bases d'une entente entre les pays agricoles centraux, d'Athènes où se sont créées les liens préliminaires nécessaires entre la Bulgarie, la Roumanie, la Grèce et la Turquie, d'Oslo où

---

logie, 6e série, fascicule 50) ; et M. Dumoulin, « La Belgique et le Plan Briand : l'annonce de réformes de structures au plan européen », in *Le Plan Briand d'Union fédérale européenne, op. cit.*, p. 93-102.

[93] « Manifeste du Bloc d'Action Européenne », in *L'Action européenne*, n° 1, octobre 1932, p. 3.

[94] J.-B. Duroselle, *Histoire des relations internationales de 1919 à 1945*, t. 1, Paris, Armand Colin, 12e éd., 2001, p. 135-148.

[95] « Les amis de Plans », in *Plans*, n° 10, décembre 1931, p. 156.

[96] « La Ligne Générale », in *Plans*, n° 2, février 1931, p. 5.

s'est manifesté un important rapprochement économique entre la Belgique, la Hollande, le Danemark, la Norvège et la Suède.[97]

Sans revenir sur le glissement qui s'opérera dans la pensée d'un Pierre Daye devenu rexiste en 1936 et commissaire général des Sports en 1943 ou d'un Raymond De Becker qui sera en 1940 rédacteur en chef du *Soir* volé[98], il faut remarquer – comme le souligne d'ailleurs De Becker – que la Belgique cherche aussi, dès le début des années 1930, d'autres voies. Le 22 décembre 1930, le pays adhère, aux côtés des pays scandinaves, des Pays-Bas et du Luxembourg, au groupe d'Oslo qui préconise la coopération économique internationale pour abaisser les barrières commerciales et favoriser la coopération économique régionale et bilatérale. La Belgique n'a d'ailleurs pas attendu la grande dépression des années 1930 pour rechercher de nouveaux débouchés économiques.

Le 25 juillet 1921, elle avait en effet signé avec le Luxembourg une convention économique (UEBL) qui sera longtemps perçue par le Grand-Duché comme très contraignante. Non sans ironie, l'historien Gilbert Trausch explique que la Belgique est alors « ressentie comme une puissance dominatrice »[99]. Il est vrai que les revendications territoriales telles que celles énoncées au sortir de la Grande Guerre par le Comité de politique nationale (CPN) de Pierre Nothomb – on y retrouve Jules Destrée et I. Van der Ghinst ! –, à savoir « un Escaut libre jusqu'à la mer, un Limbourg libéré, une influence belge en Rhénanie et un Luxembourg affranchi de toute ingérence étrangère »[100] avaient de quoi irriter le Luxembourg et… les Pays-Bas.

Pourtant, le 20 juin 1932, la Belgique signe à Ouchy, près de Genève, une convention avec les Pays-Bas et le Luxembourg pour réactiver et faciliter les échanges entre ces trois pays. L'initiative qui devait servir

---

[97] R. De Becker, *La Patrie contre l'Europe, op. cit.*, p. 1.

[98] Voir entre autres : J. Willequet, « Opinions belges sur l'avenir de l'Europe (1940-1945) », in *Pensée et construction européennes. Hommages à Georges Goriély*, Bruxelles, Émile Van Balberghe, 1990, p. 134-135 (Travaux du Centre d'études des Relations internationales et stratégiques, n° 1, Documenta et Opuscula, n° 10) et B. Bruneteau, *« L'Europe nouvelle » de Hitler. Une illusion des intellectuels de la France de Vichy*, Monaco, Éditions du Rocher, 2003.

[99] G. Trausch, « À hue et à dia : les relations belgo-luxembourgeoises dans l'entre-deux-guerres », in G. Trausch (ed.), *Belgique – Luxembourg. Les relations belgo-luxembourgeoises et la Banque Générale du Luxembourg (1919-1994)*, Luxembourg, BGL, 1995, p. 109.

[100] *Pierre Nothomb et le Nationalisme belge de 1914 à 1930*, Arlon, Académie luxembourgeoise, 1980, p. 61 et R. De Vleeshouwer, « L'opinion publique et les revendications territoriales belges à la fin de la Première Guerre mondiale 1918-1919 », in *Mélanges G. Jacquemyns*, Bruxelles, 1968, p. 207-238.

d'exemple – voire de point de départ – pour d'autres accords n'attira aucun État, mais permit néanmoins une collaboration économique et politique plus étroite entre les trois pays signataires[101]. Ces rapprochements, dictés surtout par la pression des événements dramatiques des années 1930, conduiront bientôt à la formation d'une nouvelle organisation régionale : le Benelux. Aussi Jacques Pirenne, secrétaire du roi Léopold III, écrit-il :

> Les plans d'une simple union économique hollando-belge ou d'une union d'Oslo sont dépassés. Le groupement des petits pays ne suffit pas à rendre l'équilibre au monde. À l'élargissement des cadres de l'économie doit correspondre l'élargissement des cadres politiques. Les petits pays ne sont pas des accidents politiques. S'ils sont restés indépendants, c'est parce qu'ils représentent une puissance économique autonome et une personnalité culturelle qui a empêché leur absorption par les grandes puissances. Ils sont donc – malgré leur faiblesse militaire – un élément essentiel de l'équilibre occidental.[102]

Il est vrai qu'outre l'intégration économique, les représentants de la Belgique, des Pays-Bas et du Luxembourg rassemblés à Londres, le 5 septembre 1944[103], entendaient aussi « créer un groupe de petites nations de l'Europe occidentale, afin que, dans les négociations internationales, leur point de vue soit désormais pris en compte par les grandes puissances »[104]. L'option d'ententes régionales prônée par P.-H. Spaak, « le seul homme politique européen qui siège à Londres à avoir une vue claire, précise et prophétique du sort de l'Europe après la guerre »[105], devait bien entendu s'intégrer dans une « alliance européenne » plus

---

[101] G. van Roon, « Rapprochement en vagues successives. La préhistoire du Benelux », in A. Postma (*et al.*) (dir.), *Regards sur le Benelux. 50 ans de coopération*, Bruxelles, Éditions Racine, 1994, p. 26-30.

[102] J. Pirenne, *La Belgique devant le nouvel équilibre du monde*, Bruxelles, Charles Dessart Éditeur, 1944, p. 101.

[103] La convention d'union douanière signée le 5 septembre 1944 entre les Pays-Bas, le Luxembourg et la Belgique constitue l'acte originel de la création du Benelux. Elle fut précédée d'un accord monétaire belgo-néerlandais en 1943 et entra en vigueur le 1er janvier 1948.

[104] Th. Grosbois, « La Belgique et le Benelux : de l'universalisme au régionalisme », in *La Belgique, les petits États et la construction européenne, op. cit.*, p. 60. Il faut toutefois remarquer que le mouvement wallon est le premier et quasiment le seul à mettre l'opinion publique en garde contre les implications du Benelux et à réclamer en contre partie ou en complément un rapprochement économique et culturel avec la France et une construction rapide de la communauté européenne afin d'y dissoudre le Benelux. Cf. M.-P. Bouvy, « Benelux et mouvement wallon », in *Encyclopédie du mouvement wallon*, t. I, Charleroi, Institut Jules Destrée, 2000, p. 139-140.

[105] M.-H. Jaspar, *Souvenirs sans retouches*, vol. 1 : *Changements de décors*, Paris, Fayard, 1968-1972, p. 79.

vaste. Le socialiste belge ne tarderait pas à en devenir le principal promoteur.

Au delà d'une contradiction apparente souvent mise en exergue[106], la politique d'indépendance inaugurée par la Belgique en 1936 à la suite de la faillite des Accords de Locarno et incarnée par Spaak procédait de la même volonté de maintenir l'existence du pays au sein d'une Europe de moins en moins stable[107]. Par ailleurs, Spaak professait depuis long-temps sa foi dans une « entente européenne ». Ne déclarait-il pas déjà en avril 1931 :

> En réalité, ce que les hommes d'État d'aujourd'hui souhaitent lorsqu'ils en-visagent les États-Unis d'Europe, c'est sauver la France ou l'Allemagne, ou la Belgique. S'ils y sont ralliés, c'est parce qu'ils espèrent que la grande ré-forme se fera avant tout au profit du pays qu'ils représentent et à la collecti-vité à laquelle ils appartiennent. C'est dans cette mesure seulement qu'ils aiment l'Europe.[108]

Spaak a-t-il aimé l'Europe pour elle-même ? Sans doute son activité incessante déployée en faveur de son unification à l'issue de la Seconde Guerre mondiale en témoigne. La politique européenne de la Belgique des années 1950 aura tendance à se confondre avec l'action multidirec-tionnelle de celui qui est devenu l'un des pères fondateurs de l'Europe. Si le réalisme et le pragmatisme prévalent à la création du Conseil de l'Europe (5 mai 1949) et de la CECA (avril 1951) – ceci dans un climat de détérioration des relations Est-Ouest et d'une relative méfiance[109], Spaak devient, dès 1955, le principal artisan de la relance européenne élaborée pour répondre aux effets négatifs de l'échec de la CED. Aussi les traités de Rome instituant la CEE et la CEEA (25 mars 1957) mar-quent l'« aboutissement [...] d'une évolution des mentalités, des opi-nions, des hommes et des méthodes »[110].

---

[106] F. Van Langenhove, « De la politique d'indépendance à l'intégration européenne », in *Studia Diplomatica* qui publiait, à l'occasion du 150ᵉ anniversaire de la monarchie belge un volume sur *Le rôle des Belges et de la Belgique dans l'édification euro-péenne*, vol. XXXIV, 1981, n° 1-4, p. 3-7.

[107] J. E. Helmreich, *Belgium and Europe. A study of small power diplomacy*, La Haye – Paris, Mouton, p. 301-343 (Issues in Contemporary Politics, Historical and Theorical Perspectives, 3).

[108] P.-H. Spaak, « La Patrie contre l'Europe », in *Le Rouge et le Noir*, 15 avril 1931, p. 6.

[109] M. Dumoulin, « L'Allemagne et l'Europe vues par les Belges : de la défiance à la méfiance constructive », in G. Mueller (ed.), *Deutschland und der Westen. Interna-tionale Beziehungen im 20. Jahrhundert*, Stuttgart, Franz Steiner Verlag, 1998, p. 193-202.

[110] M. Dumoulin, *La Belgique et les débuts de la construction européenne. De la guerre aux traités de Rome*, Louvain-la-Neuve, Ciaco, p. 9 (Histoire de notre temps).

Au terme de ce parcours au cours duquel nous avons tenté de comprendre comment la Belgique traduisait cette « idée d'Europe unie », force est de constater que malgré des périodes de repli – voire de travestissement –, celle-ci est resté au cœur des préoccupations d'une élite consciente des intérêts du pays. S'ils sont essentiellement économiques – la Belgique ne pourrait vivre sans débouchés extérieurs –, ces intérêts sont aussi sécuritaires.

Le donné géopolitique belge, pour évident qu'il soit, a donc induit un *a priori* favorable vis-à-vis d'une unification du continent, même si l'Europe envisagée ne correspondait pas toujours aux critères démocratiques et idéologiques mis en avant aujourd'hui. Mais, que l'on pense au bloc latin imaginé par le nationaliste Fernand Neuray (1924) ou aux théories relatives à une fédération des « États secondaires » élaborées au XIXe par un Lucien Jottrand ou un Gustave de Molinari[111], il s'agissait toujours de préserver l'Europe de la guerre et d'assurer, au sein de cette Europe, un rôle central pour la Belgique.

Parallèlement, et de manière troublante, l'idée d'Europe unie permit – et permet encore – de légitimer la fédéralisation de l'État belge. Inauguré théoriquement au tournant des XIXe et XXe siècles autour de la question de l'identité nationale, ce processus devait bientôt s'intensifier sous les revendications des régionalistes essentiellement flamands et mener à un évidage de l'État belge. « À partir des années 1960 », note le politologue gantois Rik Coolsaet, « la construction de l'Europe devint inséparable en Belgique de la réforme de l'État »[112].

Dès lors, étudier les stratégies et les ambitions européennes de la Belgique donne aussi à réfléchir sur la place et le rôle des « petits » États dans l'Europe d'aujourd'hui. En passant de quinze à vingt-cinq membres, la fracture entre les « Petits » et les « Grands » États s'est agrandie[113]. Sans entrer dans le difficile exercice de catégorisation des « petits » – faut-il prendre en compte les critères quantitatifs (démographique et spatial) ou qualitatifs ?[114] – et suivant la recommandation de G. Trausch[115], mener une réflexion sur la participation belge à l'édification européenne peut, sans forcer le trait, ouvrir de nouvelles voies –

---

[111] À ce sujet, voir A. Peters, *Lucien Jottrand et l'Europe médiane*, *op. cit.*, p. 136.

[112] R. Coolsaet, *La politique extérieure de la Belgique*, *op. cit.*, p. 356.

[113] L. Grard, « Les *petits États* et la construction européenne », in *Les Annales de l'Institut d'études européennes de l'Université catholique de Louvain*, 2004.

[114] L. Grard, « L'Union européenne et ses 'petits' États », in *Les petits États et la construction européenne*, *op. cit.*, p. 47-54.

[115] G. Trausch, « La place et le rôle des petits pays en Europe », in *Les identités européennes au XXe siècle*, *op. cit.*, p. 112-113.

le Benelux apparaissant, par exemple, pour les trois « petits » baltes comme un modèle d'intégration régionale réussie[116].

La « petitesse » – et surtout la reconnaissance de celle-ci – peuvent *in fine* devenir de véritables atouts[117]. Si divers observateurs remarquent que la Belgique est devenue, aux fils des ans, l'« un des *grands* animateurs de la construction européenne »[118], ce rôle appréciable n'est pas inédit. Un journaliste ne soulignait-il dans *L'Opinion* du 2 mai 1924, l'activité diplomatique du Premier ministre belge, le catholique Georges Theunis ?

Depuis son arrivée au pouvoir, le Premier ministre belge apparaît comme la colombe – colombe moustachue et un peu chauve – de la diplomatie interalliée. Cet homme d'affaires, fin, bonhomme et un peu sceptique, a le génie de la conciliation. Dans presque toutes les conférences interalliées auxquelles il a participé, il a eu sa journée, la « journée belge ». C'était généralement le quatrième ou le cinquième : le premier jour, Français et Anglais s'étaient embrassés, le second, ils s'étaient disputés, le troisième, on parlait de rupture. C'est alors que le « colonel » Theunis, jusque là silencieux entrait en scène, une branche d'olivier et une formule transactionnelle à la main. De guerre lasse, la formule était généralement adoptée ; et M. Theunis comptait un arbitrage de plus à son actif. Le rôle n'était pas toujours sans profit pour la Belgique.[119]

---

[116] I. Berzins, « Un Benelux en Europe de l'Est », in *La Libre Belgique*, 28-29 août 1999, p. 14.

[117] J. E. Helmreich, *Belgium and Europe, op. cit.*, p. 413.

[118] L. Grard, « L'Union européenne et ses 'petits' États », in *Les petits États et la construction européenne, op. cit.*, p. 54.

[119] Cité d'après « La Revue de la presse », in *Pour l'Autorité*, dimanche 11 mai 1924, p. 2.

Deuxième partie

La construction européenne soumise aux hiérarchies ?

Les enjeux de la gouvernance

La construction européenne et le droit

L'Union européenne face au défi de la hiérarchie des normes

Guy GUILLERMIN

Université Pierre Mendès-France – Grenoble II

La construction européenne[1] est paradoxalement, le droit n'étant jamais qu'un instrument, une construction essentiellement juridique : si elle est, par nature, multidimensionnelle, à la fois politique par sa finalité, économique par son objet et juridique par sa mise en œuvre, son aspect juridique parait, de loin, le plus élaboré.

Le but – ou la finalité – de l'intégration politique, explicite avec la CECA[2] et implicite avec les deux autres Communautés et l'Union européennes[3], s'est naturellement si passablement dilué avec le temps et les élargissements successifs qu'il parait bien vain désormais de lui chercher un contenu précis, tant la construction européenne présente de plus en plus un caractère « existentiel »[4].

---

[1] Nous regroupons sous cette expression les Communautés et l'Union européennes.

[2] La déclaration Schuman du 9 mai 1950, à l'origine de l'aventure communautaire, proposait expressément de poser « les premières assises d'une fédération européenne », idée reprise dans le préambule du traité CECA dans lequel il était question de « fonder les premières assises d'une communauté plus large et plus profonde entre [les] peuples et [de] jeter les bases d'institutions capables d'orienter un destin désormais partagé ».

[3] Dont les traités ne visent plus seulement qu'« une union sans cesse plus étroite entre les peuples des États membres » (Préambule du traité sur l'Union européenne).

[4] Voir G. Guillermin, « Les ambiguïtés du traité sur l'Union européenne », in G. Guillermin (dir.), *Les difficultés d'application du traité sur l'Union européenne*, Cahiers du CUREI, 1995 p. 3 sqq.

L'objet, à l'origine exclusivement et actuellement encore principalement économique[5] – union douanière[6], marché commun[7], union économique et monétaire[8], marché intérieur[9] – est une réalisation progressive.

L'intégration juridique apparaît à la fois comme l'instrument et le résultat de la construction européenne : l'instrument car l'intégration économique, voire l'éventuelle intégration politique, impliquent la mise en place d'institutions et la mise en œuvre de normes juridiques ; le résultat dans la mesure où l'intégration économique et l'intégration politique passent, en conséquence, par l'intégration juridique. Si l'intégration européenne constitue un tout dont on ne peut dissocier les éléments, la composante juridique se présente donc comme un préalable, ce qui explique qu'elle soit plus développée que les autres. C'est dans cette mesure que l'on peut parler de « l'Europe par le droit ».

La caractéristique fondamentale de cette construction juridique est donc l'intégration : le droit communautaire est, pour reprendre l'expression restée célèbre de P. Pescatore, « un droit d'intégration »[10]. Cette intégration juridique se caractérise essentiellement par la pénétration de l'ordre juridique communautaire au sein des ordres juridiques nationaux des États membres et la création d'un système juridique global regroupant les différents éléments constitutifs : institutions, acteurs juridiques, règles. Le droit communautaire innerve ainsi les ordres juridiques nationaux pour s'adresser directement ou indirectement, par les règles nationales d'exécution ou de transposition, aux institutions publiques[11] et, ce qui est plus caractéristique, aux ressortissants des États membres.

---

5   Voir cependant la IIe partie du traité CE relative à la citoyenneté de l'Union, le titre IV de la IIIe partie relatif aux politiques de visas, d'asile, d'immigration et autres politiques liées à la libre circulation des personnes, le titre IV du traité sur l'Union européenne relatif à la politique étrangère et de sécurité commune et le titre VI relatif à la coopération policière et judiciaire en matière pénale.

6   Disparition, entre États membres, des droits de douane, des restrictions quantitatives et des mesures d'effet équivalent, libre circulation des marchandises et tarif extérieur commun.

7   Mobilité des facteurs de production par la libre circulation des services, des capitaux et des travailleurs.

8   Avec l'introduction des politiques de la Communauté, notamment la politique monétaire.

9   Au moyen de l'élimination des obstacles non tarifaires, de l'harmonisation des législations et de la reconnaissance mutuelle des normes, ainsi que de la suppression des contrôles aux frontières.

10   P. Pescatore, *L'ordre juridique des communautés européennes*, Liège, Presses universitaires, 1973.

11   Gouvernement et administration, parlement et juridictions surtout qui sont, en dernière analyse, chargées de l'appliquer en tant que juges de droit commun d'application du droit communautaire.

Du fait de cette intégration juridique deux types de normes sont ainsi appelées à entrer en concurrence, voire en conflit en cas de contradiction et ne peut pas des lors ne pas se poser le problème de la hiérarchie des normes entre les règles nationales et les règles communautaires. Ce problème est d'autant plus délicat que chaque catégorie de règles dépend théoriquement quant à sa validité et son applicabilité exclusivement de l'ordre juridique, national ou communautaire, auquel elle appartient.

Ce problème de la hiérarchie des normes met théoriquement en œuvre des logiques, communautaires et nationales, conflictuelles (I), mais implique, en pratique, une coexistence pacifique (II).

I. Des logiques théoriquement conflictuelles

Une solution théorique au conflit éventuel entre une norme communautaire et une norme nationale supposerait qu'en cas de contradiction l'une ou l'autre renonce à sa supériorité. Or, pas plus que le droit international[12], dont il est une variété, même si bien spécifique, ou le droit interne, le droit communautaire ne peut renoncer à la primauté : tenant son investiture de la règle européenne, le juge européen ne peut choisir que celle-ci, d'autant plus qu'il en a été érigé en gardien. Pour des raisons symétriques, parce que son investiture procède du droit national et en dernière analyse de la constitution, le juge interne ne peut qu'accorder la primauté à la règle constitutionnelle, quitte à ce que, ce faisant, il engage la responsabilité de l'État devant la juridiction européenne[13]. C'est ce qui explique la résistance du juge national notamment constitutionnel à l'affirmation par la Cour de justice des Communautés européennes (CJCE) du principe de primauté absolue du droit communautaire.

A. Le principe de primauté absolue du droit communautaire

Le principe de primauté du droit communautaire sur le droit interne des États membres est bien évidemment lié à son invocabilité : dans la mesure en effet où la norme communautaire, notamment en cas d'appli-

---

[12] M. Virally, « Sur un pont aux ânes : les rapports entre droit international et droits internes », in *Problèmes du droit des gens*, Mélanges offerts à Henri Rollin, Paris, Pédone, 1964, p. 488 sqq.

[13] L. Dubouis, « Le juge français et le conflit entre norme constitutionnelle et norme européenne », in *L'Europe et le Droit*, Mélanges offerts à M. Boulouis, Paris, Dalloz 1991 p. 314 ; voir, dans le même sens, C. Grewe et H. Ruiz Fabri, « La situation respective du droit international et du droit communautaire dans le droit constitutionnel des États », in J.C. Gautron et L. Grard (dir.), *Droit international et droit communautaire, perspectives actuelles*, Paris, Pédone, 2000 p. 274, et C. Blumann, « Rapport introductif général », in H. Gaudin (dir.), *Droit constitutionnel et droit communautaire : vers un respect réciproque mutuel ?*, Paris, Economica, 2001 p. 19.

cabilité directe, est invocable devant le juge national, elle peut à tout moment entrer en conflit avec une norme juridique interne. Or à la différence de l'applicabilité directe qui a été prévue, même si ce n'est que pour les seuls règlements[14], il n'existe dans les traités constitutifs aucune disposition relative à la primauté du droit communautaire sur le droit interne des États membres. Cette absence s'explique bien moins par un éventuel oubli que par la prudence des rédacteurs car il s'agit là du principe fédéral par excellence selon lequel « le droit fédéral brise le droit des États », Ce principe n'en a pas moins été très tôt posé par la CJCE dans un arrêt que l'on peut qualifier de fondateur[15], et ce de manière absolue tant en ce qui concerne son fondement, sa portée, que sa mise en œuvre.

1. Le fondement du principe

Le principe de primauté repose essentiellement sur le droit communautaire lui-même et ses caractéristiques, principalement son autonomie vis-à-vis du droit international et des droits internes des États membres. Le raisonnement de la Cour repose sur trois éléments : le premier est la spécificité juridique de la Communauté économique européenne[16], le deuxième, corollaire du premier, est l'impossibilité pour les États membres de faire prévaloir contre le droit communautaire, ordre juridique accepté sur la base de la réciprocité, une mesure nationale postérieure qui ne saurait lui être opposable ; le troisième est la recherche dans le traité des justifications du principe posé[17].

Cette jurisprudence est juridiquement discutable mais techniquement cohérente et justifiée. Elle est juridiquement discutable car le fondement textuel du principe de primauté est particulièrement fragile : ainsi le fondement de la spécificité de la Communauté est un exemple parfait de tautologie dans la mesure où c'est la primauté du droit communautaire qui en constitue l'élément essentiel ; les justifications textuelles sont

---

[14] Articles 249 TCE et 161 TCEEA.

[15] CJCE, 15 juillet 1964, Costa c/Enel, aff., 6/64, R., p. 1141.

[16] Qui dispose d'un ordre juridique propre intégré aux systèmes juridiques des États membres ; qui est une Communauté d'une durée illimitée, dotée de la personnalité juridique, d'une capacité de représentation internationale, de pouvoirs réels issus de transferts de compétences consentis par les États membres et qui dispose d'un corps de règles directement applicables.

[17] L'obligation pour les États membres de s'abstenir de toute mesure susceptible de mettre en péril la réalisation des buts du traité (Article 10 TCE), l'interdiction de toute discrimination (Article 12 TCE) ; la nature inconditionnelle des obligations souscrites par les États membres dans le traité qui en l'absence de primauté ne seraient qu'éventuelles ; les dérogations aux obligations strictement soumises à autorisation communautaire qui seraient sans objet en cas d'absence de primauté.

également pour le moins légères[18]. Il n'y a donc pas, et pour cause ! de fondement sérieux du principe dans les textes. Il s'agit là en réalité d'un principe jurisprudentiel découlant d'une interprétation constructive du traité constitutif. Le principe de primauté du droit communautaire apparaît en effet comme une nécessité logique de l'instauration d'un marché commun[19] : le droit communautaire doit par nature être appliqué de façon uniforme dans tous les États membres et y avoir la même force obligatoire sous peine de ne pas être. Tout comme l'applicabilité directe, la primauté est une exigence de l'unité du droit communautaire elle-même nécessitée par l'existence d'un marché commun qui intéresse avant tout les opérateurs économiques. Aussi « tout au long d'une jurisprudence cohérente, la Cour de justice n'a [t-elle] cessé d'affirmer et de développer le principe de la primauté essentielle, absolue et in-conditionnelle du droit communautaire en vertu de sa nature même »[20].

C'est ainsi le droit communautaire lui-même, tel qu'il est interprété et appliqué par le juge communautaire qui détermine ses rapports – de primauté – avec le droit interne des États membres. L'on sort donc ainsi du schéma classique du droit international public général dans lequel si le principe de primauté existe bel et bien – principe *pacta sunt servanda* – il n'en demeure pas moins un principe formel dans la mesure où son application est laissée à la discrétion des États en fonction de leurs systèmes constitutionnels respectifs, quitte pour eux à engager éventuel-lement leur responsabilité internationale. En droit communautaire le principe est effectif, la primauté théoriquement indépendante des nor-mes juridiques internes.

2. La portée du principe

La portée du principe de primauté du droit communautaire sur le droit interne des États membres est elle-même absolue. La Cour de justice a en effet posé le principe « de la primauté inconditionnelle de tout le droit communautaire sur tout le droit national »[21]. Elle a rapide-

---

[18] Ainsi l'obligation pour les États membres de s'abstenir de toute mesure susceptible de nuire à la réalisation des buts du traité. Le principe de loyalisme peut justement s'expliquer par l'absence du principe de primauté.

[19] CJCE 17 décembre 1970, *Internationale Handelsgesellschaft*, aff., 11/70, R., p. 1125 ; J.V. Louis, *L'ordre juridique communautaire*, Bruxelles 1986, p. 139 ; P. Pescatore, *op. cit.*, p. 227 ; R. Kovar, « Rapports entre le droit communautaire et les droits nationaux », in *Trente ans de droit communautaire*, Bruxelles 1981 p. 118 ; C. Blumann, *op. cit.*, p. 19. C. Blumann et L. Dubouis, « Droit institutionnel de l'Union européenne » LITEC, 2004, p. 447 sqq.

[20] R. Kovar, *op. cit.*, p. 118.

[21] D. Simon, *Le système juridique communautaire*, Paris, PUF, Droit fondamental, 1998, p. 285.

ment été très claire sur ce point : « le droit du traité ne pourrait donc, en raison de la nature spécifique originale, se voir judiciairement opposer un texte interne quel qu'il soit sans perdre son caractère communautaire et sans que soit mise en cause la base juridique du traité »[22]. Le principe joue donc à l'égard de l'ensemble des règles nationales, y compris les plus importantes d'entre elles, les règles constitutionnelles : après avoir solennellement déclaré que « l'invocation des atteintes portées aux droits fondamentaux tels qu'ils sont formulés par la constitution d'un État membre ne saurait affecter la validité d'un acte de la communauté ou son effet sur le territoire de cet État [23] », elle a considéré qu'un État membre ne pouvait arguer de l'organisation de son système constitutionnel pour faire obstacle à l'application du droit communautaire[24]. Dans une affaire relativement récente elle a même été conduite à décider que les dispositions de la Loi fondamentale allemande réservant aux hommes le droit de participer aux unités combattantes des forces armées contrevenait au principe de l'égalité des sexes découlant du principe de non discrimination de l'article 13 TCE[25].

Le principe de primauté bénéficie d'autre part à l'ensemble des règles juridiquement obligatoires du droit communautaire, droit originaire comme droit dérivé : règlements[26], directives[27], décisions[28], accords internationaux conclus par la Communauté[29].

3. La mise en œuvre du principe

La mise en œuvre du principe de primauté par le juge national est la conséquence logique de ce dernier : « il lui incombe, dans la mesure où la règle nationale incompatible avec le droit communautaire est inapplicable, de faire en sorte qu'elle soit inappliquée »[30]. Le juge national, en

---

[22] CJCE 15 juillet 1964, Costa C/Enel, aff., 6/64, R., p.1141.

[23] CJCE 17 décembre 1970, *Internationale Handelsgesellschaft*, aff., 11/70, R., p. 535.

[24] CJCE 13 juillet 1973, Commission C/Italie, aff., 48/71, R., p. 529.

[25] CJCE 11 janvier 2000, Kreill, aff., C-285/98.

[26] CJCE 14 décembre 1971 *Politic/ministero delle finance*, aff., 43/71, R., p. 1039. La primauté des règlements est par ailleurs consacrée par l'article 249 (ex article 189/TCE).

[27] CJCE 7 juillet 1981, *Rewe-Markt Steffen C/Hauptzollamt Kiel*, aff., 158/80, R. 1805 ; CJCE 10 avril 1984, Von Colson et Kamann c/Land Nordrhein-Westfalen, aff., 14/83, R., p 1891.

[28] CJCE 8 mars 1979, *Salumificio Di Cornuda* / Administration des Finances Italie, aff., 130178, R., p. 867.

[29] CJCE 26 octobre 1982, *Hauptzollamt Mainz*/ : kupferberg, aff., 104/81, R., p. 3641.

[30] D. Simon, « Les exigences de la primauté du droit communautaire : continuité ou métamorphose ? », in *L'Europe et le Droit, op. cit.*, p. 482.

présence de deux normes contradictoires, l'une de droit communautaire et l'autre de droit interne, toutes deux applicables à la même affaire, doit donc en principe appliquer la norme communautaire, que la norme interne soit règlementaire, légale ou même constitutionnelle et qu'elle soit antérieure[31] ou postérieure. Cette obligation a connu son expression plus explicite dans l'arrêt Simmenthal : « le juge national chargé d'appliquer, dans le cadre de sa compétence, les dispositions du droit communautaire a l'obligation d'assurer le plein effet de ces normes en laissant au besoin inappliquée, de sa propre autorité, toute disposition contraire de la législation nationale, même postérieure [...] »[32] La Cour de justice dicte ainsi sa conduite au juge national et conditionne par la même sa fonction. Ce qui fait que l'on a pu écrire que « l'immédiateté judiciaire s'affirme comme un corollaire de l'immédiateté normative », ce qui parait quelque peu excessif dans la mesure où c'est bien en tant qu'institution étatique et non pas en tant qu'institution de la Communauté que le juge national applique le droit communautaire bien qu'il exerce, en application des traités, la fonction de juge de droit commun de l'application de ce même droit[33].

B. La résistance juridictionnelle nationale

La résistance juridictionnelle nationale qui apparaît à la fois à travers le fondement que le juge interne, notamment constitutionnel lorsqu'il existe, reconnaît au principe de la primauté du droit communautaire sur le droit interne et la limitation de celui-ci aux règles infra-constitutionnelles à l'exclusion donc de la constitution, ne peut pas ne pas avoir de conséquences sur la construction européenne.

1. Le fondement constitutionnel du principe de Primauté[34]

Le droit constitutionnel ne peut admettre une primauté aussi absolue [du droit communautaire]. La Constitution ne peut tirer son autorité que d'elle-même et par son truchement du peuple souverain. Les organes constitutionnels et en premier lieu le juge constitutionnel ne peuvent sans autre forme de

---

[31] Ce qui, en principe, ne pose pas de problème compte tenu des règles d'application des normes juridiques dans le temps.

[32] R. Kovar *op. cit.*, p. 126.

[33] Articles 220 et S TCE.

[34] L'analyse ne porte évidemment pas sur les dix derniers États membres pour lesquels il est encore bien trop tôt pour se prononcer. Voir T. de Beranger, *Constitutions nationales et droit communautaire*, Paris, LGDJ, 1995 ; et M. Rideau (dir.), *Les États membres de l'Union européenne*, Paris, LGDJ, 1997.

procès faire abstraction des dispositions concernant les rapports théoriques du droit interne et du droit communautaire[35].

C'est la raison pour laquelle le juge interne, notamment constitutionnel, recherche généralement dans son droit constitutionnel domestique la solution d'un éventuel conflit entre la norme juridique communautaire et la norme juridique interne[36]. Il peut la trouver dans : une disposition constitutionnelle prévoyant la place du droit international et/ou communautaire au sein de l'ordre juridique interne ; une disposition constitutionnelle prévoyant le transfert de compétences spécifiques aux organisations internationales[37] ou spécialement aux Communautés et à l'Union européennes[38] ; l'acte parlementaire d'incorporation du traité d'adhésion[39].

Ce n'est que lorsqu'il ne trouve pas de disposition interne ou pour compléter le fondement interne que le juge national fait référence aux spécificités du droit communautaire. Ces solutions jurisprudentielles reconnaissant aussi implicitement de la constitution sur le droit communautaire[40]. Cette primauté est également explicite.

2. Le primat de la constitution sur le droit communautaire

La primauté de la constitution sur le droit communautaire est bien évidemment liée au fondement du principe de primauté et à l'existence d'une juridiction constitutionnelle[41] dont la fonction essentielle est d'assurer son respect par les accords internationaux lorsqu'il existe un contrôle *a priori* de constitutionnalité des traités[42] et surtout, par les normes inférieures, notamment les lois d'autorisation de ratification[43], d'application[44] ou de transposition[45] des règles communautaires. À partir

---

[35] C. Blumann, *op. cit.*, p. 15.

[36] Articles, 95 Constitution espagnole, 55 Constitution française, 28 Constitution grecque, 29 Constitution irlandaise, 94 Constitution néerlandaise et 8 Constitution portugaise.

[37] Articles 24 Loi fondamentale allemande, 9 Constitution autrichienne, 20 Constitution danoise, 11 Constitution italienne.

[38] Articles 88-1 et s. Constitution française.

[39] Cas de la Finlande, de l'Irlande, du Royaume-Uni et de la Suède.

[40] Belgique, Italie, Luxembourg.

[41] Voir, par exemple, J.V. Louis, *L'ordre juridique communautaire*, *op. cit.*, p. 139 ; O. Dord, « Systèmes juridiques nationaux et cours européennes : de l'affrontement à la complémentarité ? », in Les Cours européennes, *Pouvoirs*, n° 96, 2001, p. 10.

[42] France, Espagne.

[43] Droit communautaire originaire.

[44] Règlements.

[45] Directives.

du moment où la primauté du droit communautaire repose le plus souvent sur la constitution, le juge constitutionnel est tout naturellement conduit à conférer une valeur supérieure à cette dernière et à contrôler indirectement le droit communautaire à travers les lois nationales de mise en œuvre. Cette primauté constitutionnelle se manifeste essentiellement par la reconnaissance expresse par le juge constitutionnel de sa compétence pour contrôler les lois d'autorisation de ratification ou d'application[46] et donc, indirectement, les traités et actes juridiques communautaires et par les réserves de constitutionnalité que posent généralement les juridictions constitutionnelles à l'application du droit communautaire. Ainsi, après avoir hésité[47], le Conseil constitutionnel français est revenu à l'exclusion de « toute atteinte aux conditions essentielles d'exercice de la souveraineté nationale »[48], réserve qu'il a tenu à préciser : respect des institutions de la République, continuité de la vie de la nation et garantie des droits et libertés des citoyens[49]. Après avoir également réservé le respect des droits fondamentaux[50], la Cour constitutionnelle allemande réserve également le caractère spécifique de l'ordre constitutionnel en vigueur[51] ainsi que le respect par l'Union européenne des compétences qui lui sont transférées par les États membres[52]. La Cour suprême irlandaise réserve quant à elle l'atteinte à l'indépendance et à la souveraineté de l'Irlande « dans la conduite des relation extérieures en contradiction avec la constitution »[53].

Concernant les juridictions ordinaires, il convient de préciser que, fondant exclusivement, à la différence semble t-il de la Cour de Cassation[54], la primauté du droit communautaire sur l'article 55 de la Consti-

---

[46] Cour d'Arbitrage de Belgique, Déc. N° 26/91 du 10 octobre 1991 ; Cour constitutionnelle allemande, Déc. du 12 octobre 1993.

[47] En 1976, il a fait une distinction bien malencontreuse entre les limitations autorisées, et les transferts, interdits, de souveraineté. La souveraineté est en effet une qualité qui, par nature, ne peut se transférer. Seules les compétences sont transférables (Doc N° 76-71 DC du 30 décembre 1976, RJC I-41).

[48] Déc. N° 701/39 DC du 19 juin 1970 RJC I-21 ; Déc. N° 91-293 DC du 23 juillet 1991 RJC I-453 ; Déc. N° 91-294 DC du 25 juillet 1991 RJC I-485.

[49] Déc. N° 85-288 du 22 mai 1985 RJC, p. 224.

[50] Célèbre jurisprudence « So lange… » (Aussi longtemps que…). Cette réserve est également posée par les juridictions constitutionnelles grecques, irlandaises et italiennes.

[51] État fédéral, État de droit démocratique et social, séparation des pouvoirs…

[52] Les juridictions danoises et suédoises élèvent la même réserve. Voir M. Gautier et F. Melleray, *AJDA*, 28-2004, p. 1540.

[53] C'est la neutralité qui est ici en cause.

[54] C. cass, 24 mai 1975 société des cafés Jacques Vabre, *Revue de droit public*, 1975, p. 1335 ; 2 juin 2000 Fraisse, A. Rigaux et M. Simon, *Europe*, Août/Septembre 2000.

tution, le Conseil d'État français ne fait primer le droit communautaire, comme le droit international, que sur les règles infra constitutionnelles[55].

3. Les conséquences sur la construction européenne

Cette résistance juridictionnelle nationale au principe de primauté du droit communautaire est d'autant plus problématique que si à l'origine, du fait du caractère quasi exclusivement économique de la construction européenne, les risques de tensions ou de contradictions entre le droit communautaire et les droits internes des États membres étaient relativement minimes, ils deviennent évidemment de plus en plus importants avec la généralisation progressive des compétences de la Communauté et de l'Union européennes.[56] Peut dès lors être directement mise en cause « l'effectivité de l'application du droit communautaire dans les ordres juridiques nationaux »[57] au risque de mettre directement en péril la construction européenne elle-même. D'où la nécessité absolue d'une coexistence pacifique entre droit communautaire et droits nationaux des États membres.

II. Une pratique de coexistence pacifique

Au stade actuel de développement de la construction européenne, la Communauté et l'Union européennes d'une part et les États membres de l'autre se doivent de coexister, ce qui implique nécessairement, sous peine de mettre au péril les unes ou les autres, une coexistence pacifique entre le droit communautaire et le droit interne des États membres. Cette coexistence pacifique a jusque là été facilitée par le fait que « le droit offre une gamme de techniques très variées susceptibles de contribuer à l'apaisement de la confrontation entre les deux types de normes »[58]. Ce qui a pu faire considérer, non, peut être, sans quelque optimisme que « l'hypothèse du conflit véritable [entre les deux types de droit] est cependant tenue pour extrêmement limitée et partout prévalent les interprétations favorables au droit communautaire »[59] ou qu'en France « de toute façon, la supériorité de la constitution sur le droit communau-

---

[55]   CE 3 juillet 1996 Kone, 30 octobre 1998 Sarran, 3 décembre 2001 Syndicat national des industries pharmaceutiques.

[56]   Voir, par exemple G. Guillermin, « Un système institutionnel sophistiqué », in J.L. Besson et G. Guillermin (dir.), L'Europe puissance : entre virtualité et réalité, Cahier du CUREI, n° 16, p. 25 sqq.

[57]   D. Simon, « Les exigences de la primauté… », art. cit., p. 482.

[58]   L. Dubois, Droit institutionnel de l'Union européenne, op. cit., p. 86.

[59]   J.V. Louis, L'ordre juridique communautaire, op. cit., p. 139.

taire est plus théorique que réelle »[60]. Dans tous les États où existe un risque de conflit entre le droit communautaire et le droit interne, l'on assiste en effet à la fois à la neutralisation de fait de la Constitution et à la reconnaissance de la primauté infra-constitutionnelle du droit communautaire.

A. La neutralisation de la Constitution

La neutralisation de la Constitution est réalisée au moyen de trois techniques principales : les réserves de constitutionalité, la révision constitutionnelle et l'immunité constitutionnelle du droit communautaire.

1. Les réserves de constitutionnalité

Il peut paraître à première vue paradoxal d'évoquer la technique des réserves de constitutionnalité, expression par excellence de la primauté de la Constitution sur le droit communautaire comme technique de neutralisation de celle-ci. Le paradoxe n'est cependant qu'apparent car, en dehors de ces réserves, la primauté du droit communautaire sur le droit interne sera assurée.

C'est par exemple la philosophie de la jurisprudence « so lange » de la Cour constitutionnelle allemande qui consiste à déclarer que tant que les droits fondamentaux garantis par la Loi fondamentale seront efficacement protégés par la Cour de justice ainsi qu'ils le sont actuellement[61], le droit communautaire sera considéré comme conforme à la norme constitutionnelle[62]. Ce raisonnement peut s'étendre aux jurisprudences des autres juridictions constitutionnelles qui élèvent la réserve des droits fondamentaux.

On peut également se demander si les réserves relatives aux conditions essentielles d'exercice de la souveraineté ou au respect de l'ordre constitutionnel existant ne sont pas théoriques dans la mesure où elles

---

[60] R. Abraham, *Droit international, droit communautaire et droit français*, Paris, Hachette, 1989, p. 186.

[61] C'est d'ailleurs la pression de cette jurisprudence et de celle de la jurisprudence constitutionnelle italienne qui a conduit la CJCE à protéger les droits fondamentaux par la technique des principes généraux du droit. Cette protection a été consacrée par l'article 6 du traité sur l'Union européenne et renforcée par la charte des droits fondamentaux. Voir G. Guillermin, *Le CJCE et les principes généraux du droit*, cours de DEA « Études européennes », CUREI, 2004/2005.

[62] Cour Const. Décision du 13 octobre 1986, BVerf GE 73, p. 339, 387.

concernent principalement le droit originaire et peuvent donc être surmontées par une révision de la Constitution[63].

On peut également s'interroger sur le point de savoir si la réserve relative à l'éventuel excès de pouvoir des institutions communautaire n'est pas toute théorique dans la mesure où l'acte qui en serait entaché serait normalement sanctionné par le juge communautaire dans le cadre des procédures du recours en annulation ou du renvoi préjudiciel[64].

On peut donc se demander, en dernière analyse, si la réserve de constitutionnalité ne consiste pas à faire une référence théorique à la Constitution... pour mieux l'écarter en pratique au profit du droit communautaire.

2. La révision constitutionnelle

La révision de la Constitution en cas de non-conformité avec elle d'un traité international constatée par le juge constitutionnel telle qu'elle est prévue par les Constitutions espagnole et française[65] ou telle qu'elle a été effectuée en Allemagne à l'occasion du traité sur l'Union européenne[66] est une autre technique de neutralisation de la Constitution pour régler un éventuel conflit avec le droit communautaire originaire puisqu'elle consiste à la mettre en conformité avec ce dernier.

La procédure peut paraître paradoxale qui consiste, en cas de contradiction, à mettre la Constitution en conformité avec le traité et non pas le traité en conformité avec la Constitution. Elle s'explique néanmoins parfaitement par l'impossibilité pratique de renégocier un accord international qui contreviendrait à la Constitution de l'un des États contractants. Dans le cas français, l'article 54 de la Constitution qui s'inspire paradoxalement de la procédure communautaire de conclusion des accords internationaux[67], avait également pour but dans l'esprit de ses concepteurs, compte tenu du caractère particulièrement rigide de la Constitution[68], de faire obstacle à un développement jugé excessif de la construction européenne. La pratique a cependant montré que malgré

---

[63] Malgré les réticences de la Cour constitutionnelle allemande en la matière (Décision de 1993).

[64] Articles 225, 230 et 234 TCE.

[65] Articles 95-2 et 54 des constitutions espagnoles et françaises.

[66] Claus Dieter Classen, « Allemagne », in J. Rideau (dir.), *Les États membres de l'Union européenne*, Paris, LGDJ, 1997, p. 13 sqq.

[67] Article 300-6 TCE.

[68] Article 89 Constitution française.

son caractère rigide, la Constitution pouvait être modifiée autant que de besoin[69].

Cette procédure est l'expression d'une primauté formelle de la Constitution sur le droit communautaire, car en l'absence de révision constitutionnelle le traité est inapplicable dans l'ordre juridique interne et d'une primauté matérielle du traité sur la Constitution car c'est bien la Constitution qui est mise en conformité avec le traité et non l'inverse. La première forme de primauté est théoriquement la plus importante car elle consacre le primat de la Constitution, la seconde est pratiquement essentielle car elle assure l'application du droit communautaire dans l'ordre juridique interne.

3. L'immunité constitutionnelle du droit communautaire

Ainsi, à s'en tenir au cas français[70], les juridictions françaises se refusent, en nom du principe de droit international *pacta sunt servanda*[71] à opérer tout contrôle *a posteriori* des accord internationaux régulièrement ratifiés ou approuvés ainsi que les décisions émanant des organisations internationales[72].

C'est ainsi que le Conseil constitutionnel refuse d'examiner la constitutionnalité d'un traité régulièrement entré en vigueur[73] comme d'un acte dérivé de droit communautaire[74]. Il admet même expressément que la mise en œuvre d'un engagement international puisse déroger à un

---

[69] Révisions du 25 juin 1992 relative à la ratification du traité sur l'Union européenne, du 25 janvier 1999 relative à la ratification du traité d'Amsterdam et du 25 mars 2003 relative au mandat d'arrêt européen. Cette dernière révision est particulière dans la mesure où elle concernait non pas le droit originaire mais un acte de droit dérivé dont la contradiction avec la constitution a été constatée par le Conseil d'État dans le cadre de la procédure consultative. Voir H. Labayle, « Le contrôle de la constitutionnalité du droit dérivé de l'Union européenne », *Revue française de droit administratif*, 3-2003 p. 442 sqq.

[70] Mais l'on peut pratiquement généraliser l'analyse à l'ensemble des États membres de l'Union européenne. Dans certains États l'immunité constitutionnelle est même prévue par la Constitution (Articles 29.4 10° de la Constitution irlandaise et 93 et 94 de la Constitution des Pays Bas. Voir J.P. Kovar, « Rapport entre le droit communautaire et le droit national », *Revue trimestrielle de droit européen*, n° 3, juillet-septembre 2004, p. 587.

[71] Principe de la signature de bonne foi des accords internationaux à la base du principe de primauté du droit international.

[72] Voir M. Darmon, « Juridictions constitutionnelles et droit communautaire », *Revue trimestrielle de droit européen*, 1988, p. 230 ; L. Dubois, « Le juge français et le conflit entre normes constitutionnelles et normes européennes », *art. cit.*, p. 203 sqq.

[73] Dec 92 – 308 DC.

[74] Dec 77-89 et 77-90 du 30 décembre 1977 ; Dec 97-354 du 29 décembre 1997 ; Dec 2004-496 du 20 juin 2004, p. 632.

principe constitutionnel tel que le principe de la souveraineté nationale ou le principe de la compétence législative dès lors qu'il n'y a pas d'atteinte aux conditions essentielles d'exercice de la souveraineté nationale[75]. Il étend même l'immunité constitutionnelle aux lois adaptées pour la transposition des actes communautaire[76].

Les normes internationales et communautaires bénéficient également de l'immunité constitutionnelle devant les juridictions ordinaires dans la mesure où l'exception d'inconstitutionnalité n'est normalement pas admise devant le juge ordinaire[77] qui est habituellement incompétent pour apprécier la conformité des actes juridiques internationaux avec la Constitution[78] – on doit donc en conclure « la reconnaissance *a posteriori* et avec effet rétroactif de la validité constitutionnelle dans son ensemble du droit européen au regard de la Constitution »[79]. Le droit communautaire bénéficie ainsi d'une véritable immunité constitutionnelle.

B. La primauté infra-constitutionnelle du droit communautaire

La primauté du droit communautaire sur les droits internes infra constitutionnels des États membres implique un contrôle de conformité des seconds par rapport au premier, connu en France sous le nom impropre de contrôle de conventionalité[80].

1. La primauté du droit communautaire

Sous réserve des rapports ambigus entre la Constitution et le droit communautaire, les juridictions nationales appliquent toutes, même si c'est le plus souvent sur la base de leurs droits internes, le principe de primauté du droit communautaire sur les règles infra constitutionnelles.

---

[75] Dec 2004-496 DC du 10 juin 2004, *Revue trimestrielle de droit européen*, 2004, p. 580 sqq.

[76] J.M. Garrigou-Lagrange, in H. Gaudin (dir.), *Droit constitutionnel et droit communautaire...*, *op. cit.*, p. 75 ; R. Mehdi, « L'exécution nationale du droit communautaire. Essai d'actualisation d'une problématique au cœur des rapports de systèmes », in *50 ans de droit communautaire*, Mélanges en hommage à G. Isaac, Toulouse, Presses de l'Université des sciences sociales, 2004, t. 2, p. 632.

[77] L'affaire Sarran apparaissant à cet égard comme exceptionnelle. Voir à cet égard R. Abraham, « Les normes du droit communautaire et du droit international devant le juge administratif français », in *Droit international et droit communautaire*, *op. cit.*, p. 291.

[78] CE 3 mai 1961, Sieurs André et autres c/État français R p. 154 *in* O. Dord, « Ni absolue, ni relative, la primauté du droit communautaire procède de la constitution », in *Droit constitutionnel, droit communautaire*, *op. cit.*, p. 134.

[79] P. Gaia, « Le contrôle de constitutionnalité des normes communautaire », in *Droit constitutionnel, Droit communautaire*, *op. cit.*, p. 53.

[80] Dans la mesure où il s'étend en droit communautaire dérivé.

Ainsi, pour prendre quelques exemples étrangers[81] : la Cour constitutionnelle allemande a décidé dès 1967 qu'il appartenait au juge ordinaire d'écarter les mesures nationales contraires au droit communautaire[82] ; en Belgique, où les juridictions ordinaires ont le pouvoir de faire prévaloir ce même droit sur les normes régionales et celles des Communautés culturelles, la Cour de cassation a également consacré le principe de primauté du droit communautaire ; en Irlande où la High Court a reconnu sans difficulté cette primauté, la Cour suprême a suspendu l'exécution d'une loi dans l'attente d'un examen de sa compatibilité avec le droit communautaire ; en Italie enfin la Cour constitutionnelle se reconnaît compétente pour contrôler la constitutionnalité d'une loi contraire au droit communautaire.

En France, la jurisprudence du Conseil constitutionnel, qui déconnecte le contrôle de conventionalité du contrôle de constitutionnalité, habilite par là même les juridictions ordinaires à faire prévaloir le droit communautaire[83]. Depuis sa jurisprudence « Société des cafés Jacques VABRE » de 1975, la Cour de Cassation fait prévaloir le droit communautaire originaire et dérivé sur la loi[84]. Le Conseil d'État qui a admis sans difficulté la primauté du droit communautaire sur les actes administratifs et les lois antérieures[85], n'a reconnu la primauté du droit originaire sur la loi postérieure qu'en 1989[86] et l'a ensuite étendue aux règlements et directives[87] et même aux principes généraux du droit communautaire dégagés par la Cour de justice[88].

2. Le contrôle de conventionalité

L'application du principe de primauté qui assure la prévalence de la règle communautaire sur la règle interne contraire suppose logiquement un contrôle de conformité ou de compatibilité entre l'une et l'autre. Mais il s'agit d'un contrôle spécifique dans la mesure où les normes confrontées appartiennent à des ordres juridiques différents, même si intégrés l'un à l'autre dont elles tirent leur validité respective : ainsi que

---

[81] Voir M. Rideau, *Droit institutionnel de l'Union et des Communautés européennes*, Paris, LGDJ, 2002, p. 911 sqq.

[82] CC 18 octobre 1967, BVerf GE 22 p. 253, la même jurisprudence s'applique notamment en Espagne et en Italie.

[83] Dec 74.54 DC, Rec, 19, RJC I-30.

[84] C. Cass. 24 mai 1975, *Revue du droit public*, 1975, p. 1335.

[85] CE 10 mars 1972, Dame veuve Sadok Ali R p. 213.

[86] CE Ass 20 octobre 1989, Nicolo R., p. 190.

[87] CE 24 septembre 1990, Boisdet R 251 ; CE 28 février 1992, Rothmans et Philips Morris, *AJDA*, 1992 p. 210.

[88] CE 3 décembre 2001, SNIP, *AJDA*, 2002, p. 1219.

l'affirme fort justement la Cour constitutionnelle allemande, les actes juridiques communautaires sont en effet « des actes d'une puissance publique particulière, supranationale, créée par traité et nettement distincte de la puissance publique des États membres »[89]. Ainsi le contrôle de conventionalité n'est-il pas, à la différence du contrôle juridictionnel classique, un contrôle de validité, mais un contrôle de compatibilité d'une norme juridique avec une autre. La sanction d'un tel contrôle ne peut donc logiquement pas être l'annulation de la norme nationale contraire à la norme communautaire mais seulement son inopposabilité : la norme nationale incompatible sera écartée au profit de la norme communautaire et ne sera donc pas appliquée. Ce type de contrôle est le reflet de l'état actuel de la construction européenne qui se caractérise par un ordre juridique intégré aux différents systèmes des États membres, mais qui ne constitue par encore avec ceux-ci un système juridique complètement unifié.

$$* \quad *$$
$$*$$

Le principe de primauté du droit communautaire sur le droit interne des États membres devrait connaître une consécration avec, s'il est ratifié par l'ensemble des États membres, le traité instituant une Constitution pour l'Europe : alors qu'il n'est qu'implicitement visé par le protocole du traité d'Amsterdam relatif aux principes de subsidiarité et de proportionnalité[90], il est expressément énoncé par le nouveau texte qui l'étend, semble-t-il, à la Constitution[91]. La ratification de ce traité impliquera donc vraisemblablement des révisions constitutionnelles, notamment en France.

Le respect de ce principe de primauté apparaît bien évidemment comme un élément de cohésion juridique fondamental dans une Union européenne à vingt-cinq, et bientôt plus, États membres.

---

[89] Cour constitutionnelle, Dec 18 octobre 1967 BVerf GE 22 p. 293.

[90] Article 2 : « L'application des principes de subsidiarité et de proportionnalité ne porte pas atteinte aux principes mis au point par la Cour de justice en ce qui concerne les relations entre le droit national et le droit communautaire ». Ces principes ne peuvent en effet désigner que les principes méthodologiques d'application du droit communautaire : unité autonomie, applicabilité directe et primauté.

[91] Article I-6 : « La Constitution et le droit adopté par les institutions de l'Union dans l'exercice des compétence qui sont attribuées à celle-ci, priment le droit des États membres. La déclaration N° 1 jointe à la Constitution précise que les dispositions de cet article « reflètent la jurisprudence existante de la Cour de justice ».

La France et les négociations d'élargissement des années 1960 et 1970

La préséance de l'État en question ?

Katrin RÜCKER

Institut d'études politiques de Paris

Par rapport à la présidence de Charles de Gaulle, l'ère pompido-lienne n'est guère considérée comme une période de fort leadership présidentiel. Or, dans les affaires européennes, Georges Pompidou a marqué l'époque. La littérature lui attribue notamment deux succès européens[1]. Il s'agit premièrement du sommet des chefs d'États et de gouvernement des Six du Marché commun en 1969 à la Haye et deuxiè-mement de l'élargissement de la Communauté européenne en 1973. Le cliché de l'ère pompolienne comme période de faible leadership prési-dentiel pourrait donc faire l'objet d'une révision. Autrement formulé, la préséance de l'État français sur l'Europe communautaire ne semblait pas remise en question sous Pompidou (1969-1974), comme c'était aussi le cas pour la présidence du général de Gaulle (1958-1969)[2].

Néanmoins, à la suite de recherches dans les archives françaises et européennes, nous considérons la question de la préséance de l'État et du leadership présidentiel dans les affaires européennes comme relative et non absolue. L'Europe communautaire est un système politique à multiples niveaux hiérarchiques et à plusieurs acteurs sans que l'on puisse dire avec exactitude que telle et telle décision ou directive repose sur la volonté d'un seul pays ou d'un seul gouvernement.

---

[1] Association Georges Pompidou (dir.), *Georges Pompidou et l'Europe*, Bruxelles, Complexe, 1995, voir notamment les contributions de la deuxième partie, « L'Europe de Six à Neuf », de cet ouvrage collectif.

[2] Maurice Vaïsse, *La Grandeur. Politique étrangère du général de Gaulle 1958-1969*, Paris, Fayard, 1998, p. 674.

Bref, l'Europe communautaire semble constamment au défi de la hiérarchie[3]. Avant d'aboutir au consensus communautaire, les rapports de subordination et de domination entre institutions et États ne sont pas toujours très visibles pour le chercheur. Est-ce que le sommet de la Haye en 1969 et l'adhésion britannique à la CEE en 1973 relevaient du seul mérite des Français ? Certainement pas. Existait-il en revanche un moteur ou un leadership français en 1969 et 1973 ? Peut-être, mais ce leadership était certainement relatif. En effet, le nécessaire consensus communautaire ne s'instaure qu'une fois que les négociations bi- et multilatérales ont abouti entre le Conseil des Ministres et la Commission d'une part, entre les institutions communautaires et les États membres d'autre part.

Comme nous analyserons l'Europe au défi de la hiérarchie à travers la problématique de l'élargissement, il est alors très utile de comparer la présidence de Charles de Gaulle et celle de Georges Pompidou, son héritier politique. Celui-ci a permis ce que le Général avait toujours semblé refuser : l'adhésion de la Grande-Bretagne à la Communauté européenne. Les deux présidents français ont cependant une chose en commun ; nous allons voir dans les deux cas que la préséance de la France sur l'Europe communautaire est relative.

Dans les années 1960, le chef de l'État avait d'abord le soutien de son administration ; le gouvernement français semblait uni dans son souhait d'interrompre les négociations d'élargissement. Ensuite, la France pouvait implicitement compter sur le soutien des Six du Marché commun, soit parce qu'ils partageaient son opinion soit parce qu'ils étaient divisés et préféraient lui laisser la responsabilité d'une éventuelle décision négative.

Dans les années 1970, la préséance du président Pompidou semblait s'affirmer lors du sommet franco-britannique de mai 1971 parce que le chef d'État réussit à s'imposer face à une administration divisée et parce qu'il impose le bilatéral dans des négociations multilatérales. Cependant, le leadership de la France souffrait du fait que le pays devait composer avec d'autres entités, notamment la Commission européenne qui affirmait de plus en plus son rôle.

---

[3] Voir les manuels suivants sur le système politique de l'Union européenne : Jean-Louis Quermonne, *Le système politique de l'Union européenne*, Paris, Montchrestien, 2002 ; Geneviève Bertrand, *La prise de décision dans l'Union européenne*, Paris, La Documentation Française, 2002. Voir aussi les manuels sur l'histoire de l'unification européenne de Bernard Bruneteau, Pierre Gerbet et Marie-Thérèse Bitsch.

I. La préséance de la France sur l'Europe des Six grâce à Charles de Gaulle ? Mythes et réalités sur la première tentative d'élargir le Marché commun

Il est courant d'attribuer l'échec des négociations d'élargissement de la CEE au Royaume-Uni au président français Charles de Gaulle. On lit souvent que la France du général de Gaulle a mis fin à deux candidatures précédentes, alors que les autres membres des Communautés européennes étaient favorables à son entrée. En effet, les conditions d'entrée du Royaume-Uni dans le Marché commun ont longtemps fait l'objet de controverses, mais de Gaulle était-il vraiment le seul adversaire de l'élargissement ?

Non, car en se prononçant contre l'adhésion de la Grande-Bretagne à la CEE en 1963, le Général de Gaulle répondait en quelque sorte à un vide communautaire politique. La négociation s'enlisait et était condamnée à l'échec. C'étaient aussi bien l'opinion des fonctionnaires français, à l'intérieur de la France, que celle des autres partenaires de la France à l'étranger, comme l'Allemagne d'Adenauer[4].

Tous les Allemands ne partageaient certes pas l'opinion du chancelier Konrad Adenauer qui était très réticent vis-à-vis de l'entrée britannique dans le Marché commun. En effet, les ministres allemands de l'Économie et des Affaires étrangères, Ludwig Erhard et Gerhard Schröder, se sont prononcés pour l'élargissement à maintes reprises. Néanmoins, le Chancelier a pu imposer sa ligne gouvernementale avec la signature du Traité franco-allemand de l'Élysée de janvier 1963. Ainsi la RFA tolère-t-elle indirectement le veto du général de Gaulle qui avait refusé l'adhésion britannique en ce même mois.

---

[4]   Pour l'attitude des responsables français et européens : Maurice Vaïsse, « De Gaulle and the British « application » to join the Common market », in G. Wilkes (ed.), *Britain's failure to enter the European Community, 1961-63. The enlargement negotiations and the crises in Atlantic and Commonwealth relations*, Londres, 1997, p. 51-69 ; Discussion de témoins, « Première demande, premier veto », in *De Gaulle en son siècle*, t. V, *Europe*, Paris, Plon, 1992, p. 222-224. Pour l'attitude allemande en particulier : Wolfgang Hölscher, « Krisenmanagement in Sachen EWG. Das Scheitern des Beitritts Grossbritanniens und die deutsch-französischen Beziehungen », in Rainer A. Blasius (ed.), *Von Ademauer zu Erhard, Studien zur auswärtigen Politik der BRD 1963*, München 1994, p. 9-44 ; Rhenish, T. and Zimmermann, H. « Adenauer Chooses de Gaulle : The West German Government and the Exclusion of Britain from Europe », in R.T. Griffiths and S. Ward (eds.), *Courting the Common Market. The First Attempt the Enlarge the European Community, 1961-1963*, London, 1996, p. 83-100.

A. L'attitude gaullienne rencontre des adeptes parmi les fonctionnaires les plus spécialisés dans les questions européennes

Grand spécialiste des questions européennes, le fonctionnaire Jean Wahl, partageait l'opinion de son chef d'État sur l'adhésion de la Grande-Bretagne, même s'il le critiquait sévèrement sur la crise de la chaise vide. La réaction française dans la crise de la chaise vide était jugée comme une « totale erreur » par Wahl[5].

Entre 1958 et 1965, Wahl participait à tous les conseils des ministres du Marché commun à Bruxelles, car il était le chef des services de la politique commerciale à la Direction des relations économique extérieures. Selon Jean Wahl, la Grande-Bretagne n'était pas prête pour entrer dans la CEE au début des années 1960 : « C'était l'époque où les Anglais demandaient que la viande de kangourou entre sans droit de douane dans le marché commun » – ce qui était vraiment une revendication impossible, car il n'était pas prévu que le Commonwealth rentre dans le Marché commun au même titre que le Royaume-Uni.

Mais d'après Jean Wahl, la délégation française elle-même a été « surprise » que de Gaulle dise non en 1963, car « c'était inutile ». « Une rupture serait évidente de la part de l'Angleterre à un moment donné »[6] ; une issue favorable des négociations d'élargissement n'était pas possible et Jean Wahl insinue que c'est le Royaume-Uni au premier chef qui n'en voulait pas véritablement.

Même les défenseurs français de l'entrée de la Grande-Bretagne dans le Marché commun comme Claude Pierre-Brossollette du cabinet du ministre de l'Économie et des Finances n'excluaient aucunement, dès octobre 1961, la possibilité de l'échec final des négociations. Et bien que le fonctionnaire du cabinet de Wilfried Baumgartner ne partage pas cet avis, il livrait des arguments convaincants pour ceux en France qui désiraient l'échec des négociations entre la Communauté européenne et le Royaume-Uni.

---

[5]   *Comité pour l'histoire économique et financière de la France (CHEFF)*, sources orales, entretien avec Jean Wahl par Philippe Masquelier en juin 1991, cassette 7. Pour le rôle de Jean Wahl entre 1966 et 1971, voir aussi l'article de Laurence Badel, « Le rôle tenu par le poste d'expansion économique de Londres dans le processus d'adhésion du Royaume-Uni au Marché commun, 1966-1971 », in CHEFF (dir.), *Le rôle des ministères des Finances et de l'Économie dans la construction européenne 1957-1978*, Paris, CHEFF, 2002.

[6]   *CHEFF*, sources orales, entretien avec Jean Wahl par Philippe Masquelier en juin 1991, cassette 7.

Pierre-Brossollette pensait en effet qu'« en principe, sur le plan économique, une admission de l'Angleterre au sein de la CEE ne devrait pas présenter d'inconvénient majeur pour la France si les règles du Marché commun ne sont pas modifiées et si les Britanniques sont décidés à les appliquer loyalement ». En 1961, pratiquement aucun secteur de l'économie britannique ne paraissait donc dangereux pour l'économie française. En fait, les inconvénients que pourrait présenter l'adhésion de la Grande-Bretagne étaient d'un autre ordre et de nature plus politique. Selon le haut fonctionnaire, ces inconvénients seraient d'abord, la perte de dynamisme de la CEE, ensuite, la transformation de l'équilibre politique du Marché commun, enfin, le déclin du leadership de la France. Mais le désavantage le plus significatif serait, selon Claude Pierre-Brossollette, « surtout les modifications du Traité de Rome qu'il faudrait consentir à la Grande-Bretagne [qui] sont vraisemblablement d'une importance telle que la nature du Marché commun pourrait bien en être profondément altérée » ; « Nous pouvons donc, en invoquant la lettre et l'esprit du Traité de Rome, bloquer les négociations. »

Pour le cabinet du ministre de l'Économie et des Finances, la priorité absolue était alors la sauvegarde du Marché commun. Son altération pouvait être approuvé sous certaines conditions, « mais pas de marché commun du tout est le pire qui puisse arriver »[7].

Bref, l'élargissement était certes considéré comme dangereux pour le leadership de la France au sein des institutions européennes, mais ce n'étaient pas des pensées nationalistes qui primaient au sein du ministère de l'Économie et des Finances. Au contraire, la priorité absolue était le maintien de la CEE, avant toute considération de politique nationale. C'est donc le Marché commun qui se trouvait au sommet de la hiérarchie de chaque politique européenne, même dans une France gaulliste.

De son côté, le directeur des Finances extérieures, Jean Sadrin, tirait un bilan inquiétant en octobre 1961, en même temps que Claude Pierre-Brossollette évoquait la possibilité de l'échec des négociations avec le Royaume-Uni. En ce qui concerne l'attitude des Britanniques, les négociations d'élargissement de 1960-1962 s'avèrent en effet difficiles. Dès le début des négociations, la délégation britannique ne dissimule pas que l'adhésion de l'Angleterre obligera à reconsidérer « la quasi-

---

[7] *Services des archives économiques et financières (SAEF)*, B-62175 : 9 octobre 1961, note de Claude Pierre-Brossollette pour le Ministre, objet : « Quelques problèmes posés par la demande d'adhésion de la Grande-Bretagne à la CEE ».

totalité des dispositions du Traité de Rome, sinon sa structure d'ensemble »[8]. Ce qui inquiètent, à leur tour, les Français. Selon Sadrin :

> Il est à craindre que les négociations ne puissent aboutir qu'au prix de concessions qui ne manqueraient pas d'être vivement ressenties par l'économie française et de compromettre certains aspects de la construction européenne à laquelle la France s'était particulièrement attachée. C'est pourquoi nos négociateurs devront, dès le début des conversations, d'une part, énoncer sans équivoque les points sur lesquels ils ne sauraient transiger et, d'autre part, rechercher les appuis nécessaires auprès des autres membres de la CEE.

Ici aussi, la sauvegarde du Marché commun était ressentie comme plus importante que l'adhésion britannique. C'était la préséance de la pensée européenne sur celle des considérations purement nationales. Autrement formulé, la pensée européenne primait sur la pensée nationale, car la sauvegarde du Marché commun signifiait justement la sauvegarde des intérêts nationaux français, ce qui n'aurait pas été possible sans l'existence des Communautés européennes.

Comme les négociations ont progressé « extrêmement lentement » et que l'ampleur des dérogations demandées par la Grande-Bretagne dans tous les domaines rendent les choses compliquées[9], la délégation française durcit le ton à partir du printemps 1962. Elle préparait la bataille de l'élargissement non pour des questions de hiérarchie et de domination nationale sur le Marché commun, mais précisément pour sauver le Marché commun. En effet, comme le suggérait une note du SGCI (Secrétariat général du Comité interministériel pour les questions de coopération économique européenne), « les négociateurs français devraient en principe adopter, sur les questions les plus fondamentales, une attitude dure sinon intransigeante, de manière à préserver le contenu du Traité de Rome et à sauvegarder nos intérêts »[10].

C'est donc en invoquant le Traité de Rome et l'acquis communautaire que les Français puisaient leurs arguments pour l'arrêt des négociations. C'étaient les spécialistes des affaires européennes, à savoir les fonctionnaires qui travaillaient à Bruxelles et à Paris sur les dossiers communautaires, soit dans la délégation française, soit au SGCI et dans des ministères, qui devenaient les plus réticents à l'entrée de la Grande-

---

[8]   *SAEF*, B-62175 : 18 octobre 1961, note de Jean Sadrin, le directeur des Finances extérieures, pour le Ministre, n° 266.

[9]   *SAEF*, B-62175 : 26 février 1962, note pour le Cabinet du Ministre, objet : « État d'avancement des négociations en vue de l'adhésion de la Grande-Bretagne au marché commun ».

[10] *SAEF*, B-62175 : 4 mai 1962, André de Lattre, le directeur des Finances extérieures, note pour le Ministre, n° 183.

Bretagne. L'attitude du chef de l'État, Charles de Gaulle, n'était en quelque sorte que la cerise sur le gâteau ; il n'avait qu'à suivre les conseils de ses subordonnés sur le terrain.

B. L'unité des Six prime sur l'issue des négociations d'adhésion entre la CEE et le Royaume-Uni

Nous verrons par la suite que c'est l'unité des Six qui dominait toute réflexion sur le succès ou l'échec des négociations d'élargissement. L'adhésion n'était pas tellement une question franco-britannique, mais intérieure aux Six. Ce n'était donc pas la logique ou la hiérarchie nationale ou française qui comptait, mais le primat de l'unité et du bon fonctionnement du Marché commun à Six.

L'accord du 14 janvier 1962 sur le financement de la Politique agricole commune, qui intervient au milieu des négociations d'élargissement, joue un rôle significatif dans le débat sur l'unité des États membres[11]. Après l'un des plus longs et plus difficiles marathons de l'histoire des négociations communautaires, on parvint à un accord sur un système commun de prix de soutien, sur le principe de la préférence communautaire et la création du FEOGA (Fonds européen d'orientation et de garantie agricole). Aussi cet accord sur la PAC représente-t-il un progrès indéniable pour le projet d'intégration communautaire.

Le 1er juin 1962, Maurice Ulrich du service de coopération économique du Quai d'Orsay constatait qu'en ce qui concerne l'agriculture, les Britanniques déclaraient accepter les règlements du 14 janvier 1962, mais que cette affirmation était accompagnée d'un tel nombre de réserves et de restrictions que sa portée était pratiquement réduite. En outre, l'unité des Six apparaît menacée, en ce qui concerne l'association des pays du Commonwealth : « jusqu'ici les Six ont évité de prendre position à l'égard de ces questions, mais nous risquons rapidement d'apparaître isolés, car nos partenaires de la Communauté sont dans l'ensemble assez près de se rallier aux vues britanniques »[12].

Si jusqu'à la fin de l'année 1962, il n'a pas été possible d'arriver à un accord avec la délégation britannique au sujet des principaux problèmes

---

[11] John T.S. Keeler, « De Gaulle et la Politique agricole commune de l'Europe : logique et héritage de l'intégration nationaliste », in *De Gaulle en son siècle*, t. V, *L'Europe*, Paris, Plon, 1992, p. 155-167. Je remercie Bernard Bruneteau pour m'avoir recommandé cet auteur.

[12] *SAEF*, B-62175 : 4 juin 1962, ministère des Affaires étrangères, Direction des affaires économiques et financières, Service de coopération économique, n° 22/CE, bordereau collectif à 28 Ambassades avec, en annexe, la note de Maurice Ulrich, n° 95/CE, note du 1er juin 1962, a.s. Négociations relatives à l'adhésion du Royaume-Uni à la CEE.

que posait l'agriculture britannique, c'est parce que les délégations des Six n'étaient pas d'accord entre elles sur ces problèmes[13]. C'était bel et bien l'unité des États membres qui primait sur l'intérêt national individuel.

Dans une note d'août 1962, le directeur des Finances extérieures, André de Lattre, successeur de Jean Sadrin, critiquait férocement les Cinq : « Le déroulement de la négociation a fait apparaître les « restrictions mentales » dont certains de nos partenaires avaient assorti leur accord au règlement relatif au financement de la politique agricole commune, et notamment au renversement des prélèvements à la Communauté au stade du marché unique ». Selon de Lattre, il y avait des délégations qui prenaient le risque de revenir sur l'accord adopté à l'unanimité par le Conseil des Ministres le 14 janvier 1962. Pour lui, les données de la situation étaient profondément modifiées par la demande d'adhésion britannique. De Lattre critiquait fortement certains des États membres qui avaient « clairement révélé leurs arrière-pensées, voyant dans l'adhésion du Royaume-Uni une occasion de revenir sur leur accord du 14 janvier ». Force est de constater que les Français redoutent que « dès lors, si la Grande-Bretagne adhère à la CEE, le risque est grand qu'elle réussisse, avec l'appui de nos cinq partenaires, à faire échec à l'affectation des prélèvements à la Communauté »[14].

À partir de la fin de l'année 1962, il n'y avait pas seulement des Français qui s'attendaient à une suspension *sine die* des négociations d'adhésion britannique, mais aussi des fonctionnaires communautaires et allemands. Selon la délégation française chargée de négocier avec la Grande-Bretagne à Bruxelles, « dans certains milieux de la Commission européenne et en Allemagne »[15] on anticipait déjà l'échec de l'élargissement de la CEE. L'anticipation prenait la forme suivante : « Si les

---

[13]   *SAEF*, B-62175 : 16 octobre 1962, Bruxelles, RU/S/INT/8/62, secret, Conférence entre les membres des Communautés européennes et les États tiers ayant demandé l'adhésion à ces Communautés, négociations avec le Royaume-Uni, Comité des Suppléants à Six, projet de rapport aux Ministres des Six (proposition de la Présidence), objet : Agriculture interne britannique.

[14]   *SAEF*, B-62175 : 1er août 1962, note de la part du directeur des Finances extérieures, De Lattre, pour le ministre de l'Économie et des Finances et par son autorisation, à Monsieur le Secrétaire général du comité interministériel pour les questions de coopération économique européenne, objet : note à l'intention de la délégation française à la Conférence entre la CEE et le Royaume-Uni.

[15]   *SAEF*, B-62175 : Projet de lettre du Directeur des finances extérieures, note pour le Ministre, objet : Suites à l'ajournement des négociations en vue de l'adhésion du Royaume-Uni au marché commun, sans date, sans signature, 2 pages. La note a été probablement établie entre le 14 et 28 janvier 1963, à savoir à la suite de la conférence de presse du général de Gaulle le 14 janvier 1963.

négociations sont suspendues *sine die*, le Gouvernement français se doit de « veiller à maintenir les liens qui unissent présentement les Six » et d'autre part, se prononcer sur la manière dont pourraient être aménagées les relations de la CEE avec les pays candidats et avec les pays tiers en général ». Les Français expriment l'avis qu'une initiative franco-allemande pourrait être particulièrement utile dans ce contexte.

En effet, la délégation française a déjà songé à faire une proposition constructive, en cas d'échec définitif des pourparlers en cours, pour montrer que l'arrêt des négociations avec le Royaume-Uni ne traduit pas un réflexe protectionniste. Avant même l'arrêt définitif des négociations, les Six ont déjà élaboré des plans pour un nouvel abaissement unilatéral de 20 % du TEC (tarif extérieur commun) prévu pour le 1er juillet prochain, anticipant ainsi sur les résultats de la négociation douanière proposée par le Président Kennedy.

La politique gaullienne qui désirait interrompre les négociations d'adhésion ne semblait donc pas vraiment perturber la machine communautaire ni sa hiérarchie, puisque le Marché commun arrivait à proposer des alternatives sans sombrer sous le choc de l'échec des discussions sur l'adhésion. Ce sont finalement ces alternatives, c'est-à-dire l'abaissement du TEC (tarif extérieur commun) et les négociations du GATT qui ont constitué un succès pour le Marché commun, succès qui a eu lieu sous la présidence de Charles de Gaulle !

Il faut donc réviser le cliché d'un général de Gaulle très anti-européen. Certes, ses méthodes anti-communautaires étaient critiquées non seulement par l'étranger, mais aussi par la classe politique française[16]. Néanmoins, les voix discordantes en France concernaient davantage le procédé utilisé que le fond des propos gaulliens, à l'instar des critiques de Jean Wahl. L'entrée du Royaume-Uni dans le Marché commun était un véritable sujet de controverse au sein même de la Communauté européenne. En fin de compte, cela arrangeait implicitement les Six, notamment les Allemands, et les Britanniques eux-mêmes, que la France prenne la responsabilité de l'échec des premières négociations d'élargissement[17].

---

[16] Maurice Vaïsse, *La Grandeur. Politique étrangère du général de Gaulle 1958-1969*, Paris, Fayard, 1998, p. 221.

[17] *SAEF*, B-62175 : 13 décembre 1962, Conseil des Communautés européennes, Bruxelles, Secrétariat Général, note d'information, 1745/62 (ASS 570), objet : Assemblée de l'UEO – Adhésion du Royaume-Uni aux Communautés. Cette note montre l'attitude hésitante des deux forces politiques majeurs de la Grande-Bretagne. Les conservateurs britanniques refusèrent à adhérer à « n'importe quelles conditions ». De leur côté, les travaillistes britanniques observaient que les conditions posées par les Six pour l'adhésion de leur pays à la CEE ne pouvaient pas être acceptées. Voir

C. Préséance de l'État français sur les institutions communautaires : oui, mais...

En revanche, même si la décision de la France d'arrêter les premières négociations repose sur un consensus tacite avec d'autres États membres de la CEE, ceci ne veut pas dire que le pouvoir de la Commission européenne en sort indemne. L'institution communautaire par excellence, la Commission européenne, a certes pu prouver son utilité lors des négociations : tous les accords provisoires conclus entre les Britanniques et les Six reposaient sur des propositions de la Commission, à l'exception d'un seul. Cela souligne la force de proposition indéniable de la Commission.

Pourtant, le pouvoir de la Commission était quand même très limitée. Selon l'historien Piers Ludlow, la Commission a été marginalisée plus d'une fois : en automne 1961 et à la suite de la conférence de presse du chef d'État français en 1963[18]. En outre, les tentatives de la Commission d'utiliser les négociations d'élargissement pour poursuivre ses propres buts s'avèrent vaines, à savoir celles du président de la Commission européenne, Walter Hallstein, de se servir des disputes sur les règlements financiers pour débattre sur les finances globales de la Communauté en entière[19].

Il existait bel et bien une préséance de l'État français sur la Commission européenne, mais uniquement parce que cette préséance française reposait sur une alliance de l'État membre qu'est la France avec d'autres États membres et d'autres États candidats.

Quant à la deuxième tentative d'élargir le Marché commun en 1967, passons rapidement, car l'Europe communautaire n'était pratiquement pas en jeu, puisque de Gaulle l'étouffait en germe. C'est encore une fois la préséance de l'État français sur l'Europe communautaire. Cette fois-ci, elle était très nette, car il n'y avait même pas de négociations d'élargissement à proprement parler.

En mai 1967, les gouvernements du Royaume-Uni et de l'Irlande et du Danemark présentaient une nouvelle demande d'adhésion à la Communauté. En juillet, c'est la Norvège qui avançait une nouvelle demande. En septembre 1967, la Commission émettait un avis favorable

---

aussi : N. Piers Ludlow, *Dealing with Britain. The Six and the First UK Application to the EEC*, Cambridge University Press, 1997. Pour l'attitude allemande, voir note de bas de page n° 4.

[18] N. Piers Ludlow, *Dealing with Britain. The Six and the First UK Application to the EEC*, Cambridge University Press, 1997, p. 241.

[19] SAEF, B-62175/1 : 29 novembre 1962, Bruxelles, secret, note officieuse, objet : règlement financier : exposé des Représentants de la Commission.

pour l'ouverture des négociations d'adhésion des quatre États candidats. Deux mois plus tard, en novembre 1967, le général de Gaulle s'est prononcé contre l'adhésion du Royaume-Uni à la Communauté dans une conférence de presse et étouffait ainsi chaque accord au Conseil des Ministres dans la suite. Les Six n'arrivaient donc pas à un accord pour la réouverture des négociations avec les pays candidats à l'adhésion.

Notons cependant que l'argument que de Gaulle utilise pour refuser l'entrée de la Grande-Bretagne est exactement le même que des cercles communautaires et notamment des Allemands auraient utilisé, à savoir celui de la balance équilibrée des paiements comme condition d'adhésion britannique. Il y a donc un lien, pas seulement pour de Gaulle et la France, entre les problèmes de la livre sterling et sa dévaluation en novembre 1967 et l'échec de la deuxième tentative d'élargir la CEE[20]. Il était certes légitime de critiquer les formes anti-communautaires de la diplomatie gaullienne, mais ses arguments de fond, à savoir la faiblesse de l'économie britannique et la problématique de la livre sterling n'étaient pas nouveaux. Ils constituaient aussi un souci pour la Commission européenne et d'autres États membres.

II. Présence imparfaite de la France pompidolienne sur l'Europe communautaire

Quant à la troisième tentative d'élargir le Marché commun, elle est finalement couronnée de succès. Mais est-ce à imputer au changement de leadership en France ? Est-ce que Georges Pompidou disposait de moins de pouvoir que Charles de Gaulle pour influencer le processus communautaire ? Il s'agit alors d'analyser la question de la hiérarchie entre l'État pompidolien et l'Europe communautaire dans les années 1970 en la comparant avec celle qui se posait dans les années 1960.

Le président Pompidou a non seulement hérité de la préséance de l'État français sur l'Europe du Marché commun, mais il a aussi hérité de l'ambiance de crise provoquée par les décisions de son prédécesseur. Le nouveau chef d'État français aurait été forcé de lancer une nouvelle initiative européenne pour sauvegarder le Marché commun et les intérêts français tellement la méfiance régnait à Bruxelles[21]. C'est en effet

---

[20]   *PAAA (Politisches Archiv des Auswärtigen Amtes)*, B 20, 1433, IMAG EG/Großbritannien, 9/11/1967, Rede des Bundesaussenministers auf der EWG-Ratstagung zu Fragen der britischen Zahlungsbilanz und zum Problem des Pfund Sterling. Du côté communautaire, voir l'avis de la Commission du 7 octobre 1967 sur l'élargissement.

[21]   Wilfried Loth (ed.), *Crises and Compromises : The European Project 1963-1969*, Baden-Baden/Bruxelles, 2001.

Georges Pompidou qui lance en public l'initiative d'une conférence au sommet des Six dès l'été 1969. Suite à la conférence au sommet de la Haye des 1ᵉʳ et 2 décembre 1969 où les chefs d'État et de gouvernement des Six se sont implicitement prononcés pour l'élargissement du Marché Commun, les négociations se sont ouvertes à nouveau le 30 juin 1970. Finalement, l'adhésion définitive du Danemark, de la Grande-Bretagne et de l'Irlande avait lieu le 1ᵉʳ janvier 1973. Compte tenu de cette évolution plus positive envers le Royaume-Uni, on a en effet l'impression que le nouveau chef d'État français gaulliste a perdu sa préséance dans les affaires européennes par rapport à son prédécesseur. Mais comme le leadership de l'État français était relatif dans les années 1960 – ce que nous venons de souligner –, il en est de même dans les années 1970, à savoir que la perte de la suprématie française était relative, elle aussi.

A. La perte relative de la suprématie française au sommet de la Haye ou la conversion de la France en faveur des arguments communautaires en 1969

Certes, le triptyque du sommet de la Haye de 1969 « achèvement, approfondissement et élargissement » repose, à bien des égards, sur un consensus communautaire[22]. Cependant, les deux éléments les plus significatifs du triptyque, à savoir l'adoption d'un règlement financier définitif de la Politique agricole commune (PAC) et le lancement du processus d'élargissement, se sont réalisés grâce au consentement français. Dans ses *Begegnungen und Einsichten* de 1976, le chancelier allemand Willy Brandt nous montre un Georges Pompidou conciliant qui était prêt à donner sa parole d'honneur à La Haye pour que les Six aboutissent à l'ouverture des négociations dans l'année 1970[23].

Force est de constater que le véritable changement de la politique française s'est déroulé à l'intérieur, au sein des administrations, avant le sommet de décembre 1969. Les Français eux-mêmes étaient intimement convaincus de la vision des cinq autres États membres de la CEE d'élargir le Marché commun. Les Conseils restreints français des 21 octobre et 17 novembre 1969 ont constitué des moments-clés dans les préparations internes pour le sommet européen de la Haye.

---

[22] *Journal of European Integration History*, numéro spécial sur le sommet de La Haye, vol. 9, n° 2, 2003 ; Katrin Rücker, « Willy Brandt, Georges Pompidou et le sommet européen de La Haye en 1969 », in Horst Möller et Maurice Vaïsse, *Willy Brandt und Frankreich*, Munich, Oldenbourg, 2005.

[23] Willy Brandt, *Begegnungen und Einsichten. Die Jahre 1960-1975*, Hamburg, Hoffmann & Campe, 1976, p. 321.

Le 21 octobre 1969, Georges Pompidou monopolisait la parole sur la problématique de l'élargissement, l'achèvement et l'approfondissement ne provoquant guère autant de propos présidentiels. Le Président de la République soulignait clairement que « le refus de la discussion avec les Britanniques, renouvelé à deux reprises, est devenu insoutenable, sauf si nous acceptons la fin du Marché Commun »[24]. Il insistait sur le caractère essentiel de la CEE, sa crise actuelle et la sortie de crise par l'élargissement. Il se prononçait donc nettement pour l'adhésion de la Grande-Bretagne, mais désignait aussi clairement « l'obstacle le plus difficile à son adhésion » : le fonctionnement du marché commun agricole et son règlement financier.

Ce raisonnement de la présidence de la République s'inspirait profondément de celui de la Commission européenne[25] grâce au contact étroit qu'a maintenu le commissaire Jean-François Deniau avec son pays d'origine. Il adressait une note sur l'évolution du Marché commun à la présidence française, qui fait partie du dossier interne pour la préparation au sommet à la Haye. Cette note illustre à merveille l'attitude ambiguë d'un Français europhile, qui certes plaide pour l'élargissement par nécessité, mais pour qui, l'idéal serait de rester à Six.

Même si les archives ne permettent pas d'établir un lien direct entre Pompidou et Deniau sur ce point, le commissaire européen exprime une attitude qui résume également l'inspiration pompidolienne lors des Conseils restreints français. Selon Deniau, on peut cependant « envisager l'adhésion britannique et l'élargissement de la Communauté comme l'occasion d'une transformation des Traités dans un sens raisonnable et conforme à nos intérêts [français] »[26].

En d'autres termes, Deniau plaidait en faveur de l'adhésion de la Grande-Bretagne et d'autres candidats à la CEE, car l'élargissement était dans l'ordre naturel des choses, inhérentes au système communautaire et prévues par le Traité de Rome. Certes, à court terme, le Marché commun des années 1960 correspondait fortement aux intérêts français. Rester à Six aurait été en quelque sorte une situation idéale. Mais sur la longue durée, le Marché commun était amené à se transformer, étant une organisation dynamique qui nécessitait toujours plus de progrès et d'intégration. Il y aurait eu danger pour l'existence de l'Europe communautaire si l'on ne faisait rien. C'est pourquoi, selon Deniau, il fallait

---

[24] *Archives nationales (CARAN)*, 5 AG 2, 1042, Conseil restreint du 21 octobre 1969 sur la préparation de la conférence de la Haye.

[25] *Ibid.*, note de J.F. Deniau sur l'évolution du Marché Commun, non signé, non daté, 10 p.

[26] *Ibid.*

miser essentiellement sur deux méthodes pour tenir la Communauté européenne en vie : d'une part, l'élargissement, d'autre part, davantage d'intégration en misant sur la deuxième puissance de la CEE, l'Allemagne fédérale.

C'est donc une délégation française et un chef d'État profondément convaincu de l'élargissement du Marché commun qui se sont présentés à la Haye en décembre 1969. Favorable à l'achèvement, la France ne semblait pas la championne de l'élargissement. Néanmoins, elle s'y est résignée, non seulement par contrainte externe, celle de l'Europe communautaire, mais aussi et surtout par contrainte interne : la présidence de la République a cherché le conseil de la Commission européenne et s'y est effectivement plié. C'est alors la préséance de l'Europe communautaire sur la France pompidolienne parce que la France elle-même s'est profondément convertie à l'élargissement dans les années 1970. Néanmoins, cette influence des cercles communautaires sur la politique nationale n'empêchait pas aux Français de tenir le devant de la scène européenne lors du sommet Pompidou-Heath en mai 1971, moment crucial des négociations d'élargissement.

B. La préséance du sommet franco-britannique de mai 1971 sur les négociations multilatérales de l'Europe communautaire

Le sommet franco-britannique de mai 1971 manifeste particulièrement le volontarisme de Georges Pompidou de faire aboutir les pourparlers entre les Six et le Royaume-Uni. Ce sommet est un bel exemple de la préséance française sur les négociations multilatérales au niveau communautaire : le sommet bilatéral permettait un compromis politique qui améliore l'ambiance générale au sein du Marché commun. En ce sens, c'était le primat du bilatéral sur le multilatéral. Lors de ce sommet de mai 1971, le chef d'État français et le Premier ministre britannique orientaient ainsi de manière déterminante la négociation. Grâce à ces actes politiques majeurs, ils ne s'affirmaient pas seulement face aux jeux de la négociation multilatérale, mais aussi face aux réticences de leur propre administration. Pompidou semblait se méfier d'un Quai d'Orsay trop gaulliste, Heath d'un Foreign Office à tradition anti-française.

Mais, malgré la grande importance du sommet bilatéral franco-britannique de mai 1971, l'essentiel de la négociation d'élargissement restait à faire, souvent de manière informelle, à Bruxelles. Il s'agissait donc d'une préséance française par rapport à d'autres États membres de la CEE, mais pas d'une suprématie globale dans les affaires européennes, car cette préséance française n'a pas éclipsé les institutions communautaires, les complétant plutôt. Le leadership français contribuait à l'unité des Six et ne bouleversait guère la hiérarchie naturelle au sein de l'Europe communautaire qui veut que l'unité des États membres prime sur tout intérêt national individuel.

Pendant le sommet, Pompidou et Heath abordèrent peu les questions de fond même s'ils parlèrent beaucoup de la livre sterling, qui ne faisait partie qu'indirectement de la négociation communautaire[27]. Le détail des problèmes agricoles était laissé aux négociations globales. Cependant, Pompidou livrait quelques pistes pour un compromis possible sur ces questions. Il affirmait que le dossier du sucre du Commonwealth était moins important que les produits laitiers de la Nouvelle-Zélande. Du fait de sa richesse de ce dernier pays, le maintien d'une préférence à son égard posait plus de problèmes que l'accord de dérogations aux membres plus pauvres du Commonwealth, qui étaient concernés dans le dossier du sucre. Or la pérennisation des avantages consentis à la Nouvelle-Zélande était un dossier très sensible pour le ministre des Affaires étrangères britannique Douglas-Home[28]. Le compromis avec la France ne pouvait donc être trouvé qu'à l'échelon du Premier ministre.

Le sommet servait donc principalement à l'amélioration de l'ambiance des négociations. Il affirmait la volonté d'aboutir de la part des deux chefs d'État. Il donnait un signal à l'administration car la négociation a stagné jusque là. De plus, dans les archives britanniques, il apparaît clairement qu'une partie des administrations française et britannique restaient très méfiantes envers leur voisin d'Outre-Manche.

Ainsi, lors du sommet franco-britannique de mai 1971, le sommet a été organisé par l'Élysée qui a contourné le Quai d'Orsay. Jean-René Bernard, conseiller de Pompidou et secrétaire général du SGCI, a essayé d'informer le moins possible le Quai d'Orsay pour la préparation du sommet[29]. Il travaillait en collaboration étroite avec Michel Jobert, secrétaire général de l'Élysée. Lors d'une réunion interne entre Heath, son ministre des Affaires étrangères, Alec Douglas-Home, son ministre des Affaires européennes, Geoffrey Rippon, et des hauts fonctionnaires comme Christopher Soames, l'ambassadeur de Grande-Bretagne à Paris, la manœuvre apparaissait clairement[30]. Soames, toujours bien informé, affirma que Jobert lui confirma que le ministre français des Affaires extérieures, Maurice Schumann, ignore les propositions de rencontre

---

[27]   *Archives nationales (CARAN)*, 5 AG 2, 108, séjour à Paris de M. Heath, entretiens avec Georges Pompidou les 20 et 21 mai 1971.

[28]   PRO (Public Record Office), PREM 15-370. Alec Douglas-Home to Prime Minister, 8/4/ 1971, Comments of the FC Secretary on the Paper entitled : « Shape of the Final package in the EEC negotiations ».

[29]   C'est peut-être parce que le Quai d'Orsay a été écarté lors du sommet Pompidou-Heaht que l'on y trouve peu d'archives intéressantes en la matière.

[30]   PRO, PREM 15-371. Meeting held at 10 Downing Street May 4, 1971.

bilatérale entre son propre Président et le Premier ministre britannique (« The French Foreign Minister remained in ignorance of the proposed meeting »).

Jobert souligna aussi que Pompidou voulait que le chancelier allemand ne soit pas informé du futur sommet lors de la visite de Heath à Brandt début mai. Cette exigence constitue sans doute une référence à « l'affaire Soames », lorsque les Britanniques ont répété aux Allemands la teneur de la discussion franco-britannique que les Français voulaient garder secrète. Enfin, toujours pour préserver la sérénité des débats, Jobert souligna que le Quai d'Orsay ne devait pas être informé car son ministre de tutelle, Maurice Schumann, était considéré, par lui, comme indiscret[31].

Le Quai d'Orsay apparaissait comme l'expression de la position traditionnelle gaulliste. Ainsi dans une note du 27 avril 1971 préparant la rencontre franco-britannique, Norman Statham, directeur de *l'European Integration Department* au Foreign Office faisait référence à deux notes de John Galsworthy, conseiller aux affaires économiques européennes à l'ambassade à Paris, sur des conversations qu'il a eues d'abord avec Jean-René Bernard, de l'Élysée, puis avec Philippe Cuvillier, du cabinet de Maurice Schumann : « Galsworthy has commented that we will notice the difference of emphasis and approach between the Elysee and the Quai ; the former warmer and more self-assured, the latter colder and more defensive »[32]. Le contraste entre les approches de Bernard, au SGCI, et du ministère des Affaires étrangères apparaissait clairement.

L'appréhension des sommets franco-britanniques, qui ont une dimension dramatique et émotionnelle, justifie sans doute ces précautions. Pompidou voulait vraisemblablement garder le secret pour préserver la sérénité des débats. Du côté britannique, l'enjeu du sommet était d'intégrer l'approche diplomatique britannique traditionnelle dans un compromis avec la France, dans le cadre du jeu communautaire.

Après le sommet de mai 1971, l'atmosphère évoluait dans un sens plus favorable au compromis avec la France car le Premier ministre s'est impliqué dans les débats. Un télégramme du 22 juin 1971 du Premier ministre à la délégation britannique chargée des négociations montre le

---

[31] PRO, PREM 15-371. Télégramme du 3/5/71 de Soames pour le FO, Paris, n° 495. Christopher Soames et Michel Jobert s'entretiennent sur les modalités du sommet Pompidou-Heath et Soames constate que « Jobert was adamant however that President Pompdiou would not in any circumstances wish me to talk to Schumann about this before he left for Moscou. (Speaking in very strict personal confidence which must be respected, he said that the President could not rely on Schumann to keep his mouth shut.) ».

[32] PRO, CAB 164-956.

rôle de Heath dans le dossier des produits laitiers de Nouvelle-Zélande. Dans ce message, Heath indiquait la limite de négociation convenue avec le Premier ministre néo-zélandais. Il proposait même, en cas de difficultés, d'envoyer des messages personnels aux Chefs d'État européens pour appuyer sa délégation[33]. À cette réunion du 21 au 23 juin 1971, un accord était trouvé sur la période transitoire pour les produits laitiers néo-zélandais.

À partir du sommet de mai 1971, la forte implication des Chefs d'État dans la négociation assurait son succès. Mais la négociation d'entrée dans la CEE ne se réduisait pas à un marchandage entre États, car elle devait intégrer la Commission. À cet égard, la préséance de la France est relative : tandis que la France prime selon les apparences, le jeu de la négociation communautaire – où l'acquis communautaire et le compromis de tous dominent – continue.

C. La préséance de la Commission européenne comme négociateur dur et bon coordinateur

La spécificité de la hiérarchie communautaire tient justement dans la présence d'un organisme supranational, la Commission européenne. Celle-ci est un acteur à part entière dans la négociation. Elle cherche à définir des compromis acceptables par tous qui préservent la dynamique de l'intégration européenne.

D'une part, coordinateur dans la négociation, d'autre part, négociateur très dur, la Commission s'est avérée un élément aussi important de la négociation que la France. De plus, en négociant de dure façon, ses intérêts correspondaient à ceux des Français qui négociaient également d'une manière très sévère. Le même souci les inspirait : sauvegarder l'acquis communautaire. Comme la délégation française, la Commission était assez intransigeante avec les Britanniques étant plus d'une fois déçue de leur comportement jugé peu communautaire.

Pour donner des exemples concrets, la Commission prend une position défavorable aux vues britanniques dans deux dossiers principaux, les finances du Marché commun et la livre sterling[34]. Ce dernier problème n'était pas un sujet de négociation à proprement parler mais

---

[33] PRO, PREM 15-375.

[34] Katrin Rücker, « L'adhésion de la Grande-Bretagne à la CEE et la question de la livre sterling. Une instrumentalisation politique d'une question économique ? », in Michel Dumoulin (ed.), *Economic Networks and European Integration*, Bruxelles, P.I.E. Peter Lang, 2004. Et le chapitre sur la livre sterling de : O'Neill, C., *Britain's Entry into the European Community 1970-72*, Londres, Whitehall History Publishing, 2000.

pouvait concerner l'approfondissement de la CEE, car un projet d'union monétaire était en cours de discussion.

Pour la livre sterling, une note du ministre britannique des Affaires européennes Rippon à Heath du 1er avril 1971 remarque la proximité des vues de la France et de la Commission. Cette note cruciale est intitulée : « The Shape of the Final Package in the EEC negotiations »[35]. Elle mettait en avant le fait suivant :

> The Five generally will want to avoid the Community undertaking alone to bear the burden of financing a rundown of the Sterling balances, but would probably otherwise accept whatever we and the French were able to agree. The Commission in this field will be at least as difficult as the French and in some sense seems to be acting for them.

À côté de cette dernière phrase figurait la mention « Barre » en référence au commissaire européen français à l'Économie et aux Finances Raymond Barre. La Commission, dans ce dossier, paraissait alors soutenir la France. Comme le dossier de la livre sterling était surtout tactique, il servait surtout à tester Londres sur sa bonne volonté européenne.

Les Britanniques étaient conscients de l'aspect tactique de ce dossier. Ainsi, le Trésor estimait normal de discuter de ce problème[36]. En revanche, Londres était gêné par la prise de position de la Commission, qui dramatisait les enjeux. Le ministre des Affaires étrangères Douglas-Home commentait, le 8 avril 1971, la note de Rippon intitulée « The Shape of the Final Package in the EEC negotiations » par la remarque suivante sur la question de la livre sterling : « This should not, I think, be too difficult to handle if the French will allow it to be discussed by a body other than the Commission. »[37]. L'inclusion de la Commission dans la négociation en modifie les équilibres. Le gouvernement britannique devait tenir compte de ce nouvel acteur et de ce nouveau leadership communautaire. C'est pourquoi Londres craignait davantage la Commission que Paris. Le Royaume-Uni préférait s'adresser paradoxalement à la France, l'État membre qui négociait le plus sévèrement avec les Britanniques, pour que la Commission européenne ne prenne pas le dessus dans la négociation sur le dossier de la livre sterling.

Pour la question de la participation britannique au budget communautaire durant la phase de transition, une note du 5 mai 1971 révèle également la dureté de la Commission[38]. Dans ce dossier, elle apparais-

---

[35] PRO, PREM 15-370.

[36] PRO, PREM 15-369. Anthony Barber, Chancellor of the Exchequer, to Prime Minister, 24/3/71.

[37] PRO, PREM 15-370.

[38] PRO, CAB 164-956.Christofas, 5/5/71, Codel Distribution : Enlargment.

sait moins flexible encore que les Français car on touchait directement à la pérennisation de la dynamique communautaire. Cette note résume la rencontre entre Sir Con O'Neill et Edmund Wellenstein, le directeur général de la délégation de la Commission chargée de l'élargissement. Ils discutaient sur une nouvelle proposition française au COREPER de fixer à 14 % la contribution britannique pendant la première année de la période de transition. Wellenstein se félicitait de la dureté française :

> Paradoxically though it might seem, Wellenstein was relieved that the probable French proposal would be so high ; He thought an opening French proposal of 14 % was much better than an opening French proposal of 10 or 12 % because it would still be possible for the other Five to take the position that the French were still being utterly unrealistic. If they had started with a figure which was low enough to bear some relationship to a reasonable starting point, it would have been able to move them.

La Commission soutenait la position dure de la France dans les négociations car elle garantissait la sauvegarde de l'acquis communautaire, en parallèle avec son élargissement.

La force de la Commission provient de sa position d'arbitre qui détermine ainsi son leadership et sa préséance dans les affaires européennes. Malgré sa dureté face à la Grande-Bretagne, Londres appréciait son rôle à certains moments de la négociation pour trouver des accords globaux.

Ainsi, une note du 6 mai 1971 à destination de Con O'Neill précisait des éléments d'un *package deal* possible sur la transition dans le domaine agricole et de la préférence communautaire[39]. Les Britanniques anticipaient la fin des négociations en travaillant avec la Commission sur une base confidentielle et informelle. La note souligne le rôle moteur de la Commission qui dépasse son mandat de simple éclaircissement de la négociation pour proposer des solutions :

> As you know, as a result of my two meetings with the Commission in Brussels this week, we have been able to work out the elements of a potential package deal covering Community Preference and Agricultrual transition. [...] So far as the Commission is concerned we have been surprisingly successful, [...] All this, naturally, has been on a completely informal, confidential and non-committing basis on both sides. [...] We discussed all this, including the tactics, and Ministers have now given sufficient negotiations clearance subject to the points above. [...] we must be extremely careful not to disclose, even by implication, that the Commission have in any way exceeded their « éclaircissement » mandate.

---

[39]   PRO, CAB 164-956. FM Kearns to Con O'Neill, 6/5/71.

Si la Grande-Bretagne était hostile à certaines prises de position de la Commission dans des dossiers précis, elle profitait de son travail dans les négociations et appréciait son rôle informel dans la recherche de compromis.

La complexité de la hiérarchie communautaire rend possible la dualité du « négociateur dur et bon coordinateur » et justifie le rôle d'arbitre de la Commission. C'est justement ce rôle d'arbitre qui lui confère un rôle prépondérant dans l'arène communautaire où un seul et unique État membre comme la France peine à influencer le cours des événements.

Les négociations d'élargissement comptent certainement parmi les événements les plus marquants de l'Europe communautaire des années 1960 et 1970. C'est en particulier durant les négociations d'adhésion entre la CEE et le Royaume-Uni que la question de la préséance de l'État français se pose. Mais comment mesure-t-on l'influence d'un seul État membre qui se trouve non seulement face à ses cinq partenaires du Marché commun, la Commission européenne, la délégation du pays candidat mais aussi face à sa propre administration et son opinion publique ? Il s'agit finalement de poser la question difficile de la hiérarchie au sein de l'Europe communautaire, dont les rouages et les jeux d'acteurs sont complexes. En ce sens, la réponse à cette question ne peut être qu'approximative.

Néanmoins, après un détour par les archives, il est possible de réviser quelques clichés bien ancrés : celui du fort leadership de la France en Europe dans les années 1960 et celui de sa position plutôt faible dans les affaires européennes des années 1970. En effet, la préséance de la France est relative aussi bien sous Charles de Gaulle que sous Georges Pompidou, son héritier politique, même si l'adhésion britannique fut sanctionnée par un veto de l'un et se déroula pendant la présidence de l'autre. À cet égard, le leadership d'un président sur la scène européenne dépend intimement du soutien que celui-ci rencontre à l'intérieur de son pays même, à savoir au sein de son administration. Lorsque des hauts fonctionnaires français sont écartés comme pendant le sommet Pompidou-Heath de mai 1971, le leadership d'un président de la République s'exerce en effet plus difficilement vis-à-vis de l'extérieur. Lorsqu'une attitude présidentielle peut reposer sur les arguments des spécialistes des questions européennes, la préséance de la France s'avère évidemment plus facile, même s'il s'agit de décisions négatives comme celle de bloquer les négociations d'élargissement.

Comme nous l'avons vu, la préséance est imparfaite dans les années 1960 puisque l'unité des États membres de la Communauté européenne primait sur l'issue des négociations d'adhésion. Certes, il existait une préséance de l'État français sur la Commission européenne, mais uniquement parce que cette suprématie française reposait sur une alliance avec d'autres État membres et parce que l'État était incarné, par une Grande-Bretagne frileuse d'accepter véritablement les traités de Rome et l'acquis communautaire.

Dans les années 1970, la France perd certes sa préséance au profit de thèses et d'approches de plus en plus communautaires, mais domine avec une politique bilatérale pendant la période cruciale des négociations d'élargissement, lors du sommet Pompidou-Heath. Face à l'acteur incontournable qu'est la Commission européenne, la France perd certes de la puissance mais elle en profite lorsque la Commission défend les intérêts qui sont aussi et surtout les siens.

Le moteur franco-allemand
est-il nécessaire ?

Maxime LEFEBVRE

Représentation permanente de la France
auprès de l'Union européenne

Cette question était d'actualité durant le premier mandat de Gerhard Schroeder (1998-2002) alors que les deux pays connaissaient une brouille durable et que le « moteur » franco-allemand ne paraissait plus fonctionner. Depuis 2002, ce moteur a connu un redémarrage spectaculaire, le quarantième anniversaire du Traité de l'Élysée a été célébré en grande pompe (janvier 2003) et les initiatives communes se sont multipliées.

Les interrogations demeurent cependant sur le rôle du moteur franco-allemand dans une Europe à vingt-cinq, alors même que le partage des rôles entre l'Europe et les nations n'est pas parfaitement stabilisé (l'est-il jamais dans une entité de nature fédérale ?) et que l'Union développe l'ambition de s'affirmer sur la scène internationale. L'Europe s'est divisée, durant la crise irakienne, en deux camps : celui (minoritaire) de la « vieille » Europe, avec la France et l'Allemagne, et celui de la « nouvelle » Europe, soutenant les États-Unis. Puis la France et l'Allemagne ont vu leurs positions contestées sur une autre question, la gestion du pacte de stabilité budgétaire.

Le moteur franco-allemand doit-il être regardé aujourd'hui comme plus nécessaire en Europe que d'autres coopérations ou qu'un système généralisé d'« alliances variables » ? À quoi et en quoi est-il nécessaire ?

La nécessité de ce moteur doit s'apprécier d'abord en fonction de son rôle historique dans le processus de la construction européenne, ensuite en se demandant ce qui adviendrait si ce moteur ne fonctionnait plus, enfin en cernant mieux son rôle dans une Union élargie.

Quel rôle le moteur franco-allemand a-t-il joué dans l'histoire de la construction européenne ?

Il faut distinguer trois phases.

A. Lors de la phase fondatrice de la construction européenne (cf. la déclaration Schuman, inspirée par Jean Monnet, et la réponse immédiatement positive de Konrad Adenauer), ce sont la France et l'Allemagne qui ont mis le projet européen sur les rails. La Communauté européenne du charbon et de l'acier (CECA) en 1950-1951, le Marché commun (1957) et les politiques communes qui l'accompagnaient (cf. la PAC à partir de 1962) ont été lancés dans une Europe à Six où la France et l'Allemagne exerçaient une influence prépondérante. Cette « Europe des Six » a duré plus de vingt ans et correspond historiquement au cœur « carolingien » de la civilisation européenne. Elle s'est épanouie dans le cadre d'une Europe détruite, diminuée, menacée par l'Union soviétique, et protégée par la puissance américaine. Elle s'est fondée sur l'idée de l'intégration menant à l'interdépendance, mais celle-ci s'est arrêtée au champ politique : on a créé l'Europe des « solidarités de fait » et non l'Europe politique et fédérale (cf. le rejet par la France de la Communauté européenne de défense, 1954).

B. La phase de la réconciliation a commencé dès la IVe République, mais elle a pris un tour spectaculaire avec le couple Adenauer / Charles de Gaulle. C'est de cette époque que date l'idée de faire jouer au couple franco-allemand un rôle politique et stratégique, dans une approche intergouvernementale et non plus intégratrice. Bien que de Gaulle ait interrompu la coopération nucléaire militaire avec la RFA, puis cherché à établir un « directoire à trois » avec les États-Unis et le Royaume-Uni, il espère ensuite nouer une alliance politique et stratégique avec une Allemagne en quête de réhabilitation – alliance dans laquelle la France aurait l'ascendant.

Le bilan de cette stratégie apparaît mitigé. De Gaulle a obtenu le soutien de l'Allemagne pour réaliser le Marché commun et lancer la Politique agricole commune, mais a déçu les Allemands en bloquant l'intégration européenne et la candidature britannique. Si le traité de 1963 crée une « obligation de se parler » (avec les sommets biannuels) et fonde un bilatéralisme privilégié entre les deux pays (cf. notamment le rôle de l'Office franco-allemand de la jeunesse), cette relation a aussi des arrière-pensées qui ont été bien mises en évidence par Georges-Henri Soutou[1].

---

[1]   Georges-Henri Soutou, *L'alliance incertaine. Les rapports stratégiques franco-allemands 1954-1996*, Paris, Fayard, 1996.

C. Troisième phase : celle de l'approfondissement communautaire. À partir de 1969, la France et l'Allemagne réussissent à accompagner le processus continu d'élargissement d'un approfondissement permanent de la construction européenne : serpent puis système monétaire européen (SME), accords de Schengen en 1985, Acte unique lançant le marché unique en 1986 et accompagné d'un développement de la solidarité européenne (politique régionale largement financée par l'Allemagne), Traité de Maastricht en 1992 lançant la monnaie unique et la politique étrangère et de sécurité commune (PESC). Mais là encore, cette intégration bute sur le champ politique, la règle de l'unanimité restant d'application dans la PESC.

Ainsi, le moteur franco-allemand a joué un rôle irremplaçable dans tout le processus de la construction européenne. La « réconciliation franco-allemande » a été au cœur de l'affirmation d'un modèle européen dépassant les antagonismes nationaux, et reposant sur les valeurs démocratiques et l'intégration économique (dans le cadre il est vrai d'une Europe atlantiste, sous protection américaine). Le bilan est plus mitigé sur le plan politique : le saut fédéral n'a pas été fait ; le couple franco-allemand a longtemps été un couple inégal dont le secret a été très bien percé par Zbigniew Brzezinski, le conseiller diplomatique de l'ancien Président Jimmy Carter (« À travers la construction européenne, la France vise la réincarnation, l'Allemagne la rédemption »[2]). Cet équilibre, ou ce déséquilibre, a cependant été affecté par la fin de la guerre froide et la réunification allemande.

Que se passerait-il si le moteur franco-allemand ne fonctionnait pas ou plus ?

Cela aurait plusieurs types de conséquences, comme l'a montré l'expérience des dernières années.

A. Lorsque la France et l'Allemagne ne font pas l'effort de définir un « intérêt franco-allemand » commun, leurs intérêts s'opposent de front et cela perturbe d'abord tout le système européen. Le Conseil européen de Berlin, en mars 1999, a eu le plus grand mal à trouver un accord sur le financement de l'Union européenne (les « perspectives financières 2000-2006 ») parce que la France et l'Allemagne se sont affrontées. De même, le Conseil européen de Nice, en décembre 2000, a accouché dans la douleur du « Traité de Nice », parce que la France et l'Allemagne s'opposaient sur la pondération des voix au Conseil des ministres.

---

[2] Zbigniew Brzezinski, *Le grand échiquier. L'Amérique et le reste du monde*, Paris, Fayard, 1997.

Le désaccord initial franco-allemand n'empêche pas forcément de parvenir finalement à des accords, mais ces accords accouchent dans la désunion et altèrent le climat, l'image et la cohésion de l'Union européenne. De tels accords ne sont d'ailleurs pas optimaux : après Nice, il a fallu relancer le chantier institutionnel, ce qui a abouti à la Convention européenne et à la Constitution.

L'absence de moteur franco-allemand ne permettrait plus de faire avancer l'Union européenne, mais en revanche les deux pays pourraient toujours bloquer des décisions en défendant leurs intérêts nationaux. L'Europe élargie serait difficilement gérable et serait entraînée vers le bas (refus de la solidarité budgétaire européenne, contradiction croissante entre la gestion de la monnaie unique et les politiques économiques nationales, contradictions entre les intérêts nationaux de politique étrangère, etc.).

B. Deuxième conséquence d'un arrêt du moteur franco-allemand : pour la relation franco-allemande en tant que telle. Les deux pays s'éloigneraient de plus en plus. Les intérêts se mettraient à diverger. Le sentiment nationaliste, alimenté par les medias, se rallumerait. Cette dynamique d'éloignement casserait la solidarité franco-allemande et par contrecoup la solidarité européenne. Cela créerait une fracture en Europe. Cela pourrait aussi ressusciter des méfiances, y compris chez d'autres voisins de l'Allemagne, même si cela n'entraînerait pas forcément le retour à la situation de l'entre-deux-guerres (avec ses alliances de revers), du moins tant que se maintient le socle commun de valeurs.

C. Troisième conséquence : pour le rôle de l'Europe dans le monde. Une Europe divisée serait incapable de s'affirmer. Son poids serait amoindri par rapport aux États-Unis pour définir « l'agenda mondial » sur les questions économiques (mondialisation) et politico-stratégiques (gestion des crises). Les Européens soit se livreraient à un « concours de beauté » comme en Afghanistan pour l'envoi de contingents militaires aux côtés des États-Unis, soit se diviseraient (comme dans la crise irakienne), soit se réfugieraient dans une abstention « à la suisse ».

Il faut admettre cependant que cette problématique dépasse le seul rôle du moteur franco-allemand : dans la crise irakienne, la forte position commune affichée par la France et l'Allemagne n'a pas suffi à empêcher la division des Européens. Néanmoins, la division franco-allemande serait probablement un facteur aggravant.

Ainsi, la fin du moteur franco-allemand risquerait d'inverser la dynamique européenne, dès lors que les deux pays perdraient la capacité de transcender leurs intérêts divergents par la définition d'un « intérêt franco-allemand ». Sans ramener forcément l'Europe à une situation d'équilibre européen comme avant la Seconde Guerre mondiale, cette situation déliterait sûrement tout le projet de la construction européenne avec des conséquences en chaîne et incalculables (échec de l'euro, démontage des politiques communes, tensions politiques, etc.).

C'est conscients de ce risque que les dirigeants des deux pays, après le dramatique sommet de Nice qui a marqué le point bas des relations franco-allemandes depuis le début de la construction européenne, ont éprouvé le besoin de relancer leur partenariat bilatéral à travers les « consultations de Blaesheim », démarrées en janvier 2001, qui ont lieu à intervalles plus réguliers que les sommets franco-allemands. Le désamour franco-allemand a entraîné un nouveau pas dans la fusion franco-allemande, qui a permis le redémarrage du moteur après les élections nationales qui ont eu lieu en France puis en Allemagne en 2002.

Quel rôle pour le moteur franco-allemand dans une Union élargie ?

Trois approches sont possibles.

A. L'approche exclusivement réaliste présuppose l'existence d'États-nations différents, qui coopèrent au cas par cas en fonction de leurs intérêts. Elle considère que la politique étrangère s'enracine dans la nation, lieu privilégié d'exercice de la vie démocratique et de définition des intérêts. Cette approche conduit à l'inaction et à l'impuissance car elle ne permet pas de surmonter les contradictions d'intérêts et les rivalités potentielles entre les deux pays. Elle est en contradiction avec la démarche européenne suivie jusqu'à aujourd'hui.

B. L'approche utopiste juge possible une démocratie européenne qui permette l'émergence d'une solidarité et d'une politique étrangère européennes. C'est une voie longue, incertaine, qui fait fi des différences nationales. De même, il est sans doute utopique également de vouloir créer une « union franco-allemande » qui passerait une « camisole de force » aux deux nations et fusionnerait les deux pays.[3] On ne peut surmonter d'un coup de baguette magique le problème des différences de culture, de mentalités, d'organisation, d'histoire, de langue (les ambiguïtés d'Arte et les difficultés de la coopération dans les entreprises communes le montrent bien).

C. L'approche d'un « bilatéralisme privilégié » suppose quant à elle trois choses.

---

[3]   Cf. le projet lancé par quatre dirigeants socialistes français en 2001 et repris par les commissaires Pascal Lamy et Guenther Verheugen en janvier 2003, puis par le ministre français des Affaires étrangères Dominique de Villepin à la fin de la même année (voir M. Lefebvre, « Une union franco-allemande : pour quoi faire ? », *Revue du marché commun et de l'Union européenne*, n° 475, février 2004).

– D'abord, la reconnaissance de part et d'autre du caractère *stratégique* du partenariat franco-allemand. Cela doit se faire dans la conviction, dans le respect (de la parité, notamment) et dans la confiance entre les dirigeants des deux pays. Mais il existera toujours des deux côtés des résistances qui voudront ramener leur pays vers la voie réaliste. Cette question se reposera à chaque nouveau changement d'équipe, comme on l'a vu après l'accession au pouvoir de Gerhard Schroeder en 1998.

– Ensuite, la nécessité de mettre ce partenariat privilégié au service de la construction européenne.

L'option minimale consiste à définir des solutions communes. La France et l'Allemagne, même après l'élargissement, continueront de former ensemble une « masse critique » (près d'un tiers de la population de l'Union à vingt-cinq, 43 % de son PIB, et même 55 % du PIB de la seule zone euro). Lorsque les deux pays parviennent à surmonter leurs divergences et à bâtir des solutions communes, celles-ci sont souvent généralisables à leurs partenaires. La France et l'Allemagne ont largement inspiré les compromis de la Convention européenne sur le projet de constitution. Elles ont trouvé en 2002 un accord sur le financement de la politique agricole commune qui a ouvert la voie à l'élargissement et prépare un accord plus global sur les « perspectives financières 2007-2013 ».

Le moteur franco-allemand constitue une « force d'entraînement » qui est sans alternative, mais il doit aussi veiller à la susceptibilité des partenaires qui refusent toute forme de « directoire ». Il faut rassurer les petits pays en respectant le droit : la décision du Conseil Ecofin inspirée par la France et par l'Allemagne sur le pacte de stabilité budgétaire a ainsi été invalidée par la Cour de justice des communautés européennes (2003). Dans la crise irakienne, la position franco-allemande a suscité une réaction d'hostilité d'une très large partie de l'Europe. Si la crise iranienne est aujourd'hui mieux gérée, c'est parce que la France et l'Allemagne se sont associée avec le Royaume-Uni. De même, on estime en général que la défense européenne n'a pas de chances de progresser sans le Royaume-Uni (elle a d'ailleurs été lancée par une initiative franco-britannique, au sommet de Saint-Malo en 1998).

On peut résumer cela par la formule souvent citée : le moteur franco-allemand est « nécessaire mais pas suffisant ».

L'option maximale du bilatéralisme privilégié consiste pour la France et l'Allemagne à promouvoir de nouvelles avancées dans la construction européenne. Le problème de l'intégration européenne, c'est qu'il faut maintenir une dynamique, faute de quoi on retombe dans l'approche réaliste. C'est la théorie de la bicyclette chère à Jacques Delors : si l'Europe n'avance pas, elle tombe.

Cela implique que la France et l'Allemagne soient prêtes à aller plus loin quand les autres pays bloquent, par exemple pour lancer l'euro ou promouvoir une politique étrangère commune. Mais jusqu'où poursuivre l'intégration européenne ? En tendant vers une fédération européenne large ? Ou en créant un « noyau dur » à partir de la France et de l'Allemagne, comme l'ont proposé à travers des vocables différents Joschka Fischer (un « centre de gravitation »), Jacques Chirac (un « groupe pionnier »), Pascal Lamy et Guenther Verheugen (une « union franco-allemande ») ? Ces questions fondamentales ne sont pas résolues aujourd'hui et on ne manquera pas de relever que Joschka Fischer, avocat d'une petite fédération européenne en 2000, a changé de conception au début de 2004 et promeut désormais une grande Europe continentale atteignant la « masse critique » pour peser dans le jeu mondial.

– L'approche du bilatéralisme privilégié suppose enfin de définir une approche commune du rôle des Européens dans le monde. Il faut confronter les intérêts, se concerter systématiquement et multiplier les initiatives communes. La difficulté est d'intégrer nos différences dans cette approche commune, et notamment les atouts de la France : l'arme nucléaire, le siège permanent au Conseil de sécurité des Nations Unies, le rayonnement dans l'ancien champ « colonial ». Mais l'absence de cadre institutionnel rend cette coopération très instable.

Rien n'est donc acquis ni inévitable. Les deux nations restent très différentes. Leur coopération demeurera difficile et compliquée. Il subsistera des résistances naturelles.

Mais la coopération franco-allemande a un potentiel et c'est probablement la seule relation en Europe qui ait ce fort potentiel, cette forte dynamique potentielle, justement parce qu'elle est la plus déstabilisante. Ce qui amène à poser cette question un peu tragique : le moteur franco-allemand est-il nécessaire à l'Europe parce que la rivalité franco-allemande est au cœur de l'Europe ? C'est une affaire de volonté de part et d'autre. Il faut concilier l'approche réaliste et la conscience stratégique d'une destinée européenne commune, créer et maintenir une dynamique positive. Allemands et Français n'arriveront pas à une relation parfaite qui consisterait à fondre en une seule les deux nations. Ils ne se fondront pas non plus dans une démocratie européenne à vingt-cinq, vingt-sept États, ou plus. Mais ils peuvent poursuivre, patiemment et inlassablement, leur rapprochement dans l'intérêt de l'Europe.

Vers une Europe diversifiée

Europe à la carte, Europe à plusieurs vitesses ou coopérations renforcées ?

Jean-Louis QUERMONNE

Professeur émérite des universités

Élargie aux dimensions du continent, l'Union européenne peut-elle être uniforme ? La réponse négative est inscrite dans la devise figurant à l'article I-6 bis du Traité établissant une constitution pour l'Europe : « Unie dans la diversité ». Déjà à six, avec des mesures transitoires, puis à douze et à quinze États membres avec la monnaie unique et le rapatriement des Accords de Schengen, la Communauté et l'Union européenne consentaient à une certaine diversification. *A fortiori*, l'Union européenne l'admettra-t-elle à vingt-cinq ou à trente pays, témoignant d'une réelle hétérogénéité.

La question posée ici consiste à se demander si la diversité doit entraîner entre les États et au sein des institutions européennes un ordre hiérarchique. L'interrogation n'est pas seulement rhétorique puisqu'elle évoque d'emblée la crainte, voire l'obsession, éprouvée par les « petits » États de voir se constituer un « directoire » composé des plus « grands ». Elle mérite donc examen.

L'on procédera à celui-ci en deux temps. D'abord, l'on essaiera d'identifier les différentes formes de différenciation existantes ou virtuelles. Puis l'on se demandera si elles génèrent ou non un ordre hiérarchique menaçant l'égalité entre les États membres de l'Union, introduite à l'article I-5 du Traité constitutionnel européen au rang de principe directeur.

I. Les trois formes de diversification

Adoptant un ordre allant d'une plus grande diversification à une plus forte intégration, l'on retiendra ici trois formes principales de diversification.

A. *L'Europe à la carte* fut proposée par le Premier ministre britannique John, Major dans un discours prononcé à l'université de Leyden. Sur la base d'un socle minimal, formée d'une zone de libre-échange ou d'une union douanière, elle offre à chaque État la faculté de choisir librement les politiques communes ou les types de coopération qu'il souhaite. Et chacun d'eux peut donner naissance à une organisation spécifique ou à un simple accord gouvernemental, d'où chaque État peut se retirer à son gré. L'exemple le plus caractéristique est peut être celui des Accords de Schengen, tels qu'ils existaient avant leur rapatriement au sein de l'Union européenne par le Traité d'Amsterdam. Un autre exemple est celui de l'Agence spatiale européenne.

Cette image « gastronomique » qui oppose ainsi la « carte » au « menu » respecte dans son intégralité la souveraineté des États et repose sur l'application du droit international interétatique. Elle se situe, par conséquent, à l'extrême opposé du mythe de l'Europe-puissance ou du concept d'États-Unis d'Europe, tel qu'il animait la pensée des « pères fondateurs ». Sa mise en œuvre aurait pour effet de promouvoir une Europe fractionnée, à peine unifiée par une pratique du libre-échange, progressivement étendue au-delà des frontières extérieures de l'Union, au rythme de la mondialisation.

B. *L'Europe à plusieurs vitesses* repose sur une communauté d'objectifs étendue à tous les domaines relevant de la compétence de l'Union, mais sur la faculté reconnue aux États-membres de les mettre en œuvre en fonction de leur volonté et de leur capacité. Elle oppose à la diversité selon l'espace de l'« Europe à la carte », une diversité selon le temps qui vise à réaliser progressivement l'unité. Déjà pratiquée dans le cadre communautaire avec la reconnaissance au profit des États nouvellement adhérents de « mesures transitoires », elle a été largement utilisée par les auteurs du Traité de Maastricht à la fois en ce qui concerne le Protocole social récusé par le Royaume-Uni et à propos de l'Union économique et monétaire s'agissant du Royaume-Uni et du Danemark. À son tour, le Traité d'Amsterdam a recouru à l'« Europe à plusieurs vitesses » en autorisant le Royaume-Uni et l'Irlande à ne pas souscrire à la communautarisation de l'Espace de liberté, de sécurité et de justice appelé à remplacer le « troisième pilier » de Maastricht relatif à la justice et à la sécurité intérieure[1].

L'ambiguïté propre à cette deuxième forme de diversification tient à la question de savoir si les concessions accordées à certains États sont de nature transitoire ou dérogatoire. En adhérant au protocole social

---

[1]   Jean-Louis Quermonne, *Le système politique de l'Union européenne*, Paris, Montchrestien, 2006 (6ᵉ édition).

après l'alternance travailliste de 1997, le Royaume-Uni a mis fin à une mesure transitoire. En laissant en attente leur éventuelle adhésion à l'Euroland, sans fixer d'échéance, le Royaume-Uni et le Danemark, mais aussi la Suède, laissent planer un doute sur le caractère transitoire ou dérogatoire de la mesure, tout en reconnaissant que l'Union monétaire est un objectif légitime de l'Union.

Plus le nombre des États augmente, plus les chances de voir l'Europe à plusieurs vitesses s'inscrire dans le processus d'intégration s'accroissent. Aussi la souplesse de la formule concilie-t-elle l'unité d'objectifs de l'Union avec les contraintes de la réalité qui tiennent à l'hétérogénéité, à tout le moins provisoire, des nouveaux États adhérents. Ce qui explique son relatif succès.

C. *L'Europe à géométrie variable* offre une troisième formule beaucoup plus ambitieuse, puisqu'elle s'inscrit à la fois dans l'espace et dans le temps. Elle est apparue, de manière implicite, lors de la création de la première Communauté européenne : la Communauté européenne du charbon et de l'acier qui avait formé un premier « noyau dur » au sein du Conseil de l'Europe[2]. Et l'idée fut reprise par le président François Mitterrand au lendemain de la chute du Mur de Berlin lorsqu'il proposa, sans succès, l'établissement d'une vaste Confédération européenne autour des Communautés préexistantes qui en auraient constitué le pivot. L'on sait que ce projet fut rejeté à la fois parce qu'il incluait la Russie et qu'il écartait les États-Unis et parce que les pays d'Europe centrale et orientale avaient la désagréable impression d'être relégués dans un « deuxième cercle » en marge des Communautés. Il en résulte seulement l'institution de l'Organisation pour la sécurité et la coopération en Europe (OSCE), qui regroupe aujourd'hui 55 États membres, sans présenter pour autant les caractéristiques d'une Confédération.

En fait l'Europe à géométrie variable repose sur la combinaison de plusieurs cercles. La version la plus souple, qui se rapproche de l'« Europe à la carte », entraînerait, si elle devait voir le jour, l'imbrication de plusieurs cercles sécants. Lorsqu'il était Premier ministre, Édouard Balladur avait suggéré que la France prenne place à l'intérieur de chaque cercle et joue ainsi, à son profit, un rôle coordonnateur entre ces cercles. En fait, la formule la plus cohérente tend à promouvoir l'existence de cercles concentriques en forme de « poupées russes », différant les uns des autres en fonction du degré d'intégration respectif des États impliqués. La proposition initiale présentée en ce sens le fut en

---

[2]   Pierre Gerbet, *La construction de l'Europe*, Paris, Imprimerie nationale, 1999, p. 119 ; Gérard Bossuat, *L'Europe des Français, 1943-1959*, Paris, Publications de la Sorbonne, 1997.

1994 par deux parlementaires allemands de la CDU : Wolfgang Schäuble et Karl Lamers. Mais la réponse de la France dériva alors vers l'idée de cercles sécants, dans la mesure où le Royaume-Uni ne pouvait figurer dans le premier cercle, limité aux futurs membres de l'Union économique et monétaire. Mais l'hypothèse a été envisagée depuis lors sous diverses formes. Citons, notamment, l'idée d'« avant-garde » lancée par Jacques Delors, plus proche de l'Europe à plusieurs vitesses, celle de « centre de gravité » proposée par Joschka Fischer dans son discours de l'université Humboldt du 12 mai 2000 et celle de « groupe pionnier », propre à Jacques Chirac, appelée à fonctionner sur une base intergouvernementale.

Les nouveaux États adhérents ayant choisi d'appartenir directement, les uns après les autres, à la Communauté et à l'Union européenne, ces différentes propositions n'ont pas été mises en œuvre. En revanche, de manière sectorielle, elles ont inspiré l'inscription dans les Traités d'Amsterdam et de Nice, puis dans le traité constitutionnel, de clauses de « coopération renforcée » susceptibles de permettre, dans le respect des traités de base, à un nombre restreint d'États membres[3], d'intensifier leur intégration dans certains domaines en utilisant à cette fin les organes de l'Union.

Jusqu'à présent ces dispositions ne sont pas entrées formellement en vigueur. Mais l'on peut estimer que, par anticipation, la création de l'Euroland en matière d'Union monétaire et le rapatriement des Accords de Schengen pour réglementer l'espace de liberté, de sécurité et de justice, constituent des coopérations renforcées de fait. Et le projet de coopération structurée en matière de défense inclus dans le Traité constitutionnel, dans la mesure où il vise à rapatrier certaines missions de l'Union de l'Europe occidentale, en est un troisième exemple. Par contre, l'idée d'un « noyau dur » politique destiné à former autour du couple franco-allemand une instance fédérale fortement intégrée au cœur de l'Union européenne n'a pas eu réellement de suite. Elle a toutefois été reprise par certains hommes politiques désireux de promouvoir une structure européenne à trois cercles concentriques pour le cas où le Traité constitutionnel signé à Rome le 29 octobre 2004 ne serait pas ratifié.

---

[3] Huit selon le Traité de Nice ; un tiers des États-membres selon le Traité constitutionnel européen.

II. L'existence d'un ordre hiérarchique

La seconde question en discussion est plus difficile à examiner, d'autant plus qu'elle apparaît très sensible au regard du principe d'égalité rappelé à l'article I-5 du Traité constitutionnel, auquel sont particulièrement attachés les États de petite dimension. Elle revient à se demander si la différenciation observée dans l'Union européenne ou susceptible de s'étendre, a ou aurait pour corollaire une hiérarchisation entre les États membres ?

A. Qu'entendre par ordre hiérarchique ? Dès l'origine des traités communautaires, une pondération a été admise concernant à la fois le nombre de commissaires par État, le nombre de voix au Conseil des ministres et celui des sièges à l'Assemblée parlementaire européenne. Ainsi, l'égalité entre les États a-t-elle dû composer, dans un esprit démocratique, avec l'égalité entre les citoyens. De même, une certaine pondération a été établie en fonction de leurs PIB respectifs entre les contributions des États membres au budget communautaire, puis au budget de l'Union.

Quant au Traité constitutionnel, il institue un système de vote au Conseil qui associe 55 % des États à 65 % des populations, ce qui n'a pas de précédent au sein des organisations internationales de type classique.

Par conséquent, déjà dans le cadre institutionnel commun à tous les membres de l'Union, une certaine discrimination existe – et a toujours existé – entre les États en fonction de leur dimension, de leur population et de leur potentiel économique. Et sur ce dernier point, la politique de cohésion économique et sociale a tendu à y remédier.

B. Par conséquent, la véritable question qui est posée ici concerne le point de savoir si les mesures de diversification évoquées dans la première partie de cette contribution pourraient ou non générer ou accentuer l'ordre hiérarchique résultant déjà de la conciliation entre l'égalité des États et celle des citoyens ?

Il est certain que les coopérations renforcées de fait qui sont intervenues au long des dernières années ont eu un effet attractif sur un certain nombre d'États demeurés à l'écart. Ainsi, la Grèce a-t-elle rejoint les onze États participant initialement à l'Union monétaire ; et le Traité d'Athènes, relatif à l'adhésion des dix nouveaux membres, n'inclut aucune dérogation à leur égard en vue du moment où ils rempliront les conditions posées à l'appartenance à l'Eurogroupe. De même, les Accords de Schengen, signés à l'origine entre cinq États membres ont-ils attiré à leur tour la plupart des autres membres de l'Union – et même à l'extérieur de celle-ci la Norvège et l'Islande – avant même le rapatriement de ces Accords dans le Traité d'Amsterdam. Une interprétation extensive de cet effet d'entraînement a été donnée par le président français Jacques Chirac lorsqu'à la faveur de la succession du président Prodi, il a considéré que le futur président de la Commission européenne devait être ressortissant d'un pays appartenant à toutes les politiques communes et à toutes les formes de coopération, ce qui est le cas du Premier ministre portugais José Manuel Durae Barroso.

Naturellement, l'augmentation très sensible du nombre de petits et moyens États au sein de l'Union européenne ne peut pas être sans conséquences pour les plus grands. Et la suppression de leur second commissaire par le Traité de Nice, confirmée par le Traité constitution-nel, réduit leur marge de manœuvre au sein de la Commission. Aussi, peuvent-ils être tentés de recourir, même de façon informelle, et en marge du Traité, à la pratique du « directoire ». La coopération entre l'Allemagne, la France et le Royaume-Uni en vue d'obtenir la renoncia-tion par l'Iran à l'arme nucléaire en constitue un exemple[4]. De même, en matière de défense, la reconnaissance du statut d'un État ou d'un groupe d'États ayant des capacités militaires plus élevées peut marquer une distance entre États. *A fortiori*, il en serait ainsi dans le care d'une coopération structurée à caractère permanent, telle que prévue par le Traité constitutionnel.

C. Reste à savoir si, par delà de coopérations renforcées à caractère sectoriel, l'avènement d'un « noyau dur » politique générerait un ordre hiérarchique à caractère global ? La question reste ouverte. L'on peut d'ailleurs en concevoir deux versions selon que ce noyau serait formé des « grands États » constituant un « directoire » ou qu'il réunirait à la fois des États, « grands » et « petits », fondateurs et nouvellement adhé-rents, sur la base de leur capacité et de leur engagement à aller plus loin sur la voie de l'intégration. Dans le premier cas, une hiérarchie pourrait alors se créer, en fait et endroit, au profit des « puissants » et heurter la sensibilité des plus « faibles ». Dans le second cas, émergerait un « pre-mier cercle », certes ouvert à tout moment aux États restés initialement à l'écart et qui pourraient le rejoindre à volonté, mais destiné à aller de l'avant. Il s'agirait, dans cette seconde hypothèse, d'une différenciation plus proche de l'« Europe à plusieurs vitesses » que de l'« Europe à géométrie variable ».

Enfin, l'on pourrait imaginer aussi l'établissement d'un ordre hiérar-chique aux frontières de l'Union européenne. L'Espace économique

---

[4] Auquel on peut adjoindre la situation prépondérante de l'Allemagne, de la France, de l'Italie et du Royaume-Uni au sein du G 8 et plus récemment de la Conférence desti-née à régler la crise iraquienne.

européen (EEE) créé au début des années 1990 à l'initiative de Jacques Delors au profit des pays membres de l'Association européenne de libre-échange (AELE), avant l'intégration de la majorité d'entre eux dans l'Union, en offre un premier exemple dans la mesure où ces pays s'engageaient à introduire chez eux l'acquis communautaire sans participer aux institutions habilitées à l'accroître ou a le modifier. Dans le même esprit, peut-on déceler à travers les dispositions de l'article I-57 du Traité constitutionnel européen relatives à « l'Union et à son environnement proche » la perspective d'un cercle extérieur formé de pays associés qui feraient application de la législation européenne, à tout le moins en partie, sans être membres à part entière de l'Union. Dans une certaine mesure, les accords bilatéraux conclus avec la Confédération helvétique anticipent cette situation. Elle serait plus nettement officialisée si un statut particulier était offert à la Turquie dans le cas où elle n'intégrerait pas l'Union dans les prochaines années.

En conclusion, il apparaît qu'à partir du moment où, au sein de l'Union européenne, un équilibre doit être atteint entre le principe de l'égalité des États et celui de l'égalité des citoyens (« *one man, one vote* »), un certain ordre hiérarchique s'établit nécessairement entre États. Et cette situation se trouve accrue à l'intérieur de l'Union au rythme des coopérations renforcées, de fait ou de droit. Elle l'est aussi à l'extérieur quand le processus d'intégration européen joue le rôle d'un aimant en attirant à lui des États en voie d'association, cette dernière situation n'étant alors pas propre à l'Europe mais aussi à des organisations intergouvernementales comme l'OTAN ou le Mercosur.

Dans ce contexte, apparaît en pleine lumière la difficulté de transposer entre les États la pratique égalitaire de la démocratie existant entre les citoyens, car le phénomène de domination est inhérent à la vie internationale. Il reste qu'elle serait moins pesante à la faveur d'un ordre hiérarchique équilibré que dans le cadre anarchique où s'entrechoquent des États souverains. Dans cet esprit, il convient de souscrire à l'observation de Robert Schuman selon laquelle « la loi de la majorité sera moins humiliante à subir que la domination informelle ».

Les membres de la nouvelle Europe centrale et orientale

Le droit de se taire ?

Edwige Tucny

Chargée d'enseignement à l'université de Grenoble II
Membre du CESICE-GRECER

La prise de position sur la crise irakienne du couple franco-allemand a largement déplu aux autres États européens, les membres de l'Union mais aussi les candidats et les futurs candidats. En effet, suite à l'affirmation bilatérale de la volonté de ne pas intervenir, la nouvelle Europe s'est sentie en marge du processus diplomatique communautaire, le tandem ayant affirmé faire ses déclarations au nom de l'Europe malgré l'absence de concertation préalable officielle au sein du Conseil européen.

En signe de protestation, la nouvelle Europe centrale et orientale, épaulée par les « petits États » membres de l'Union européenne lassés de ne pas être suffisamment écoutés ont pris l'initiative de se rallier à la proposition américaine dans un premier temps par la Lettre des Huit du 30 janvier 2003[1] puis, dans un second temps, par la Déclaration des Dix dite « Déclaration de Vilnius » du 5 février de la même année[2].

Suite à ces manifestations d'opposition peut-être plus que de ralliement véritable à la position américaine, la France n'a pas attendu pour exprimer son mécontentement. Le Président Chirac a en effet laissé libre cours à son agacement[3] en déclarant, sans langue de bois, qu'ils avaient perdu « une belle occasion de se taire ». Alors que la crise irakienne

---

[1] Elle fut signée par les Premiers ministres polonais et hongrois et le président tchèque avec les chefs de gouvernement britannique, espagnol, portugais, italien et danois.

[2] Signée par les dirigeants albanais, bulgares, croates, estoniens, lettons, lituaniens, macédoniens, roumains, slovaques et slovènes.

[3] Le Président de la République française a peut-être également laissé entrevoir son dépit de voir que l'influence de la France n'était pas aussi grande que cela.

commençait à battre son plein, le Président de la République française critique ainsi vivement l'alignement de plusieurs pays d'Europe centrale et orientale candidats aux côtés des États-Unis, prêts à envoyer des forces armées en Irak.

Selon le Président de la République, le statut de candidat à l'adhésion surtout interdirait toute possibilité d'exprimer une volonté nationale autonome sous peine de compromettre durablement ses chances d'accéder au membership.

Finalement, l'adhésion définitive de 10 nouveaux États, malgré ces « éclats »[4] démontre au contraire qu'un candidat peut, sans être pénalisé par la suite, parler voire s'opposer au couple franco-allemand. Au contraire, le report *sine die* de la candidature turque depuis plus de 20 ans malgré ses efforts montre que l'adoption d'un « profil bas », n'est pas non plus une garantie.

Le problème doit dès lors être posé autrement. Il ne s'agit pas tant de se demander si les PECO ont le droit de se taire, mais s'il n'y aurait pas plutôt, d'une part, un intérêt à se taire qui favoriserait le respect de la hiérarchie en place au sein de l'Union (I) et, d'autre part, un véritable droit de parler qui, au contraire, la bouleverserait (II).

I. Un intérêt à se taire, le respect de la hiérarchie en place

Les PECO avaient, dans un premier temps du moins, un intérêt à se taire, justifié par leur objectif final : s'ils souhaitent adhérer à l'UE, il leur faut respecter les conditions d'adhésion, tant politique qu'économiques. Pour l'UE, le silence de l'Europe centrale et orientale lui est également profitable puisqu'il permet le maintien de la hiérarchie entre États membres[5]. L'intérêt à se taire bénéficie ainsi à tous les acteurs européens, l'Union elle-même, contre les PECO.

A. L'intérêt de l'Union européenne

L'intérêt de l'UE à voir la nouvelle Europe centrale et orientale ne pas exprimer clairement son opposition à la politique étrangère menée notamment par les États membres, réside dans le désir de maintenir une certaine homogénéité. Qu'elle soit politique ou économique, l'homogénéité qui règne au sein de l'Europe des Quinze a en effet pour but

---

[4]   Il s'agit peut-être aussi d'un chantage à l'adhésion, destiné à permettre l'adhésion contre un profil bas en matière de sécurité et de défense.

[5]   Les niveaux de hiérarchie sont en outre nombreux au sein de l'UE, entre les plus forts et les plus faibles, entre les petits et les grands, entre les anciens et les nouveaux…

d'ancrer un modèle communautaire durable et aisément identifiable pour l'extérieur.

Le Conseil européen de Copenhague de juin 1993 a ainsi posé trois critères minimum d'adhésion dans cet objectif. Il s'agit de conditions politiques mais aussi économiques : le respect de la démocratie et de l'État de droit à travers la garantie de la stabilité des institutions, la promotion du pluralisme, la lutte contre la corruption, mais également le respect des droits de l'homme et des libertés fondamentales, la protection du droit des minorités, et plus récemment la réforme du code pénal[6] [...]. Au niveau économique, la transformation des économies étatisées des PECO en économies de marché viables et concurrentielles permettra à terme de voir appliquer à ces États le droit et les politiques communautaires dans leur ensemble sans distinction ni retard.

En d'autres termes, ne peuvent être membres de l'Union que des États souverains (condition juridique) européens (condition géographique) démocratiques et respectant les droits de l'homme (condition politique) ayant une économie non étatisée (condition économique). Cet ensemble qui constitue la conditionnalité politique participe dès lors au processus de pré-adhésion permettant de filtrer les demandes de candidatures et par conséquent de sélectionner les États les plus « obéissants » ou les plus motivés.

Le maintien du leadership de l'Europe occidentale dépend également du silence de la nouvelle Europe centrale et orientale. L'Europe occidentale serait favorable à une Europe à plusieurs vitesses qui lui permettrait de conserver son influence tant au sein des institutions que vis-à-vis de l'extérieur.

L'intérêt pour l'Union européenne de voir les États candidats à l'adhésion se taire correspond dès lors à l'objectif implicite de la conditionnalité politique qui n'est pas tant de « calibrer » les futurs membres de l'Union afin de protéger autant que possible l'homogénéité politique et économique de l'organisation, que de faciliter leur intégration dans le système politique, institutionnel et juridictionnel communautaire existant. L'intérêt des candidats à l'adhésion doit donc être pris en compte.

B. L'intérêt des candidats

Le statut de candidat à l'adhésion implique certains sacrifices liés tous à la volonté de chaque postulant à démontrer à l'Union européenne, États membres comme institutions, sa bonne volonté. Dans cet objectif, il paraît en effet plus judicieux de se conformer aux exigences, avis et

---

[6] « Bruxelles lie la réforme du code pénal turc à l'ouverture des négociations d'adhésion », *Le Monde* du 22 septembre 2004.

positions des États déjà membres. L'exigence de conformité avec le modèle politique et économique occidental ne laisse donc *a priori* pas de place à la rébellion. L'intégration rapide en dépend.

La Turquie l'a appris récemment. Alors qu'elle satisfait aujourd'hui à presque toutes les demandes de réformes de l'UE, elle a mis en danger sa promotion au rang de candidat en souhaitant pénaliser l'adultère dans son nouveau code pénal. Les critiques émanant des États membres, France et Allemagne notamment, comme de l'ancien commissaire à l'élargissement Verheugen, pourtant favorable à l'ouverture des négociations d'adhésion, donnent à nouveau l'occasion aux opposants à son entrée dans l'Union de se manifester. Pour eux, ce projet semblait confirmer que la Turquie est culturellement trop distante du modèle occidental pour devenir un membre à part entière. La Turquie, par la voix de son Premier ministre Erdogan a défendu, quant à elle, le droit de prendre ses propres décisions : « Personne n'a le droit de s'ingérer dans nos affaires internes et le fonctionnement de notre Parlement »[7]. « L'Occident n'est pas parfait. Si nous le prenons comme modèle de perfection en tout, nous aurons à renier tout ce que nous sommes et nous périrons »[8].

Ces déclarations, vraisemblablement excessives tant du point de vue politique que juridique, ont eu le mérite de mettre en lumière un aspect important de la problématique choisie. La nouvelle Europe centrale et orientale aurait parfois intérêt à se taire. Néanmoins, il serait souhaitable de ne pas confondre la conformité aux exigences communautaires avec la perte d'identité. La nouvelle Europe centrale et orientale a donc non seulement un intérêt à se taire, pour atteindre ses objectifs, mais également un véritable « droit de parler » affirmant sa spécificité mais bouleversant l'équilibre des forces au sein de l'UE.

II. Le droit de parler, le bouleversement de l'équilibre des forces

Le droit de parler qu'il faut heureusement reconnaître à la nouvelle Europe centrale et orientale bouleverse doublement l'Union européenne en mettent fin à l'équilibre des forces existant jusqu'ici, et notamment à l'hégémonie franco-allemande souvent considérée comme le moteur de la construction communautaire. L'adhésion de dix nouveaux États membres entraîne d'abord un bouleversement statutaire d'envergure. Elle consacre en outre un bouleversement institutionnel inédit.

---

[7] *Le Monde* des 19-20 septembre 2004.

[8] *Newsweek*, 20 septembre 2004.

A. *L'accession au membership, un bouleversement statutaire*

Il n'est pas nécessaire de s'attarder trop longtemps sur un bouleversement qui découle d'une évidence. La nouvelle Europe centrale et orientale n'est plus une Europe candidate à l'adhésion. L'Union européenne n'est plus en présence d'États candidats, mais d'États membres comme les autres. Ainsi, malgré leur prise de position différente voire opposée à celle du « camp de la paix », la majorité des PECO candidats ayant participé ou souhaité participer à la guerre en Irak ont finalement adhéré définitivement à l'UE le 1er mai 2004 sans grande difficulté. Il s'agit d'ailleurs d'une preuve supplémentaire que le fait de parler n'est pas sanctionné.

Désormais, la distinction entre États membres et États candidats n'est plus possible. L'Union européenne compte vingt-cinq États membres à part entière, titulaires des mêmes droits et liés par les mêmes obligations. La nouvelle Europe centrale et orientale n'est plus dans la position inconfortable de « demandeur », les Quinze ne sont plus en position de négocier (voire marchander) ou encore de distribuer des bons points et des faveurs. Les PECO, avec Chypre et Malte, ont rempli les critères de la conditionnalité politique, ont respecté les prescriptions des articles 6§1 et 49 UE[9], ont intégré l'acquis communautaire et se trouvent donc à égalité avec les anciens membres. La hiérarchie de fait liée au statut précaire des candidats qui perdurait avant la signature du traité d'adhésion du 16 avril 2004 à Athènes n'existe plus.

L'élargissement massif a toutefois eu pour conséquence le bouleversement de l'équilibre des forces qui existait jusque-là et qui donnait la part belle au couple franco-allemand et aux pays anglo-saxons. De nouvelles alliances voient ainsi le jour et volent la vedette aux géants. La solidarité des nouveaux membres joue, d'autres groupes émergent, constitués d'anciens États membres moins influents et de nouveaux États souhaitant être entendus et pris en compte. Par exemple depuis le Conseil européen de Nice de décembre 2000, la Pologne notamment se bat aux côtés de l'Espagne pour être davantage représentées au sein des

---

[9] Selon l'article 6§1 du Traité sur l'Union européenne, « L'Union est fondée sur les principes de la liberté, de la démocratie, du respect des droits de l'homme et des libertés fondamentales, ainsi que de l'État de droit, principes qui sont commun aux États membres ». En se conformant à ces dispositions dès avant leur entrée dans l'Union grâce aux stratégies de pré-adhésion mises en place par l'organisation régionale, les PECO, Malte et Chypre ont respecté la condition démocratique d'adhésion posée à l'article 49 UE qui stipule que « tout État européen qui respecte les principes énoncés à l'article 6§8 peut demander à devenir membre de l'Union ». Pour plus de détail sur ce processus, voir Edwige Tucny, « L'Union européenne et la conditionnalité politique », Thèse, Grenoble, 2003, 692 p.

institutions. L'émergence d'un « sous-régionalisme européen » n'est pas non plus exclue. À terme, lorsque l'Europe comptera plus de vingt-sept membres, la composition de la Commission pourrait autoriser un sous-système représentatif des différentes nationalités par la nomination d'un commissaire par secteur géographique : la Méditerranée avec la Grèce, l'Espagne, le Portugal, et la Turquie peut-être, les îles avec Malte et Chypre, les pays du groupe de Visegrad constitué de la Hongrie, de la République tchèque et de la Slovaquie, les trois baltes enfin…

Le bouleversement institutionnel qui s'annonce mérite davantage l'attention.

B. Un bouleversement institutionnel

Le bouleversement institutionnel lié à l'élargissement effectif de l'Union concerne toutes les institutions représentatives de l'UE. Le Conseil, la Commission et le Parlement européen ont dû s'adapter pour rester efficaces. Cela entraîne par exemple des conséquences au sein du Conseil tant au niveau de la représentation que de la pondération des voix à la double majorité (population, géographie). Des conséquences également sont à noter au sein du Parlement européen qui doit garder taille humaine pour être gérable.

C'est surtout au sein de la nouvelle Commission européenne (2004-2009) que le bouleversement de l'équilibre des forces est le plus flagrant. Lors du Conseil européen de Nice de décembre 2000, les grands pays avaient accepté, avec certes de nombreuses résistances, de céder certaines de leurs fonctions mais également une partie de leurs représentants aux nouveaux arrivants, ils ont notamment renoncé à leur second commissaire. Ainsi, au lieu de représenter la moitié de la Commission européenne, ils ne disposent plus que de six représentants sur vingt-cinq.

Le nouveau Président José Manuel Barroso a tout de même pris les capitales européennes de court en annonçant la composition de sa commission. Il a privilégié la représentation des petits pays libéraux et favorables à la guerre en Irak au détriment des « États dinosaures » qui veillaient jusque-là aux intérêts communautaires. L'Europe à vingt-cinq, pour fonctionner le mieux possible, devait en effet laisser la place à dix États supplémentaires[10], titulaires des mêmes droits et des mêmes obligations que les autres et tous désireux de se voir confier des postes stratégiques dans toutes les institutions.

Le couple franco-allemand serait donc sur le déclin. Jacques Barrot, déjà remis en question, n'a pu obtenir que les transports alors que la

---

[10]   Il s'agit de Chypre, de l'Estonie, de la Lettonie, de la Lituanie, de la Hongrie, de Malte, de la Pologne, de la République tchèque, de la Slovaquie, et de la Slovénie.

France souhaitait la concurrence (qui a finalement été octroyée à la irlandaise Neeli Kroes) ou le marché intérieur, attribué à l'irlandais Charlie Mc Creevy. Pascal Lamy chargé du commerce dans la Commission Prodi qui n'a plus les faveurs des autorités françaises a été remplacé par Peter Mandelson.

L'Allemagne n'a pas non plus les faveurs du nouveau Président de la Commission : Günther Verheugen n'a pas non plus obtenu le poste souhaité par Gerhard Schroder, celui de « super commissaire » chargé de l'Économie, même s'il est désormais responsable de l'Entreprise et de l'Industrie.

Cette redistribution des pouvoirs et des influences marque la crise de la légitimité des États membres originels. Elle répond aussi au souhait de M. Barroso dont la préoccupation essentielle était, pendant les négociations du projet de la Constitution européenne, d'y inscrire le principe d'égalité des États. En constituant avec difficultés certes son équipe, il a ainsi refusé de hiérarchiser la Commission pour renforcer le pouvoir des commissaires des grands États et attribué les portefeuilles les plus convoités (concurrence et marché intérieur) aux représentants de petits États. Il s'explique : « Ce n'est pas le rôle de la Commission européenne de représenter les États mais celui du Conseil. La Commission ne peut pas être un Conseil européen bis. Il n'y a pas de hiérarchie des États dans la Commission. Dans la répartition des portefeuilles, j'ai pris en considération l'expérience et les motivations des commissaires, non leur nationalité »[11].

Le recul des géants se manifeste donc du point de vue institutionnel. Ce recul se manifeste également du point de vue politique, même si cette perte d'influence reste plus discrète.

Le projet de constitution européenne apporte aussi sa pierre à l'édifice en politisant davantage la Commission puisque le Conseil européen, en nommant les commissaires après consultation du président de la Commission, doit tenir compte du résultat des élections européennes[12]. La majorité des gouvernements européens étant devenus libéraux et les dernières élections au Parlement européen qui doit investir la nouvelle Commission ayant été gagnées par la droite, le choix contro-

---

[11] *Le Monde*, 22 septembre 2004.

[12] D'après le projet de constitution européenne, la Commission, responsable politiquement devant le Parlement, doit le satisfaire. Ses membres sont choisis par le Président de la Commission européenne en tenant compte de leur compétence générale et de leur engagement européen parmi des personnalités offrant toutes garanties d'indépendance. Des critères géographiques et de représentativité doivent également être pris en compte selon l'article I-26. Le Président de la Commission européenne doit en outre tenir compte des élections au Parlement européen (art. I-27).

versé de M. Barroso comme futur Président de la Commission est le reflet de ce que certains ont appelé la « dérive » libérale, tout comme la composition de la nouvelle Commission.

Les grands États essaient toutefois de regagner de l'influence par la petite porte. Ils essaient de placer leurs fonctionnaires dans les différentes directions et cabinets. Les Français par exemple souhaitent investir les bureaux des commissaires au commerce et à la concurrence, deux postes qui leur ont échappé. Cette crainte française de perdre son pouvoir est toutefois considérée comme étant irraisonnée par M. Barroso. Selon lui, si la France a peur, c'est qu'elle manque de confiance en elle et en son influence : « En tant qu'ami de la France, je m'étonne parfois que la France membre fondateur de l'Union, pays dont le président joue un rôle décisif au Conseil européen, s'inquiète d'une perte d'influence. J'y vois le signe d'un manque de confiance en elle-même »[13].

La préservation de la légitimité des grands États va donc dépendre du sens politique de M. Barroso qui devra tout faire pour ne pas heurter leur susceptibilité et ne pas accentuer les éventuelles tensions. Il devra en outre veiller à ce que les petits États (les trois États baltes, Malte, Chypre notamment) ne mettent pas systématiquement en minorité la France, l'Allemagne et l'Italie.

Quoi qu'il en soit, la nouvelle Commission Barroso risque d'avoir pour rôle principal la gestion des suites de l'élargissement et en particulier les ratifications de la Constitution, grand facteur de risque de paralysie de l'action communautaire[14].

En conclusion, la nouvelle Europe centrale et orientale désormais intégrée à l'Union européenne n'a plus à se taire. Elle participe aujourd'hui pleinement à l'action communautaire au même titre que les autres États membres, avec les mêmes droits dont celui de se faire entendre, et les mêmes obligations, notamment l'obligation de respecter le droit communautaire. Le bouleversement hiérarchique tant redouté pourrait bien se régler rapidement. Les PECO ne sont pas aussi solidaires qu'on pouvait le penser, le couple franco-allemand résiste, l'UE ne s'est pas transformée en « une machine à casser les grands »[15]. Pensée en termes d'influence plus que de souveraineté, la nouvelle Europe communautaire pourrait bien sortir renforcée et surtout réconciliée de

---

[13] *Le Monde* du 23 septembre 2004.

[14] En effet, les États qui voudront avoir recours au référendum vont probablement refuser de prendre des décisions importantes dans l'intervalle, pour ne pas froisser leur population. Il faut noter que la Lituanie est le premier État membre à avoir ratifié en novembre 2004 le traité portant projet de constitution de l'Union européenne. La France devrait se prononcer par référendum dans le courant 2005.

[15] Guy Verhofstadt, Premier ministre belge, à Athènes le 16 avril 2004.

toutes ces épreuves. Il faut en effet « cesser de penser en termes de souveraineté classique pour penser en termes d'influence. Aujourd'hui une culture d'influence est plus importante qu'une culture de souveraineté. L'influence dépend de beaucoup d'autres facteurs que l'attribution d'un portefeuille. Elle se mesure à la qualité de l'apport de chacun ».[16]

---

[16] M. Barroso, *Le Monde* du 22 septembre 2004.

TROISIÈME PARTIE

LA CONSTRUCTION EUROPÉENNE AU DÉFI DE LA HIÉRARCHIE :

LE JEU DES DYNAMIQUES ÉCONOMIQUES

L'agriculture dans le projet européen
Hiérarchies ou compromis ?

Eve FOUILLEUX

CNRS

L'agriculture est classiquement présentée comme un des fondements historiques de l'Europe communautaire et la Politique agricole commune (PAC) a longtemps été jugée comme « une politique exemplairement communautaire ». Conformément à l'hypothèse qui sous-tend cet ouvrage, une telle « exemplarité » masque, repose même, sur de nombreuses « hiérarchies » depuis l'origine. Bien qu'intimement liées les unes aux autres, ces « hiérarchies » sont de plusieurs ordres et ont évolué de manière variée au cours de l'histoire de la PAC. Elles comprennent des hiérarchies institutionnelles, qui correspondent à des asymétries de ressources et de rapports de force entre les acteurs du processus de décision, sur lesquelles repose la PAC et qu'elle reproduit. Des hiérarchies économiques et sociales à travers les effets de ses instruments sur le terrain : en tant que politique redistributive, la PAC répartit son soutien de manière inégale entre États, entre régions, entre types de producteurs, ou entre types de production (on parle d'effets redistributifs de la politique, ou encore de transferts économiques et financiers liés à la politique). Parmi ces hiérarchies, on peut aussi compter les impacts des incitations économiques générées par la PAC sur la structuration du territoire, ou ses effets environnementaux à travers les types de pratiques agricoles qu'elle incite ou favorise par rapport à d'autres. Enfin, on peut également souligner l'existence de hiérarchies cognitives autour de la PAC, qui s'expriment dans les discours de légitimation ou au contraire de mise en cause de cette politique ; s'ils proposent chacun une certaine hiérarchisation d'objectifs et d'enjeux, du fait de leur fonction principalement rhétorique de mise en cohérence d'enjeux contradictoires ou de dénonciation pure et simple de la politique, ils ne correspondent pas forcément à la réalité de ses impacts sur le terrain.

Si la notion de hiérarchie permet de décrire la politique à un moment donné, il me semble cependant qu'elle est trop statique et trop unidimensionnelle pour rendre compte d'une réalité aussi complexe que celle d'une politique publique comme la PAC, qui, si elle a longtemps été marquée par une forte inertie, a néanmoins considérablement évolué depuis sa mise en place. Les hiérarchies qu'elle reflète ont changé, et il est plus intéressant d'étudier la PAC avec des outils capables de rendre compte de ces dynamiques. De plus, la PAC renvoie à des significations et à des réalités différentes dans les domaines institutionnels, économiques et sociales ou cognitifs, et l'utilisation d'un appareil conceptuel plus différencié est sans doute mieux approprié. M'inscrivant dans une approche de science politique, j'aborderai la PAC comme un compromis résultant de rapports de force entre acteurs, qui négocient entre eux tant sur la politique elle-même que sur d'autres politiques publiques, non agricoles, non sectorielles et non uniquement européennes (nationales, internationales). À partir de là, je tenterai de mettre en évidence les ressorts de ces rapports de force : comment ils s'établissent, comment ils sont légitimés, comment ils changent, et, éventuellement, font changer la politique, comment, enfin, ils sont rendus visibles ou au contraire dissimulés dans les controverses et débats sur la politique.

Tout d'abord, pour aborder cette question du changement (pour comprendre également ses périodes d'inertie), nous considérerons la PAC comme le résultat d'un compromis dynamique, c'est-à-dire susceptible d'être remis en cause, sinon à chaque instant du moins régulièrement, résultant d'un échange politique permanent entre les différents acteurs impliqués aux différents « stades » ou « phases » de son processus décisionnel. Concrétisé par les négociations au sein du conseil des ministres de l'agriculture à Bruxelles impliquant la Commission européenne et les représentants des gouvernements nationaux, l'échange politique propre à la PAC présente un ensemble de ramifications sectorielles dans les États membres, impliquant les représentants de la profession : échanges entre la FNSEA et le gouvernement français, entre le syndicat agricole DBW et le gouvernement allemand, ou encore entre la National Farmers' Union ou les groupes environnementalistes britanniques et le gouvernement du Royaume-Uni par exemple. Par ailleurs, outre leur implication dans l'échange politique spécifique lié à la PAC, les différents acteurs, et en particulier les acteurs non strictement sectoriels (gouvernement, Commission par exemple) sont chacun impliqués dans d'autres échanges politiques (autres politiques, négociations commerciales internationales, etc.). Comme nous le verrons dans la suite, ces échanges extra-sectoriels sont fondamentaux, car en fonction du poids des acteurs qui y sont impliqués, ils peuvent mener à des arbitrages, à des choix politiques spécifiques. Ils peuvent avoir à des moments précis d'importantes répercussions sur l'échange politique sectoriel au niveau européen (en changeant les positions, les « préférences », des acteurs concernés sur la PAC) ainsi que sur la hiérarchisation des différentes priorités sous-sectorielles et, par conséquent sur la nature politique mise en œuvre (contenu, orientation des réformes).

Ensuite, pour caractériser la politique, il est important d'analyser précisément ses instruments et leurs effets réels, qu'ils soient économiques, sociaux, politiques ou institutionnels, à commencer par son compromis fondateur. Une dimension fondamentale de l'échange politique établi autour d'une politique publique est en effet de nature historique : tout échange autour d'une politique publique est conditionné, « encadré », par ses instruments d'origine, qui, comme diraient les institutionnalistes, ont tendance à définir ensuite un « sentier de dépendance » dont il est difficile de se départir. Outre les grandes règles du jeu de la décision (qui passent notamment par les attributions institutionnelles des différents acteurs dans le processus, i.e. la Commission propose, le Conseil dispose), les instruments de la politique conditionnent les négociations en en constituant le point de départ naturel puisqu'on ne négocie jamais à partir de rien, mais à partir de l'existant.

Enfin, pour caractériser l'échange politique propre à la PAC, il importe d'observer les positions des acteurs qui sont impliqués dans le débat (tout en notant ceux qui en sont exclus) et d'analyser les arguments qu'il y apportent, reflet de leurs intérêts et/ou de leurs visions du monde. Si les discours de ses détracteurs tendent à la remettre en question, les discours des acteurs qui la font visent à légitimer à la fois la politique elle-même et ses fabricants. Ils assurent entre autres la fonction essentielle de rendre acceptables, car compréhensibles ou interprétables (ou bien au contraire invisibles), les transferts – autrement dit les hiérarchies/inégalités – générés par la politique et les rapports de force qu'elle sous-tend. En indiquant une certaine hiérarchisation d'objectifs et d'enjeux, le discours a pour objet de rendre légitime de maintenir le compromis, et de rendre cohérents des intérêts *a priori* peu conciliables voire antagonistes. En d'autres termes, si l'on veut reprendre le titre de cet ouvrage, les discours sur la PAC visent à rendre acceptables les hiérarchies, et permet donc à l'Europe de se construire malgré – ou même grâce à – elles, autrement dit de les « défier »…

En partant d'une telle approche générale, nous aborderons successivement les années d'institutionnalisation de la PAC (I.), ses années d'inertie malgré l'apparition puis l'amplification de ses dysfonctionnements (II.), puis sa première réforme majeure en 1992 (III.), qui a semble-t-il ouvert une ère de renouveau pour cette politique (IV.)[1].

I. Les années 1960 : institutionnalisation et inertie de la PAC

Ce sont le Traité de Rome, puis la Conférence de Stresa qui ont défini les objectifs de la PAC, ses grands principes et ses principaux instruments, c'est-à-dire ses différentes organisations communes de marché par produit. Celles-ci se sont ensuite progressivement mises en place dans le courant des années 1960, tout d'abord pour les céréales, puis pour les autres produits (lait et produits laitiers, viande bovine, ovine, etc.).

Sur le plan politique, la PAC était considérée à l'époque comme le fer de lance de la construction européenne, comme le symbole politique de la volonté de « faire » l'Europe. En effet elle implique pour les pays membres d'accepter d'abandonner leur souveraineté dans un domaine aussi délicat et sensible que celui de l'approvisionnement agricole en période d'après guerre mondiale, c'est-à-dire au sortir de difficiles pénuries alimentaire pour leurs populations. Mais si cet abandon de souveraineté est réel dans la mesure où les décisions sur la politique agricole, et en particulier la fixation du niveau des prix, sont désormais prises à Bruxelles, il est en même temps bien contrôlé par les États, qui, sous l'impulsion de la France, conservent une très forte influence sur la définition de la PAC : dès la crise de la chaise vide en 1966, il est établit de manière informelle mais bien réelle, que le Conseil décide à l'unanimité sur les questions agricoles, autrement dit que chaque État conserve un droit de veto sur les décisions prises dans ce domaine. Bref, tout en étant mise en avant comme un symbole européen et communautaire, la PAC est depuis l'origine essentiellement et avant tout une politique intergouvernementale dans laquelle la Commission européenne n'a qu'un pouvoir de proposition[2]. Quant au Parlement européen, il sera ensuite associé aux décisions sur la PAC mais à travers un avis uniquement consultatif.

Sur le plan de ses instruments, la PAC est à l'origine essentiellement une politique des marchés : elle organise le fonctionnement des marchés de produits agricoles par une intervention directe des pouvoirs publics. Chaque Organisation commune de marché par produit présente un prix

---

[1]   Les trois premières parties de ce chapitre puisent l'essentiel de leur contenu dans mon ouvrage intitulé *La PAC et ses réformes*, Paris, L'Harmattan, 2003.

[2]   Pouvoir qu'elle n'a d'ailleurs jamais utilisé de sa propre initiative avant les années 1990 comme nous le verrons dans la suite.

garanti institutionnel pour le produit concerné, une garantie de débouché grâce à un mécanisme d'intervention (système de stockage public prévu en cas de surproduction conjoncturelle), une protection aux frontières (droits de douanes variables). Ce « mix » instrumental est d'ailleurs issu d'une hybridation entre les différentes politiques nationales antérieures à la PAC et en particulier des politiques française, allemande et néerlandaise. S'il a bien sûr impliqué l'ensemble des États membres d'alors, le compromis fondateur de la PAC a été fortement marqué par un accord politique franco-allemand : les Français, compétitifs dans le domaine central des céréales avaient avantage à l'ouverture du marché européen pour conquérir les marchés céréaliers des autres États, les Allemands avaient des intérêts équivalents sur le marché industriel. Mais, tandis que les Français se seraient contentés d'un prix garanti plus bas des céréales, tel qu'il était alors en France, les Allemands qui avaient un grand nombre d'agriculteurs peu compétitifs (mais politiquement influents), exigeaient un prix institutionnel élevé ; pour cette raison, et parce qu'on savait qu'un soutien plus élevé des céréales coûterait plus cher, ces derniers ont accepté en contrepartie de contribuer plus fortement au budget communautaire.

Les céréaliers français ont très largement bénéficié de ce compromis fondateur, tant sur le plan économique que politique. Du jour au lendemain, ils ont vu leur blé payé beaucoup plus cher que précédemment et leurs marchés potentiels s'élargir considérablement. Une telle asymétrie originelle des transferts de la PAC particulièrement favorable aux céréales leur a également permis de construire et d'asseoir en France le mythe de la « vocation exportatrice » de la France dans ce domaine. Une telle situation a par ailleurs permis aux céréaliers de considérablement renforcer leur pouvoir dans la hiérarchie interne au syndicalisme français. Ayant désormais mieux à faire à s'occuper des affaires bruxelloises, ils cédaient en apparence le pouvoir en confiant les rênes de la FNSEA (Fédération nationale des syndicats d'exploitants agricoles) aux jeunes agriculteurs issus de la Jeunesse agricole chrétienne qui venaient de fonder le CNJA – Centre national des jeunes agriculteurs. Mais dans le même temps, ils s'assuraient une position fortement dominante à travers la mise en place de mécanismes de redistribution internes au syndicalisme à partir de leur « plus value communautaire » (financement de l'Association nationale de développement agricole en particulier).

Visant la « modernisation » et la « professionnalisation » de l'agriculture, le discours des jeunes agriculteurs était parfaitement en adéquation avec les instruments et les objectifs affichés de la PAC, incitatifs à la spécialisation, à l'agrandissement et à l'intensification de la production, avec une hiérarchie des objectifs clairement positionnée en faveur de la quantité, l'enjeu étant d'arriver à l'autosuffisance alimentaire européenne. Ainsi, les jeunes agriculteurs et la FNSEA ont-ils peu à peu fait de la défense du système des prix garantis un élément fondamental, presque identitaire, du syndicalisme agricole français. En érigeant les prix garantis de la PAC en symbole d'unité et d'équité car ils étaient « les mêmes pour tous », la FNSEA a pu rassembler pendant de longues années l'ensemble des agriculteurs derrière sa bannière unitaire, se faisant ainsi le défenseur acharné d'une politique responsable de très fortes inégalités de soutien, que ce soit entre gros et petits agriculteurs ou entre céréaliers et éleveurs.

II. Les années 1970-1980 : « dysfonctionnements » et inertie

La deuxième période de la PAC est celle de l'atteinte de ses limites par la politique, et de l'accumulation de dysfonctionnements de plus en plus patents, bien que souvent atténués par les discours des responsables politiques. Dès les années 1970, du fait du caractère très incitatif à la production des instruments de la PAC, l'autosuffisance alimentaire originellement affichée comme un de ses enjeux centraux est atteinte, et les excédents de divers produits agricoles commencent à s'accumuler. Via les mécanismes d'intervention prévus par la PAC, ils sont stockés à grands frais par les pouvoirs publics, puis relâchés à bas prix, largement à perte, sur les marchés internationaux, causant une augmentation constante du montant des dépenses agricoles dans le budget européen.

Cependant, malgré ces dysfonctionnements croissants, on ne constate pas de réforme majeure de la politique avant le milieu des années 1980, en dehors de quelques aménagements marginaux (la taxe de corespon-sabilité laitière en 1977, les seuils de garantie en 1981) qui n'ont d'effets que faibles et transitoires. Au contraire, on constate même une augmen-tation du niveau des prix institutionnels négociés chaque année par les ministres lors de l'annuel paquet prix, dispositif institutionnel pourtant initialement voué à l'adaptation de la PAC en fonction de la conjonc-ture. En 1984, est néanmoins introduite une réforme de l'organisation du marché du lait, qui met en place des quotas de production par pays tout en maintenant les prix garantis.

Comment expliquer une telle inertie malgré l'accumulation des dys-fonctionnements ? L'analyse des modalités des échanges politiques nationaux et européens sur la PAC révèle un double verrouillage.

Au niveau européen, ce verrouillage a son siège au Conseil de l'Agriculture, qui fonctionne de manière inflationniste, chaque ministre ayant tendance à pousser à la hausse les prix garantis sur les produits importants pour son pays, acceptant pour cela, du fait de la règle de décision à l'unanimité, les hausses de prix sur les produits qui ne l'intéressent pas directement. On peut noter le profil très bas de la

Commission européenne pendant cette période, qui est soit muette, soit exprime des positions conservatrices pendant toutes les années 1970 jusqu'au milieu des années 1980 (alors qu'elle avait fortement critiqué les choix initiaux d'instruments à la fin des années 1950 à partir d'arguments de type économiques). Quant au niveau national, le blocage est lié à la force du syndicalisme agricole, tant en Allemagne qu'en France, acteurs majeurs du compromis européen sur la PAC comme on l'a déjà souligné. Pour les raisons qu'on a évoquées plus haut, les syndicats unitaires, majoritaires, s'opposent à toute réforme de la PAC et, grâce à leur capacité de mobilisation et de désordre social, pèsent fortement sur les choix des gouvernements (quelle que soit leur couleur politique) et sur les positions qu'ils défendent à Bruxelles.

La période d'inertie de la PAC est également caractérisée par un grand écart de plus en plus grand dans les discours du côté sectoriel, entre ce qui est présenté comme les grands principes et les objectifs de la politique (la rhétorique de l'agriculture moderne est maintenue) et la réalité de la PAC sur le terrain, qui passe par un processus continu de départs/agrandissements/intensification et se traduit par des inégalités sociales importantes et croissantes, des impacts environnementaux de plus en plus graves, etc., autant de phénomènes complètement occultés dans les discours officiels pendant de longues années.

Mais malgré ces mécanismes d'inertie et de verrouillage, les années 1980 sont également une période de gestation du changement. Au niveau européen tout d'abord, la donne est changée par l'arrivée de Jacques Delors en 1985, pour qui la PAC est avant tout un fardeau budgétaire dont il faut se défaire afin de dégager des ressources pour pouvoir développer d'autres politiques communautaires et relancer la construction européenne. Entouré de jeunes économistes formés à l'économie néoclassique du bien-être dont les analyses démontraient depuis longtemps les effets pervers de l'intervention directe des pouvoirs publics sur le marché (et en particulier des prix garantis de la PAC), il fait paraître un « Livre Vert sur la PAC » en 1985. Ce texte propose de remplacer les prix institutionnels garantis par des aides directes, en commençant par les céréales, afin de redonner au marché un rôle de signal pour les agriculteurs sans pour autant remettre en cause la dimension de soutien au revenu de la politique. Mais compte tenu de la faiblesse des ressources politiques de la Commission face au Conseil et du tollé qu'il provoque au sein de la profession dans la plupart des États membres, le Livre Vert n'aura pas de suite immédiate. La seule réforme qu'arrive à faire passer l'équipe Delors après son arrivée, suite à une demande du Conseil en vue de faire face à l'explosion budgétaire fut incrémentale, de faible portée et basée sur des instruments de contrôle de l'offre (mise en place des « quantités maximales garanties » et des stabilisateurs budgétaires en 1987/88) autrement dit sur un système très différent de celui proposé dans le Livre Vert.

Un autre élément nouveau dans les années 1980 consiste dans l'apparition du niveau international comme lieu de discussion sur les politiques agricoles domestiques, et ce sur deux scènes distinctes et successives. Premièrement, l'OCDE lance de nouveaux travaux en 1982 qui visent à évaluer les politiques domestiques en fonction de leur degré de distorsion du commerce international. À partir de la construction d'indicateurs spécifiques, se forge à la fois un langage nouveau, et un classement normatif des politiques agricoles. Dans ces travaux, la PAC est très négativement connotée car protectionniste et fortement distorsive du commerce international (prix garantis, prélèvements variables aux frontières). Deuxièmement, en partie comme conséquence des travaux de l'OCDE, un nouveau cycle de négociation s'ouvre au GATT en 1986, qui met fin à l'exception agricole qui avait cours jusqu'alors dans cette arène. Pour la première fois un volet de négociation multilatéral sur la question des politiques domestiques agricoles est ouvert, qui met la PAC et les européens dans une position particulièrement délicate, et qui, comme l'expose la section suivante, induira directement la première réforme radicale de la PAC en 1992.

III. La réforme de 1992 : un tournant majeur dans l'histoire de la PAC

La première réforme radicale de la PAC, dite « réforme Mac Sharry », fut directement induite par les négociations du cycle d'Uruguay dans le cadre du GATT[3], où la pression sur la PAC et la dénonciation de son caractère protectionniste et distorsif du commerce international fut particulièrement importante.

Constatant l'intensité des pressions internationales et leur caractère contraignant, la défaite des Européens face aux Américains sur le panel soja du GATT en 1988/89 avait déjà incité la Commission à réfléchir à une proposition éventuelle de réforme. Mais c'est l'échec de la Conférence du Heysel (originellement prévue pour clore le cycle de négociations d'Uruguay) du fait du blocage des discussions sur le volet agricole, qui a directement poussé la Commission à transmettre officiellement sa proposition de reforme au Conseil en février 1991. Préparée en secret compte tenu des tensions très fortes qu'elle ne manquerait pas de générer dans le monde agricole européen, elle était directement inspirée du Livre Vert de 1985 et visait essentiellement à rendre la PAC plus com-

---

[3] *General Agreement on Tariffs and Trade*, Accord général sur les tarifs douaniers et le commerce.

patible avec les standards du commerce international, afin de débloquer les négociations du GATT. Après un an d'âpres discussions et l'élaboration d'une deuxième proposition moins « réformiste » par la Commission suite au rejet de son premier texte par le Conseil, la réforme Mac Sharry fut finalement signée en mai 1992. Elle a essentiellement consisté en une baisse des prix garantis des céréales entièrement compensée par des aides, de même que, de manière moins importante, dans le secteur de la viande bovine ; afin de maîtriser l'offre un niveau obligatoire de gel des terres fut également mis en place. Très marginalement d'un point de vue budgétaire, mais de façon importante en termes symboliques, des mesures d'accompagnement à caractère social (préretraites) et environnemental (mesures agri-environnementales) furent introduites, pour la première fois financées par le fonds de soutien des marchés (et non pas par le fonds structurel agricole comme c'était le cas précédemment).

Cependant, si la réforme de 1992 fut particulièrement innovante en termes d'instruments à travers le remplacement partiel des prix garantis par des aides directes, ce ne fut pas le cas du point de vue des transferts économiques induits : la PAC réformée conservait quasiment à l'identique les effets redistributifs de la politique par rapport à la période précédente, autrement dit les disparités fortes de soutien entre productions comme entre producteurs. Dans son premier texte, la Commission avait proposé des compensations dégressives en fonction de la taille de l'exploitation ou de l'importance du chiffre d'affaire de l'exploitant, mais cette mesure avait été rejetée d'emblée par le Conseil, et le calcul des aides directes compensatoires à la baisse de prix a finalement été fait sur la base de critères de surfaces et rendements historiques par exploitation, de manière à conserver exactement les mêmes niveaux de soutien individuels qu'auparavant. Cependant, comme on le verra plus précisément dans la suite, en transformant une partie du soutien invisible (les prix garantis) en un soutien visible (les aides directes), la réforme Mac Sharry a induit des changements considérables dans la nature et le contenu des débats sur la politique agricole européenne. Au niveau sectoriel en particulier, elle a contribué sinon à briser du moins à remettre vivement en question tant les mythes de l'unité paysanne et de l'équité du soutien apporté par les prix, que le modèle modernisateur sur lequel les politiques agricoles étaient assises depuis les années 1960.

Le processus de réforme de la PAC de 1992 a mis en jeu des « hiérarchies » multiples : si le niveau européen a été en partie inféodé à la pression du niveau international, une telle explication n'est pas suffisante. Il faut y voir également une hiérarchisation nouvelle par les États membres de leurs priorités entre secteurs d'une part et intra-secteur agricole d'autre part. Ainsi les Allemands, particulièrement intéressés par le volet industrie et services, ont-ils accepté de céder sur leurs positions habituelles sur la PAC qui défendaient des hauts prix céréaliers. Quant aux Français, misant sur leurs capacités d'exportation, ils étaient également fortement intéressés par un accord potentiel au GATT d'une part et par une baisse du prix des céréales d'autre part compte tenu des gains de compétitivité et des perspectives d'accroissement de leurs parts de marchés qu'elle leur faisait entrevoir (reconquête du marché européen de l'alimentation animale au détriment des produits de substitution aux céréales – tourteaux de soja, corn gluten field, etc. – jusqu'à lors importés à bas prix de l'extérieur de l'Europe). Autrement dit, on a assisté à travers cette réforme à un redéploiement du compromis franco-allemand originel sur la PAC aux niveaux européen et international.

Sur le plan des rapports de force inter-institutionnels intra-communautaires, la réforme de 1992 a marqué le début d'un retournement important en faveur de la Commission européenne face au Conseil. Celle-ci a compris à ce moment là, d'une part qu'elle pouvait prendre le leadership des réformes en utilisant son pouvoir d'initiative du processus de décision, et d'autre part qu'elle pouvait faire passer, au moins en partie, ses propres idées dans la décision, notamment à la faveur des conjonctures critiques et fenêtres d'opportunité spécifiques. Elle a par ailleurs pris conscience du pouvoir contraignant des négociations et traités internationaux, en particulier dans le domaine commercial, et de l'importance de suivre les débats y afférant. Elle a maintenant un savoir faire politique bien mieux aiguisé que précédemment et utilise au maximum ses marges de manœuvre dans les jeux politiques européen et international. Visant à maximiser ses capacités d'anticipation, de proposition et ses chances d'influence, elle s'est dotée au sein de sa Direction générale de l'agriculture et du développement rural d'une structure de prospective et de veille économique et politique en lien avec un appareil statistique performant, qui suit au plus près les négociations internationales et les débats agricoles dans les États membres.

IV.   Les années 1990-2000 : sur le chemin du renouveau ?

La réforme de 1992 a inauguré une ère nouvelle pour la PAC en matière d'instruments de politique publique. L'ensemble des réformes qui lui ont fait suite ont repris le même modèle, dit du « découplage » : rapprochement d'une régulation par le marché par la baisse des prix garantis, « compensée » par le versement d'aides directes aux producteurs. On peut citer la réforme de la PAC opérée en décembre 1999 dans le cadre d'Agenda 2000 (qui avait vocation à préparer l'Union européenne à l'élargissement) et la « *Mid Term Review* » de juin 2003. Cette dernière est allée très loin en matière de découplage puisqu'elle introduit le paiement unique par exploitation, qui consiste à verser à l'agriculteur une aide forfaitaire (calculée à partir de critères de surface et de montants d'aides perçus sur une période de référence) complètement indépendamment de ses choix de production ; il peut même choisir de ne rien cultiver. Des réformes ponctuelles d'organisations communes de marché par produit ont également été menées, concernant en particulier le tabac, le houblon et le coton (2003 puis 2004), l'huile d'olive (2004) ainsi que le sucre (toujours en discussion au moment de l'écriture de ce chapitre, après une proposition officielle émise par la Commission en juin 2005).

Sur le plan des acteurs impliqués, des processus et de l'explication de la nature des décisions prises, ces réformes correspondent aux mêmes enjeux que celle de 1992. Elles s'expliquent par une pression croissante sur le budget agricole au niveau européen tout d'abord, d'une part du fait de la volonté de développer d'autres politiques européennes que la politique agricole, et d'autre part du fait de l'élargissement aux pays de l'Europe centrale et orientale, qui impliquant un accroissement consécutif du nombre d'agriculteurs susceptibles de bénéficier de la PAC, faisait peser une menace d'explosion du budget communautaire. Ensuite, un autre élément majeur réside dans l'interdiction internationale des politiques de soutien agricole « couplées » à l'acte de production, jugées « distorsives » du commerce international. L'acceptation de ces « interdictions » renvoie à l'engagement et à la participation active de l'Union européenne à l'Organisation mondiale du commerce (OMC), qui a succédé au GATT, c'est-à-dire aux intérêts de ses États membres sur les différents volets des négociations commerciales. Enfin, ces réformes ne peuvent être comprises sans souligner le rôle crucial qu'y a joué la Commission européenne et son comportement d'entrepreneur politique du changement, que l'on peut situer dans le prolongement direct de l'expérience de 1991-1992. En effet, comme on l'a déjà souligné, les importants phénomènes d'apprentissage ont eu lieu en son sein, tant au niveau administratif (capacités d'analyse et de prospective) que politique (ressources discursives) après l'Uruguay Round et la réforme de 1992, l'ont rendue plus offensive et mieux préparée dans les négociations de la dernière décennie : tant au niveau européen face aux États membres pour faire passer « ses » réformes, qu'au niveau international pour la préparation et les négociations du cycle de Doha à l'OMC, elle a été un entrepreneur politique beaucoup plus efficace (Fouilleux, 2004).

L'effet d'engrenage qui a suivi la réforme de 1992 doit également être interprété à travers un affaiblissement progressif de l'acteur collectif agricole, renforcé à chaque réforme par la visibilisation croissante du soutien et de sa répartition. En effet, des tensions internes au syndicalisme unitaire majoritaire (type CNJA – FNSEA en France) ont été générées dans la plupart des États membres par le passage de prix institutionnels garantis, instruments de soutien peu visibles puisque passant par le fonctionnement du marché, à des aides directes aux effets redistributifs directement visibles. La transparence accrue des modes de soutien a généré de nombreux débats au sein du secteur agricole lui-même ainsi qu'avec le reste de la société. Dans certains États membres, les montants d'aides touchés par les agriculteurs individuels sont rendus publics (en Angleterre, Irlande du Nord, Espagne ainsi qu'au Danemark par exemple). En France, ces données sont très difficilement accessibles, comme le souligne une étude publiée fin 2005 sur les énormes disparités existant dans la répartition du soutien ainsi que les montants individuels touchés par les 58 premiers bénéficiaires de la PAC en 2004 (866 290 euros pour 1733 hectares de riz pour le premier, 811 755 euros pour 1500 hectares de maïs irrigué en Aquitaine pour le second par exemple) (Boulanger, 2005).

À l'intérieur du secteur, une telle visibilisation du soutien, et l'émergence consécutive d'un débat sur les critères (sociaux, environnementaux) de son attribution, ont permis aux agriculteurs autrefois considérés comme marginaux de donner de la voix et de conquérir une place dans la représentation du secteur. C'est le cas du syndicalisme de gauche, qui s'est considérablement renforcé ces dernières années, mais également des agriculteurs biologiques par exemple, qui n'avaient jamais vraiment pu faire entendre leur voix auparavant. Des débats sur la « modulation » et le « plafonnement » des aides ont ainsi eu lieu à l'intérieur du secteur alors que la Commission elle même n'avait pas réussi à en faire un objet de débat au départ[4]. On note par ailleurs un certain élargissement de la communauté des politiques agricoles à des groupes autrefois non admis à participer au débat car non sectoriels, comme les associations de défense de l'environnement par exemple, désormais considérés comme des interlocuteurs légitimes sur les questions de politique agricole par les pouvoirs publics – en particulier européens.

C'est d'ailleurs à partir d'une vision plus large de l'agriculture que celle d'un secteur uniquement productif que l'Union européenne défend désormais la PAC sur la scène internationale, à travers le concept de

---

[4] Comme on l'a déjà noté, dès sa première proposition de réforme en 1991, la Commission avait proposé de compenser de manière différentielle les différentes catégories d'agriculteurs (compensation totale pour les petits, partielle pour les moins et nulle pour les plus gros, considérés comme assez compétitifs pour s'en sortir sans aides publiques), mais de telles propositions avaient été complètement éludées par le Conseil (sous pression franco-britannique) lors de la réforme Mac Sharry à travers son rejet des propositions de la Commission dans ce sens en 1991.

« multifonctionnalité ». Initialement introduite par l'UE sur un mode essentiellement défensif et rhétorique pour faire face aux pressions dans l'arène de l'OMC, il s'est construit depuis autour de cette notion un véritable « fait social » (Laurent, 2002) faisant intervenir de nombreux acteurs (agriculteurs, associations environnementalistes, ruraux, chercheurs) et institutions nationales et internationales. Plusieurs autres pays revendiquant une tradition d'intervention publique dans le domaine agricole, comme le Japon ou la Norvège, s'en sont réclamés. Le concept de multifonctionnalité a ensuite été adopté au niveau international à l'occasion d'une réunion des ministres de l'Agriculture de l'OCDE qui reconnaissaient les 5 et 6 mars 1998 « qu'au-delà de sa fonction première qui consiste à fournir des aliments et des fibres, l'activité agricole peut également façonner le paysage, apporter des avantages environnementaux tels que la conservation des sols, la gestion durable des ressources naturelles renouvelables et la préservation de la biodiversité, et contribuer à la viabilité socio-économique de nombreuses zones rurales » (OCDE, 2001).

Ce concept a donné lieu depuis lors à d'importants travaux analytiques, notamment à l'OCDE pour laquelle « la multifonctionnalité fait référence au fait qu'une activité économique peut avoir des productions multiples et par-là même contribuer à satisfaire plusieurs objectifs de la société à la fois ». Elle est « un concept qui se rapporte à l'activité en faisant référence aux propriétés spécifiques du processus de production et de ses produits multiples ». De façon plus générale, la multifonctionnalité peut aussi être entendue comme l'ensemble des contributions de l'agriculture à un développement économique et social considéré dans son unité, et comme un concept qui souligne la nécessité de réintégrer, dans les analyses scientifiques comme dans la décision politique, des enjeux jusqu'ici laissés de côté ou traités de façon fragmentaire dans les politiques agricoles tels la cohésion sociale, la protection de l'environnement, la sécurité alimentaire, etc. (Laurent, 2002), ce qui rejoint l'analyse faite plus haut du renouvellement des débats sur la PAC.

L'ensemble de ces transformations ont ainsi considérablement enrichi et élargi le débat sur les politiques agricoles en général et sur la PAC en particulier. Elles ont permis de redonner une place importante à des questions comme celle de l'environnement, des paysages, du développement rural ou des questions culturelles et sociales, qui pourraient faire entrevoir l'émergence d'un nouveau référentiel pour la PAC, basé sur des critères centraux de qualité et de diversité et non plus de quantité et de concentration/spécialisation/intensification comme c'était le cas jusque récemment. Cependant, si les discours ont verdi et se sont étoffés, on peut déplorer un écart important entre discours et pratique. La portée des changements reste finalement relativement limitée en termes d'effets réels et concrets sur le terrain, notamment du fait des choix budgétaires opérés ou des modalités de mise en œuvre adoptées.

Par exemple, le calcul des montants d'aides étant opéré sur la base de critères historiques, la PAC reste le vecteur de fortes inégalités de soutien favorisant les plus gros producteurs par rapport aux petits, les céréaliers par rapport aux éleveurs, les produits « du Nord » par rapport à ceux « du Sud » (huile d'olive, vin) ; d'une manière générale, la PAC continue de privilégier les systèmes de production plus intensifs par rapports aux systèmes plus extensifs, et les régions intensives riches malgré l'existence de mécanismes de compensations de handicap naturels (Kroll, 2005 ; Schucksmith *et al.*, 2005)). Plus concrètement dans le cas français, les soutiens « réels » à la multifonctionnalité ne représenteraient qu'une part minime des soutiens directs totaux accordés à l'activité productive agricole : 15 % environ en 2001 par exemple, avec 1,6 milliards d'euros sur un total de 10,7 milliards d'euros (Bazin, Kroll, 2004).

Deuxièmement, alors que les ingrédients du « second pilier de la PAC » thème du développement rural et de « l'agri-environnement », sont fortement mis en avant dans les discours accompagnant les dernières réformes, les imputations budgétaires correspondantes restent particulièrement faibles. Alors que cette image des deux « piliers » donne l'idée d'une égale importance des enjeux associés à l'un et à l'autre, les dépenses établies pour 2006 par Agenda 2000 s'élevaient, à titre d'illustration, à 37 290 milliards d'Euros pour le premier contre 4 370 pour le second, autrement dit presque 10 fois moins. Si la décision de 2003 de transférer annuellement 3 % du budget du premier pilier vers le second va dans le sens d'une amélioration, l'équilibre est cependant loin d'être établi[5] !

Troisièmement, de nombreuses incertitudes demeurent quant à l'évolution effective de la politique sur le terrain : comme le souligne Jacques Loyat (2005), au delà des discours l'expression de la multifonctionnalité de l'agriculture européenne dépendra de la manière dont les mesures de développement rural sont appliquées dans les différents États membres, ainsi que des modalités de gestion des droits aux aides : gestion par le marché pour faire jouer la concurrence au profit des exploitations les plus productives, ou gestion répondant à des objectifs d'aménagement du territoire et de développement durable.

---

[5] Seuls quelques États membres ont une politique volontariste dans ce domaine, comme l'Italie qui reverse automatiquement 7 % du montant des aides directes qu'elle perçoit au titre du premier pilier, vers le second.

Depuis la réforme de 2003, le paiement des aides directes de la PAC est soumis au respect de critères de bonnes pratiques agricoles du point de vue environnemental, avec une obligation de conformité des exploitations et des pratiques agricoles avec 19 Directives européennes (Directives Nitrates, Bien-être animal, etc.). Mais, s'il constitue indubitablement un pas en avant, cet aspect de la législation, désigné sous le terme de « cross-compliance » ou « conditionnalité environnementale » des aides reste particulièrement minimal puisque la législation communautaire a de toutes façons vocation à être appliquée. Par ailleurs les questions du respect de cette conditionnalité par les agriculteurs et de son contrôle effectif restent posées. En outre, alors que fleurissent les dispositifs – nationaux en particulier – de compensation des coûts de mises aux normes pour les agriculteurs « pollueurs » (comme le Plan Bretagne Eau Pure qui vise à assurer une meilleure mise en application de la Directive Nitrates par exemple), certains déplorent l'absence d'incitations positives (rétributions supplémentaires pour des externalités positives) pour les agriculteurs déjà particulièrement « verts » dans leurs pratiques. Ainsi par exemple, si deux règlements européens (1991 et 1999) encadrent les pratiques de production et de commercialisation en agriculture biologique, et si les effets bénéfiques pour l'environnement de ces pratiques agricoles alternatives sont désormais largement reconnus, aucun soutien spécifique de la PAC ne leur a jamais été octroyé.

Conclusion : réduire le fossé entre discours et pratique, de nouveaux défis pour la PAC

Que nous apprend donc l'évolution de cette politique européenne « originelle » qu'est la PAC ? Tout d'abord, que les objectifs attribués au secteur agricole et donc aux politiques publiques dans ce domaine par les gouvernements des États membres de l'Union européenne ont considérablement évolué depuis l'origine. Dans la période de genèse et de début de fonctionnement de la PAC, période d'immédiat après-guerre, le souvenir des pénuries alimentaire était encore prégnant et la foi dans le progrès technique et la modernisation particulièrement vifs. La Politique agricole commune était ainsi basée sur des objectifs définis en termes de quantité (atteindre l'autosuffisance alimentaire, intensification), de sélection des agriculteurs (sortie d'activité des moins compétitifs, professionnalisation) et de soutien du revenu (parité du monde agricole avec le reste de l'économie). Quant à ses instruments, les prix garantis, outre le fait qu'ils répondaient à ces objectifs, ils correspondaient également à une façon de concevoir l'économie agricole particulièrement prégnante en France, selon laquelle l'offre de produits agricoles ne répondrait pas aux prix, la seule façon d'influer sur les quantités produites devant passer par une politique des structures (loi « d'airain » de l'agriculture).

Ensuite, la PAC est un exemple particulièrement éclairant d'inertie institutionnelle et politique. Alors même que la croyance dans la loi d'airain de l'agriculture était battue en brèche dès le milieu des années 1970 par l'accumulation manifeste et structurelle d'excédents pour la totalité des produits agricoles particulièrement coûteux pour le budget européen, la PAC n'a subi pratiquement aucun changement pendant plusieurs décennies. Deux niveaux de verrouillage sectoriel expliquant cette inertie ont été mis en lumière dans ce chapitre : le niveau européen compte tenu de la nature inflationniste des décisions en Conseil de l'Agriculture, et le niveau national du fait de la prégnance des compromis établis avec la profession malgré les comportements de cavaliers seuls de groupe d'intérêts particulariste en son sein (céréaliers en particuliers).

Ensuite encore, la PAC est une excellente illustration des changements de préférences politiques qui se sont exprimées dans les choix des gouvernements européens au cours des années 1980 et de leur déclinaison concernant l'agriculture. À partir de cette période, les États membres ont participé de façon de plus en plus active à des arènes de négociation plus vastes que les simples arènes européennes dont en particulier l'arène commerciale internationale. Incluant de nouvelles façons de voir le monde et l'agriculture (un secteur productif comme les autres, sans spécificités particulières), de nouvelles coalitions et de nouveaux rapports de force, ces arènes ont amené les gouvernements européens à réaliser de nouveaux arbitrages inter-sectoriels et à « révéler » de nouvelles « préférences » politiques dans le secteur agricole. Pour ne pas renoncer aux avantages escomptés des négociations commerciales internationales sur leurs volets agricoles mais aussi, et surtout, non agricoles, ils ont amorcé en 1992 et poursuivi ensuite un mouvement de réforme majeur des instruments de la PAC. Ces réformes de la PAC reflètent clairement un changement de priorité donné au secteur en matière stratégique et économique par rapport à l'origine. Si l'enjeu agricole était considéré comme primordial sur le plan interne au moment de la fondation de l'Europe, il est relégué loin derrière d'autres enjeux à partir du milieu des années 1980, cela étant facilité sur le plan politique par l'affaiblissement politique du secteur du fait de la réduction du nombre d'actifs, conséquence directe des politiques de modernisation menées dans ce domaine.

En matière d'instruments, les réformes opérées à partir des années 1990 ont ainsi répondu en grande partie aux exigences des partenaires commerciaux de l'Union européenne, qui passaient par un découplage obligatoire du soutien par rapport à l'acte de production. Les prix garantis de la PAC étant ainsi considérés comme distorsifs du commerce international, ils ont été remplacés par des aides directes. Mais si les instruments de la politiques ont été radicalement changés, ils l'ont été, volontairement, sans effets majeurs sur les effets redistributifs de la politique : la quantité, et surtout la répartition du soutien n'a pratiquement pas changé avec ces réformes. Cependant, sa visibilisation grâce au système d'aides directes a bouleversé la nature des débats sur la politique. L'existence même d'un soutien à l'agriculture est remise en cause par un nombre croissant d'acteurs non agricoles, qui, par exemple, préfèreraient voir le budget agricole européen imputé à la recherche ou à l'éducation. Dans la communauté sectorielle en revanche, ce sont plutôt les critères de répartition du dit soutien qui sont au centre des polémiques. Ces deux débats étaient complètement occultés précédemment du fait de l'opacité de l'ancien système des prix garantis. Cependant, si les questions d'environnement, de développement rural, d'entretien du tissu social et du paysage sont au centre des discours sur la PAC ces dernières années, le fossé entre cette rhétorique nouvelle et la pratique, qui reste fortement marquée par le passé malgré les changements, reste très important. La PAC étant faite d'un ensemble complexe de compromis impliquant des acteurs aux intérêts et aux visions du monde particulièrement divergents et recoupant des enjeux tant locaux, nationaux, européens, qu'internationaux, ce sera un des défis majeurs des décennies à venir que de combler un tel fossé et de maintenir une légitimité sociale et politique pour cette politique.

Bibliographie

Bazin G., Kroll, J.C. (2002), « La multifonctionnalité dans la Politique Agricole Commune : Projet ou Alibi ? », Communication à la Société Française d'Économie Rurale, Paris, 22 mars 2002.

Boulanger P. (2005), *Les réalités de la distribution des subventions agricoles en France, Groupe d'Économie Mondiale*, 10 Novembre 2005.

Fouilleux E. (2004), « CAP and Multilateral Trade Negotiations, Another view on Discourse Efficiency », *West European Politics*, vol. 27/2, p. 235-255.

Fouilleux E. (2003), *La PAC et ses réformes*, Paris, L'Harmattan.

Kroll J.C. (2005), « Les politiques actuelles permettent elles d'atteindre un développement durable en agriculture ? », Communication à l'Académie d'Agriculture de France, séance du 15 juin 2005.

Laurent C. (2002), « Le débat scientifique sur la multifonctionnalité de l'activité agricole et sa reconnaissance par les politiques publiques », Colloque SFER *La multifonctionnalité de l'activité agricole et sa reconnaissance par les politiques publiques*, 21-22 mars 2002, Paris.

Loyat J. (2005), « Politique agricole commune et modèles de développement de l'agriculture », 05/04/2005 Études européennes, http://www.etudes-europeennes.fr

OCDE, 2001, *Multifonctionnalité : élaboration d'un cadre analytique*, 29 p., Voir http://www.blw.admin.ch/imperia/md/content/international/mf_cadre_resume.pdf.

Shucksmith M., Thomson K. and Roberts D. (eds.) (2005), *CAP and the Regions. The Territorial Impact of Common Agricultural Policy*, CABI Publishing, 240 p.

Les enjeux de la prééminence financière

Les places financières internationales en Europe, 1850-2005

Youssef CASSIS

Université de Genève

Les places financières internationales sont aujourd'hui l'objet d'un enjeu économique certain. Les avantages qu'elles procurent, notamment en termes d'emplois, de revenus et de concentration de richesses, au pays et à la ville qui les abritent apparaissent en effet hautement désirables, même s'ils ont un prix, le plus visible étant à ce jour le renforcement des inégalités.[1] L'ampleur que prennent aujourd'hui la défense et la promotion de ces places traduit l'importance de ces enjeux, qui ne sont pas l'affaire des seuls groupes de pression du secteur financier. Les autorités politiques entrent également dans la bataille s'il en va de l'intérêt national. Le chancelier de l'Échiquier britannique, Gordon Brown, n'en fournit-il pas le meilleur exemple en faisant du maintien de la compétitivité internationale de la City l'une des cinq conditions à l'entrée de la livre sterling dans l'Union monétaire européenne ? La question de l'émergence d'une place financière de l'Europe – l'équivalent de Paris pour la France ou de New York pour les États-Unis – n'est pas entièrement résolue. Londres paraît avoir l'avantage : elle est indiscutablement la première place financière *en* Europe, avec 55 % des services financiers (hors les banques de détail) de l'Union européenne à la fin de l'année 2000. Mais elle n'est pas, pour l'instant tout au moins, le centre financier de l'Europe, même si, selon une étude récente, la perte de sa prééminence financière et la dispersion des services qui y sont concentrés conduirait à une réduction de 70 % du volume de ses

---

[1]   Voir à ce sujet les analyses de Saskia Sassen, en particulier *The Global City. New York, London, Tokyo*, Princeton, 2001.

activités (et la disparition de 150 000 emplois), dont 48 % seulement serait récupéré par les autres places financières de l'Union européenne.[2]

Une chose est cependant claire, la lutte pour la « suprématie financière »[3] a toujours été un combat de chefs, une rivalité entre les places financières des grandes puissances européennes. À de rares exceptions près, comme Amsterdam, dans une certaine mesure, dans les années 1920[4], ou la Suisse des années 1950 aux années 1970[5], les places financières des petits pays européens ont dû se contenter d'un rôle secondaire, de niches où elles ont pu bénéficier d'un avantage concurrentiel, le plus souvent pour des raisons fiscales ou à la faveur de leur neutralité politique. Il est à cet égard surprenant qu'au début des années 1970, en conclusion à un long article sur la formation des places financières, l'éminent historien et économiste Charles Kindleberger se soit hasardé à prédire, avec prudence certes, que Bruxelles pourrait s'affirmer comme le centre financier de la Communauté européenne. Il y voyait pour principales raisons le fait que Bruxelles était le siège de la Commission européenne, qu'elle attirait de grandes entreprises étrangères et ne manquerait pas d'y attirer des banques étrangères et européennes, et qu'elle tolérait l'usage de l'anglais. Quant à Londres, il l'écartait en raison de la faiblesse de la livre sterling et de l'insuffisance de l'épargne britannique.[6] Charles Kindleberger s'est bien sûr trompé et son erreur est une mise garde contre ce genre de pronostics. Il s'est trompé pour des raisons que j'appellerais techniques, en d'autres termes parce qu'il ne pouvait pas prévoir l'extraordinaire développement qu'allait connaître le marché international des capitaux. Et pour des raisons que j'appellerais politiques, en d'autres termes parce qu'il n'a pas suffisamment tenu compte du fait que la hiérarchie internationale des places financières ne résulte pas de facteurs uniquement économiques. C'est ce point qui sera plus particulièrement discuté dans ce chapitre.

---

[2] Centre for Economic and Business Research, *The City's Importance to the European Union Economy*, novembre 2000.

[3] Cette expression a servi de titre à deux ouvrages publiés au début des années 1930 pour décrire les rivalités opposant alors Londres, New York et Paris : P. Einzig, *The Fight for Financial Supremacy*, Londres, 1931, et P. Coste, *La lutte pour la suprématie financière. Les grands marchés financiers. Paris, Londres, New York*, Paris, 1932.

[4] J. Houwink ten Cate, « Amsterdam als Finanzplatz Deutschlands (1919-1923) », in G.D. Feldman *et al.* (dir.), *Konsequenzen der Inflation*, Berlin, 1989, p. 152-189.

[5] M. Iklé, *Die Schweiz als internationaler Bank- und Finanzplatz*, Zurich, 1970 ; P. Braillard, *La place financière suisse. Politique gouvernementale et compétitivité internationale*, Genève, 1987.

[6] C.P. Kindleberger, « The Formation of Financial Centers », *Princeton Studies in International Finance*, 36, 1974.

I. Définitions, enjeux, débats

Au préalable, il n'est peut-être pas inutile de rappeler brièvement ce qu'on entend par place financière. Les définitions sont nombreuses. On en retiendra deux, qui sont plus complémentaires qu'antagonistes. On peut définir une place financière comme le regroupement, sur un espace urbain déterminé, d'un certain nombre de services financiers ; ou on peut la définir, de façon plus fonctionnelle, comme le lieu où les transactions financières sont coordonnées et réglées. Dans les deux cas, le regroupement s'explique principalement par les économies d'échelle externes qui peuvent être réalisées, notamment en matière d'accès à l'information et à un pool de main d'œuvre qualifiée. À quoi il faut ajouter la nécessité, en particulier pour les opérations financières les plus complexes, d'un contact direct, personnel entre les protagonistes, ce qui explique que même à l'heure des communications à distance instantanées, les places financières continuent à jouer un rôle essentiel. Enfin, il ne faut pas exclure d'autres raisons, comme la proximité du pouvoir politique, encore que cette explication ne soit pas automatiquement valable pour toutes les places.

Cette concentration existe au niveau national, régional et international. Au cours du XIXe siècle, un centre financier s'est imposé dans chacun des principaux pays industrialisés. Ce rôle ne s'est pas toujours confondu avec celui de capitale politique. Si Londres et Paris sont à la fois les capitales politiques et financières de l'Angleterre et de la France, ce n'est pas le cas de New York aux États-Unis, ou encore d'Amsterdam aux Pays-Bas ou de Zurich en Suisse.[7] La situation est plus complexe au plan international. La concentration n'a jamais été aussi forte qu'au niveau national, même si plusieurs centres continuent souvent à coexister dans un même pays. Mais il a toujours existé une claire hiérarchie des places financières et, durant certaines périodes, une place a pu jouer le rôle de véritable centre financier du monde : Londres, par exemple, entre 1870 et 1914, ou New York durant les deux décennies qui suivent la Seconde Guerre mondiale.[8]

En fait, depuis une vingtaine d'années, la littérature relative aux places financières internationales s'est surtout intéressée à leur ordre

---

[7]   C.P.Kindleberger, « The Formation of Financial Centres », *art. cit.*

[8]   Y. Cassis, *La City de Londres, 1870-1914*, Paris, 1987 ; R. Michie R., *The City of London. Continuity and Change, 1850-1990*, Basingstoke et Londres, 1992 ; D. Kynaston, *The City of London*, vol. II : *Golden Age, 1890-1914*, Londres, 1995 ; M. Nadler, S. Heller et S. Shipman, « New York as an International Financial Center », *in The Money Market and Its Institutions*, New York, 1955, p. 290-291 ; C.R. Geisst, *Wall Street. A History*, Oxford, 1997 ; R Roberts, *Wall Street*, Londres, 2002.

hiérarchique. Dans un ouvrage pionnier, l'économiste américain Howard C. Reed proposait un classement des places financières internationales, à intervalles de dix ou quinze ans, depuis 1900. Il se basait sur une série de critères quantitatifs comme le nombre de banques étrangères et de banques multinationales présentes dans un centre ou le montant relatif des dépôts bancaires de non résidents existant dans un centre. Pour 1980, il répartissait les quatre-vingts places examinées en cinq catégories ascendantes : quarante étaient classées comme de simples villes collectant les capitaux, vingt-neuf comme des centres financiers internationaux, huit (Amsterdam, Chicago, Francfort, Hambourg, Hongkong, Paris, San Francisco et Zurich) comme des places financières supranationales de deuxième ordre, New York et Tokyo comme des places supranationales de premier ordre, et enfin une seule, Londres comme la place supranationale par excellence.[9]

D'autres travaux de ce type ont suivi et la méthode a été quelque peu raffinée.[10] Sans entrer ici dans une discussion méthodologique ou même dans le détail de ces classements, il est important de noter l'importance accordée aujourd'hui à la hiérarchie des places financières internationales. L'obsession des classements (qu'il s'agisse du taux de croissance, du revenu par habitant, de la taille des plus grandes entreprises) est un phénomène récent, largement amplifié par la presse spécialisée. Mais banquiers et financiers ont toujours été parfaitement conscients de la prééminence financière et de l'existence d'une hiérarchie internationale des places. En 1802 par exemple, le banquier privé anglais Henry Thornton considérait que Londres avait supplanté Amsterdam et était devenue « la capitale commerciale de l'Europe et même du monde entier ».[11] Un siècle plus tard, en décembre 1903, un autre banquier anglais, Felix Schuster, président de l'une des grandes banques de la capitale, déclarait à ses confrères : « Nous sommes, on l'admet, le centre financier du monde. Cela est plus qu'une phrase, c'est un fait. Notre position a certes été attaquée, mais jusqu'ici cela s'est avéré être sans effets ».[12]

---

[9]   H.C. Reed, *The Preeminence of International Financial Centers*, New York, 1981.

[10] Voir par exemple G. Jones, « International financial centres in Asia, the Middle East and Australia : a historical perspective", in Y. Cassis (ed.), *Finance and Financiers in European History 1880-1960*, Cambridge, 1992, p. 405-406 ; R. Roberts, « The Economics of Cities of Finance », in H.A. Diedericks et D. Reeder (dir.), *Cities of Finance*, Amsterdam, 1996, p. 7-19 ; G. Duffey et I.H. Giddy, *The International Money Market*, Prentice-Hall, 1978.

[11] H. Thornton, *An Inquiry into Paper Credit*, Londres, 1802, p. 59.

[12] *Journal of the Institute of Bankers*, 1904, p. 58.

Car c'est au sommet de la hiérarchie que se situent véritablement les enjeux. Les choses sont ici assez simples. Depuis le début du XIXe siècle, le nombre de places financières qui ont véritablement compté en Europe ne dépasse pas une demi douzaine : Londres, Paris, Berlin, à qui succède Francfort après la Seconde Guerre mondiale, et dans une moindre mesure Zurich, que l'on peut coupler avec Genève, Bruxelles (surtout avant la Première Guerre mondiale), Amsterdam (surtout dans les années 1920), ou encore Luxembourg comme place *offshore*. Si l'on se situe au niveau mondial, il faut ajouter bien sûr New York, beaucoup plus récemment Tokyo, ainsi que Hongkong, avec Shanghai avant 1945, et Singapour.[13] Dans quelle mesure y a-t-il eu lutte pour la suprématie financière ? De tels épisodes sont en fait relativement rares et la formule est de toute façon trompeuse. Il faut plutôt parler de rivalité, de relations faites à la fois de concurrence et de collaboration. Trois principaux moments ont marqué l'histoire financière de l'Europe du milieu du XIXe siècle à nos jours.

II. Rivalités entre Londres et Paris

Le premier épisode concerne la rivalité entre Londres et Paris sous le Second Empire. Paris est le challenger, Londres ayant affirmé sa primauté au lendemain des guerres napoléoniennes. Or la France exporte plus de capitaux que la Grande-Bretagne dans les années 1850 et 1860[14] et les responsables politiques et économiques français veulent tirer parti de cet état de choses. L'une des manifestations les plus frappantes des ambitions nouvelles de la place parisienne est la proposition faite par la France, en décembre 1866, d'introduire une monnaie universelle, basée sur le franc. Cette proposition s'adresse à tous les pays européens et aux États-Unis et s'appuie sur la signature, l'année précédente, d'une convention monétaire entre la France, l'Italie, la Belgique et la Suisse, connue sous le nom d'Union Monétaire Latine. Dans le cadre de la rivalité entre Londres et Paris, la signification de l'initiative française et les avantages que la place parisienne peut en escompter apparaissent beaucoup plus symboliques que véritablement tangibles. Il s'agit en d'autres termes d'une extension du prestige et de l'influence française dans le monde. Ce sont ces mêmes raisons qui expliquent pour une bonne part le refus britannique. Vu la position de première place finan-

---

[13] Y. Cassis, *Les capitales du capital. Histoire des places financières internationales, 1780-2005*, Genève, 2006.

[14] A. Imlah, « British Balance of Payments and the Export of Capital, 1816-1913 », *Economic History Review*, 2nd ser., 2, 1952, p. 235-236 ; M. Lévy-Leboyer, « La balance des paiements et l'exportation des capitaux français », in M. Lévy-Leboyer (dir.), *La position internationale de la France*, p. 119-120.

cière du monde occupée par la City, il apparaît inacceptable à l'opinion britannique que la livre doive s'adapter à un système international conçu autour du franc. Le rapport de la commission d'enquête parlementaire nommée en 1868 par Disraeli reconnaît d'ailleurs les bienfaits d'une monnaie internationale, mais considère que la livre sterling en constituerait une base plus appropriée. Quoi qu'il en soit, la défaite de 1870 met définitivement fin aux ambitions parisiennes.[15]

Le second épisode est la rivalité entre Londres et New York dans les années 1920, Paris entrant dans la bataille, si l'on ose dire, au début des années 1930. On ne s'attardera pas sur les relations entre Londres et New York. Il s'agit moins d'une lutte ouverte que d'un rapport de forces nouveau, dû à l'affaiblissement de la position de la Grande-Bretagne après la Première Guerre mondiale (elle éprouve notamment des difficultés à rétablir puis à maintenir la livre à son taux d'avant-guerre et à retrouver son rôle d'exportateur de capitaux à long terme) et au renforcement de la position des États-Unis. Le krach de Wall Street et la dépression des années 1930 reporteront de toutes façons à après 1945 l'affirmation de New York comme première place financière mondiale.[16]

La rivalité entre Londres et Paris est plus révélatrice dans la perspective qui nous intéresse ici. La place parisienne retrouve en effet ses ambitions après la stabilisation du franc en 1926. La devise française, bien qu'ayant perdu les quatre cinquièmes de sa valeur d'avant 1914, inspire à nouveau confiance, les capitaux en fuite rentrent en France, les émissions étrangères reprennent et la place parisienne retrouve une bonne partie de sa vitalité d'avant-guerre.[17] Pour Émile Moreau, le gouverneur de la Banque de France, « réorganiser le marché de Paris pour en faire l'un des premiers marchés du monde, coordonner et étendre l'action de nos banques à l'étranger, telles seront les tâches essen-

---

[15] Voir à ce sujet L. Einaudi, *Money and Politics. European Monetary Unification and the International Gold Standard (1865-1873)*, Cambridge, 2001.

[16] Voir M. Wilkins, « Cosmopolitan finance in the 1920s : New York's emergence as an international financial centre », in R. Sylla, R. Tilly et G. Tortella (dir.), *The State, the Financial System and Economic Modernization*, Cambridge, 1999 ; K. Burke, « Money and Power : the shift from Great Britain to the United States », in Y. Cassis (ed.), *Finance and Financiers in European History*, Cambridge, 1992 ; P.L. Cottrell, « Established Connections and New Opportunities. London as an International Financial Centre, 1914-1958 », in Y. Cassis et É. Bussière (dir.), *London and Paris as International Financial Centres in the Twentieth Century*, Oxford, 2005 ; Y. Cassis, *Les capitales du capital, op. cit.*

[17] A. Plessis, « When Paris Dreamt of Competing with the City… », in Y. Cassis et É Bussière (dir.), *London and Paris as International Financial Centres in the Twentieth Century, op. cit.*

tielles de l'après stabilisation ».[18] Les atouts de Paris proviennent principalement de la position de la France dans les relations monétaires et financières internationales. Dès la stabilisation du franc, la Banque de France accumule d'énormes quantités d'or et de créances étrangères, en particulier sur l'Angleterre. En réalisant ses créances sur Londres et en retirant de l'or, la Banque de France peut causer de gros problèmes à la Banque d'Angleterre, voire même, vu les difficultés de la livre à maintenir sa parité, à forcer la devise britannique à quitter l'étalon-or. La fragilité de la livre et la solidité du franc modifient donc temporairement le rapport de force entre Paris et Londres et placent la Banque d'Angleterre sur la défensive.[19] Mais il s'agit avant tout du domaine de la diplomatie financière internationale. La Banque de France peut désormais étendre son influence sur les banques d'émission d'Europe centrale, un objectif qui correspond aux grandes lignes de la diplomatie française dans cette région, alors qu'elle avait dû jusque là laisser l'initiative à la Banque d'Angleterre.[20] Mais Paris reste encore loin derrière la City comme place financière. Son marché des capitaux et son marché monétaire ne rivalisent pas avec celui de Londres, ni avec celui de New York. La place parisienne retrouve durant quelques années sa gloire de la Belle époque et l'espoir de supplanter Londres, mais sa prospérité, basée essentiellement sur l'afflux de capitaux à court terme, reste fragile et ne survivra pas à la crise.

III. Rivalités européennes à la fin du XXᵉ siècle

Les rivalités entre les trois principales places européennes, Londres, Paris et Francfort, dans les années 1990, nous amène plus directement à la problématique de cet ouvrage, l'Europe communautaire au défi de la hiérarchie.

Le contexte est un peu différent de celui du milieu du XIXᵉ siècle et des années 1920. Après une longue période de réglementations et de contrôles des mouvements de capitaux, l'ouverture de l'économie mondiale, à partir des années 1970, a revitalisé les grandes places financières internationales et cette revitalisation a coïncidé, dans les pays avancés, avec le passage à une économie post-industrielle, dominée par les

---

[18] E. Moreau, *Souvenirs d'un gouverneur de la Banque de France : Histoire de la stabilisation du franc (1926-1928)*, Paris, 1954, p. 603.

[19] S. Pollard, « Introduction », in S. Pollard. (ed.), *The Gold Standard and Employment Policies between the Wars*, Londres, 1970.

[20] O. Feiertag, « La Banque de France et les problèmes monétaires européens de la Conférence de Gênes à la création de la B.R.I. (1922-1930) », in É. Bussière et M. Dumoulin (dir.), *Milieux économiques et intégration européenne en Europe occidentale au XXᵉ siècle*, Arras, 1998.

services, au sein desquels les services financiers occupent une place de choix. Les grandes places financières cherchent plus que jamais à promouvoir leur image de marque et à renforcer leur position internationale. La rivalité qui en résulte est cependant différente de celle qui avait opposé Londres et Paris au milieu du XIXe siècle ou Londres, New York et Paris dans les années 1920. D'abord parce qu'elle concerne toutes les principales places financières internationales : New York, Tokyo, Londres, Francfort, Paris, Hongkong, Zurich, Singapour, et pas seulement deux ou trois. Ensuite parce que le leadership mondial n'est pas véritablement en cause, même si Tokyo a pu caresser l'ambition de supplanter New York dans les années 1980.

En revanche, la concurrence est plus ouverte à l'intérieur des principales zones horaires, surtout en Europe, où Paris et Francfort s'efforcent depuis une quinzaine d'années de supplanter Londres, tout en étant en concurrence l'une avec l'autre. La création de Paris Europlace en 1993 et de Finanzplatz Deutschland en 1996, deux organismes visant chacun à promouvoir sa place d'origine, témoigne de leur détermination. Les rivalités entre places sont également fortes sur le terrain des activités spécifiques à l'intérieur de la branche financière. Londres occupe la première place dans la plupart d'entre elles, par opposition aux institutions et marchés financiers nationaux, où la position de New York est le plus souvent intouchable.[21] La concurrence tend à être intense sur certains marchés, comme les Bourses de valeur, les produits dérivés ou la gestion d'actifs, en même temps qu'il existe une division du travail et une collaboration au niveau international. Mais la séparation, nouvelle dans l'histoire, entre la principale place financière pour les transactions directement internationales, à savoir Londres, et l'économie dominante que sont les États-Unis, suscite inévitablement des ambitions nouvelles chez un plus grand nombre de candidats.

Londres revient au premier rang des places financières internationales dans les années 1960, avec l'émergence puis le développement des euromarchés, qui y trouvent leur domicile naturel. Les raisons de cette renaissance de la City tiennent principalement à ses traditions historiques, à l'attitude libérale des autorités monétaires, qui laissent se développer les marchés en devises étrangères tout en réglementant étroitement les activités nationales, libellées en sterling. Elle tient également aux réglementations prévalant sur les places étrangères, tant aux États-Unis qu'en Europe continentale.[22] Londres accentue encore son avance

---

[21]   Voir R. Roberts, *Inside International Finance*, Londres, 1998.

[22]   Voir C. Schenk, « International Financial Centres, 1958-1971 : Competitiveness and Complementarity », in S. Battilossi et Y. Cassis (dir.), *European Banks and the American Challenge. Competition and Cooperation in International Banking under*

sur les autres places européennes avec le Big Bang d'octobre 1986, qui renforce sa compétitivité et le caractère international de ses activités.[23]

Cette politique a payé des dividendes. À la fin des années 1990, Londres occupait la première place dans les prêts bancaires internationaux, les transactions en devises, la gestion d'actifs, le nombre de banques étrangères, les émissions d'euro-obligations, et le marché international de l'assurance. Elle occupait la seconde place pour les marchés à terme de produits dérivés, derrière Chicago, mais la première pour les transactions directes de gré à gré ; et la troisième place, derrière New York et Tokyo, pour la capitalisation boursière, mais la première pour le volume des négociations de titres étrangers.[24]

Mais ce leadership international a également un prix : c'est la domination de plus en plus grande des activités de la City par les banques étrangères. Rien ne reflète plus cet état de chose que la disparition, au cours des années 1990, des *merchant banks* qui représentaient, tant sur le plan social que sur le plan professionnel, l'aristocratie de la City. Morgan Grenfell, Baring, Kleinwort, Schroders, Hambro et autres ont toutes été rachetées par des grandes banques américaines et européennes. Seuls Rothschild et Lazard étaient encore indépendantes en 2005. Les banques commerciales anglaises comptent toujours parmi les plus grandes banques mondiales, mais elles n'ont pas réussi à s'imposer dans le domaine de l'*investment banking* et de la *corporate finance*, traditionnellement le domaine des *merchant banks*. Quelle importance accorder à cet effacement des institutions financières anglaises, à ce que d'aucuns ont appelé un Wimbledon financier – un merveilleux tournoi mais où les joueurs qui comptent et une chance de gagner sont tous étrangers ? De nombreux commentateurs anglais se félicitent des succès de la City sans se soucier outre mesure de sa dépendance des banques étrangères. Ils ont sans doute raison, même s'il faut se garder de tout triomphalisme, et quelques voix ont la sagesse de mettre en garde contre la fragilité d'une telle position et des risques de repli de certaines activités vers d'autres places, en premier lieu New York, en cas de renversement prolongé du

---

Bretton Woods, Oxford, 2002 ; R. Fry (ed.), *A Banker's World. The Revival of the City 1957-1970. The speeches and writings of Sir George Bolton*, Londres, 1970 ; I. M. Kerr, *A history of the Eurobond market : the first 21 years*, Londres, 1984 ; « Witness Seminar on the Origins and Early Development of the Eurobond Market », introduced and edited by Kathleen Burke, *Contemporary European History*, 1, 1, 1992, p. 65-87 ; R. Roberts, *Take Your Partners. Orion, the Consortium Banks and the Transformation of the Euromarkets*, Basingstoke, 2001.

[23] Voir D Kynaston., *The City of London*, vol. IV, *A Club No More 1945-2000*, Londres, 2001.

[24] R. Roberts et D. Kynaston, *City State. How the Markets Came to Rule our World*, Londres, 2001 ; R. Roberts, *The City*, Londres, 2004.

marché boursier.[25] Quoi qu'il en soit, la City n'avait pas et n'a toujours pas véritablement le choix. Elle ne pouvait devenir, et ne peut demeurer, une place financière globale au même titre que New York et Tokyo qu'en étant entièrement internationalisée. L'alternative est une place financière à la dimension, ou à peu près, de l'économie britannique, c'est-à-dire, compte tenu de certains avantages concurrentiels, un peu plus grande que Paris ou Francfort.

Pour Francfort, l'ambition de supplanter Londres comme principale place financière en Europe prend forme puis s'intensifie dans les années 1990. Les pronostics vont bon train. En 1995, une enquête menée par la chaîne de télévision américaine CNBC annonce que Francfort aura supplanté Londres comme principale place financière européenne en 2005. Les banquiers de Francfort, sans entièrement reprendre cette prévision à leur compte, sont optimistes : « Que les choses changent vite [...] Le retournement en faveur de Francfort est remarquable », tout en admettant que « la marche de Francfort vers la première place en Europe n'est pas assurée », écrivait à la fin de l'année 1998 Friedrich von Metzler, associé de la banque privée de Francfort B. Metzler seel. Sohn & Co.[26]

L'optimisme de la fin des années 1990 s'explique notamment par la décision, prise en 1992, de situer le siège de la nouvelle Banque centrale européenne à Francfort. Une décision qui suscite à vrai dire assez peu de controverses. La France est d'accord de faire cette concession à l'Allemagne, et de toutes façons, l'unification monétaire de l'Europe apparaît encore bien lointaine et incertaine.[27] Les conséquences de ce choix, en particulier pour Francfort et pour Londres, commencent à faire l'objet de discussions plus sérieuses à mesure que l'entrée en vigueur de l'euro, prévue le 1er janvier 1999, se précise. D'aucuns estiment alors que la Banque centrale européenne donnera à Francfort un avantage décisif sur Londres, en attirant notamment un beaucoup plus grand nombre de banques sur les bords du Main. L'optimisme vient également de la confiance qu'ont alors les milieux financiers de Francfort dans les capacités de développement du marché des capitaux allemands. En 1996, la capitalisation boursière représentait 30 % du PNB allemand contre 130 % pour la Grande-Bretagne, du fait du poids traditionnel des banques dans le financement de l'économie allemande et, peut-être, de l'absence outre-Rhin d'un système de retraite capitalisé. Un potentiel de croissance énorme existe donc, mais cela implique apparemment le

---

[25] P. Augar, *The Death of Gentlemanly Capitalism*, Londres, 2000.

[26] C.-L. Holtfrerich, *Frankfurt as a Financial Centre. From medieval trade fair to European banking centre*, Munich, 1999.

[27] M. Marshall, *The Bank*, London, 1999, p. 172-73.

passage à un capitalisme de type anglo-saxon. Et puis il y a le contexte politique et économique mondial et européen issu de la chute du communisme et l'unification allemande, qui doit permettre à l'Allemagne de retrouver son influence naturelle en Europe centrale et de l'est et augmenter ainsi le rayonnement international de Francfort.

Francfort, on le sait, n'a ni rattrapé ni dépassé Londres et il est peu probable qu'elle y parvienne un jour, même si le potentiel du marché de Francfort est encore loin d'être entièrement réalisé. Avec une population de 650.000 habitants, la ville n'est pas assez grande pour abriter une place financière globale employant plus de 300.000 salariés. Elle n'est pas non plus suffisamment attrayante pour le monde de la haute finance internationale. Ceci dit, Francfort n'en est pas moins la quatrième place financière mondiale, avec une position relativement faible dans le domaine de la gestion d'actifs, et relativement forte dans les marchés des produits dérivés (Eurex). Les milieux financiers allemands pensent moins aujourd'hui en termes de rivalité avec Londres qu'en termes de coopération et de complémentarité et de rayonnement de Francfort en Europe continentale.[28]

La place parisienne, pour sa part a réussi à maintenir un certain standing international – à travers par exemple la présence de banques étrangères – même aux plus forts moments de l'intervention étatique. Même si elle a été dépassée par Francfort dans les années 1980, c'est le retard par rapport aux places anglo-saxonnes qui compte véritablement pour les milieux financiers et politiques français et qu'ils sont préoccupés de combler.

Des mesures destinées à libéraliser la place parisienne sont prises dès novembre 1966. Paris ambitionne de rivaliser à nouveau avec Londres et surtout de se profiler comme capitale financière de la Communauté européenne. Le moment apparaît d'autant plus favorable que la livre connaît des difficultés et que l'Angleterre n'a pas encore adhéré au Marché commun. Le Trésor procède avec prudence, mais de toutes façons, les évènements de mai 1968 et le rétablissement du contrôle des changes mettent fin à ces tentatives de promotion de la place parisienne, les plus ambitieuses depuis la fin des années 1920. Les réformes introduites dans les années 1980 ont en revanche porté leur fruit, en renforçant surtout le rôle du marché financier, atrophié par trois décennies de financement de l'économie par l'État et les banques. Le rapport de la capitalisation boursière au PIB, encore très modeste à la fin des années 1980, s'est beaucoup développé durant la décennie suivante,

---

[28] Voir D. Franke, « Internationale Finanzplätze : Rivalen oder Partner ? », *Die Bank*, avril 2002, p. 176-179.

passant de 35 % en 1989 à 106 % en 1999, dépassant très nettement celui de l'Allemagne et se rapprochant de celui de la Grande-Bretagne.[29]

L'activité internationale du marché parisien reste pourtant faible et surtout, Paris n'est pas encore vue, depuis l'étranger, comme une place véritablement internationale et l'image d'un gouvernement resté fondamentalement interventionniste continue à y être associée. La place parisienne possède cependant des atouts importants, même si elle n'arrive en tête dans aucun des principaux domaines d'activité internationale. Parmi ses points forts, il faut citer la gestion d'actifs, le marché obligataire, et les produits dérivés Et il ne faudrait pas sous-estimer l'attrait de Paris et la qualité de vie qu'elle peut offrir. Dans ce domaine, qui compte à l'heure où les places financières deviennent de plus en plus des lieux où se discutent et se montent de grosses affaires, Paris est la seule ville qui puisse rivaliser avec Londres, même s'il y a peu de chances pour qu'elle réussisse à supplanter la City. Au milieu du XIXe siècle, le handicap de Paris par rapport à Londres tenait principalement au moindre développement de l'économie française. Au début du XXIe siècle, il tient principalement à la moindre internationalisation de la place parisienne. Outre l'avance considérable que possède ici la City, il n'est pas du tout sûr que les autorités politiques et les milieux financiers français souhaitent aller aussi loin dans cette direction. Au niveau européen, en revanche, Paris, qui devance Francfort sur de nombreux marchés, devrait pouvoir retrouver la place de « brillant second » qui était la sienne avant 1914.

IV. États, marchés, hiérarchie

Les enjeux de la prééminence financière sont donc anciens. S'ils ont surtout opposé Londres à Paris du milieu du XIXe au milieu du XXe siècle, Francfort – vieille place allemande éclipsée par Berlin entre 1866 et 1945 – s'est hissée aux premiers rangs de la hiérarchie, dépassant pour la première fois Paris dans les années 1980 et se posant en concurrent de Londres pour le leadership européen dans les années 1990. Si sa marche en avant s'est interrompue à la fin de la décennie, la question de la prééminence financière en Europe reste ouverte : une place financière s'affirmera-t-elle comme le centre financier de l'Europe et si oui, Francfort ou Paris ont-elles encore une chance de l'emporter sur Londres ?

---

[29] A. Straus, « The future of Paris as an international centre from the perspective of European integration », in É. Bussière et Y. Cassis (dir.), *London and Paris as International Financial Centres in the Twentieth Century, op. cit.*

Qu'aucune autre place européenne ne puisse aspirer à ce rôle n'a guère de quoi surprendre. Cela tient avant tout au plus faible développement de leurs marchés financiers (y compris pour une économie de la taille de l'Italie) que les traditions financières de centres comme Amsterdam ou Bruxelles ne suffisent pas à compenser. C'est également une question de dimension de l'espace urbain : à cet égard, seules Londres et Paris paraissent disposer de la taille critique pour abriter une place financière véritablement globale. Il est cependant symptomatique que le choix du siège de la Banque Centrale européenne ne se soit pas porté sur la capitale financière d'un petit pays européen. On pense bien sûr à Amsterdam, centre financier de la planète au XVIIIe siècle, avant d'être supplantée par Londres, mais qui n'a rien perdu de ses traditions financières au cours des deux siècles suivants. Ou à Bruxelles, autre cité de finance, qui aurait de surcroît présenté l'avantage de regrouper dans la même ville, à l'image de Washington aux États-Unis, institutions politiques et institutions monétaires.

C'est d'ailleurs cette logique (un institut d'émission divisé en unités régionales et proche du pouvoir politique) qui avait conduit les autorités militaires anglo-saxonnes, sous la pression des Américains, à choisir en 1948 Francfort comme siège de la Bank deutscher Länder, qui deviendra dix ans plus tard la Bundesbank. La qualification première de la ville est alors d'être le centre administratif de la *Bizone*, formée au début 1947 par l'amalgame des zones d'occupation militaire américaine et anglaise, et à ce titre capitale possible du futur État ouest-allemand, et non pas d'être le principal centre financier de l'Allemagne de l'Ouest, Hambourg ou même Cologne la dépassant alors largement dans ce domaine.[30] L'influence britannique transformera la Bank deutscher Länder en une institution centralisée sur le modèle européen[31] et les pressions de Konrad Adenauer feront de Bonn la capitale politique. Mais Francfort conservera la banque centrale, avec les avantages qui en découlent, c'est-à-dire la concentration des principales activités financières allemandes sur les rives du Main.

À ce jour, Francfort n'a pas pu retirer les mêmes avantages de l'installation de la Banque centrale européenne sur les bords du Main. Contrairement à la situation de l'Allemagne au lendemain de la guerre, les positions des principales places concurrentes, en premier lieu Londres, étaient déjà solidement établies à la fin des années 1990 et la proximité de la Banque centrale européenne ne présentait guère

---

[30] C. L., Holtfrerich, *Frankfurt as a Financial Center...*, *op. cit.*

[31] M. Dickhaus, « Fostering 'the bank that rules Europe' : the Bank of England, the Allied Banking Commission and the Bank deutscher Länder, 1948-1951 », *Contemporary European History*, 7, 2, 1998, p. 161-180.

d'avantages pour les marchés internationaux domiciliés dans la City, ou ailleurs. La décision – ou le compromis – politique n'a pu faire de Francfort, l'une des grandes places mondiales, le centre financier de l'Europe. La chose, *a fortiori*, n'aurait pu être possible dans le cas d'une place financière de moindre rang, comme Amsterdam ou Bruxelles. En dernière analyse, et ceci est particulièrement vrai dans un univers économique mondialisé, la hiérarchie des places financières internationales est dictée par la logique des marchés. Les autorités politiques et monétaires d'un pays peuvent au mieux, par des mesures appropriées, aller dans le sens cette logique voire l'encourager (l'un des meilleurs exemples est l'installation des Euromarchés à Londres au début des années 1960), mais elles ne peuvent en faire fi ni la contrecarrer. On pourrait opposer, dans le fonctionnement de l'Europe communautaire, la logique du marché, en principe neutre, à la décision politique, où risque quelquefois de prévaloir un arbitraire implicite favorable aux grandes nations. L'émergence d'un centre financier de l'Europe dépendra beaucoup plus de la première que de la seconde. Mais les marchés sont intransigeants et ne s'embarrassent guère de compromis : seules les toutes grandes places peuvent s'imposer au sommet de la hiérarchie.

Intégration européenne et hiérarchisation régionale en Europe orientale

Georges MERCIER

Institut d'Urbanisme de Grenoble

Avec le troisième rapport sur la cohésion publié en février 2004 par la Commission européenne[1], on constate sans grande surprise que les disparités régionales en Europe se sont accrues avec l'élargissement.

Le contexte de transition et les difficultés économiques importantes que connaissent les PECO ont poussé l'Union européenne à intervenir en mettant sur pied des programmes spécifiques d'assistance en faveur des entreprises, des populations, et des administrations.

Au lendemain de l'élargissement, on peut cependant se demander dans quelle mesure la politique européenne de cohésion économique et sociale peut permettre d'atténuer les clivages socioéconomiques entre différentes échelles et différentes natures de territoires : entre l'Est et l'Ouest du continent ; entre les régions capitales, les métropoles et les villes moyennes ; entre les espaces urbanisés et les territoires ruraux ; entre espaces infrarégionaux, etc.

Sur le registre de l'organisation différenciée, hiérarchique, inégale de l'espace, quelle adaptation peut proposer l'Europe aux pays qui viennent de la rejoindre ? Au delà des particularités géographiques, régionales, socioéconomiques de l'Europe centrale et orientale, il s'agit de s'interroger sur les modalités d'intervention de l'Union européenne, d'en saisir les limites et de réfléchir aux perspectives d'une politique européenne de cohésion territoriale aujourd'hui confrontée à de fortes pressions politiques et financières.

---

[1] *Un nouveau partenariat pour la cohésion, convergence compétitivité coopération*, Troisième rapport sur la cohésion économique et sociale, Commission européenne, Bruxelles, février 2004.

I. Hiérarchie des espaces européens

A. *Espace et pouvoir*

Quelle que soit la volonté des institutions régionales, nationales ou européennes d'intervenir sur la réduction des disparités territoriales, ces disparités sont constitutives de toute organisation territoriale et n'ont cessé de suivre l'évolution économique, sociale et géopolitique du continent. Intervenir dans ce champ est une démarche éminemment politique qui requiert une ambition forte, un projet, des outils d'intervention techniques, financiers et administratifs.

Les États qui ont souhaité faire de cet objectif une priorité essentielle de leur politique se sont inscrit dans une logique interventionniste d'État fort. C'est le cas des États européens d'après-guerre, et, pour la France, de la politique équipementière, des régions de programme, de la conception des métropoles d'équilibre et des réseaux de villes moyennes, de la création des villes nouvelles et des grands ensembles de logements.

Plus à l'Est, l'URSS a affiché le remodelage territorial comme un objectif majeur de son projet économique et social, ce qui, derrière un discours de rééquilibrage spatial, permettait de conforter la suprématie du pouvoir central. Alors que depuis le Moyen Âge l'Europe s'est appliquée à conquérir ses espaces ruraux, périphériques, pour les soumettre à la puissance des villes, de l'Église et des souverains, les pays totalitaires de la seconde moitié du XXe siècle se sont efforcés de maîtriser la hiérarchie des métropoles pour limiter les contre-pouvoirs. Réduire les disparités, et par extension les particularités, les particularismes culturels et politiques fut ainsi l'une des grandes ambitions de l'ère soviétique.

Au sein d'une Europe réunifiée, d'une Europe en paix – si l'on excepte les conflits régionaux des Balkans –, la question de la cohésion économique et sociale et plus précisément de la cohésion territoriale telle qu'évoquée dans la Constitution européenne, ne peut faire l'impasse sur les enjeux de pouvoir qui animent les relations entre États.

Ces enjeux se retrouvent dans la permanence et le renforcement des pôles dominateurs (le pentagone européen[2]) et dans la difficulté observée à mobiliser des financements en faveur de la cohésion économique et sociale en Europe.

---

[2] La moitié des richesses de l'Europe des 15 est produite sur un cinquième de sa superficie, à l'intérieur du « pentagone » composé par Londres, Hambourg, Munich, Milan et Paris.

B. Une Europe centrale périphérique ?

Si l'on excepte certaines régions couvertes autrefois par le Saint Empire Romain Germanique, l'Europe centrale et orientale s'est urbanisée relativement tardivement. Cet espace n'a en effet connu la révolution industrielle qu'avec un décalage, marqué par des gradients décroissants au fur et à mesure que l'on s'éloigne vers l'Est. C'est pour cette raison, entre autres, que la structure urbaine des pays d'Europe centrale et orientale présente peu de grandes métropoles à même de rivaliser avec leurs concurrentes occidentales.

Lors de la mise en place des régimes socialistes, les régions baltes, la Pologne, la Roumanie, la Slovaquie et la Hongrie étaient des pays majoritairement ruraux. C'est notamment pour cette raison qu'ils demeurent fortement marqués par l'héritage socialiste et par la politique d'urbanisation mise en œuvre depuis la fin des années 1940.

A contrario, le développement urbain de la République tchèque et de l'ancienne RDA a été moins significatif car l'urbanisation et l'industrialisation avaient atteint un niveau proche de celui de l'Europe occidentale avant la Deuxième Guerre mondiale.

Cette partie de l'Europe se caractérise de fait par de fortes discontinuités géographiques qui ont modulé l'impact des politiques socialistes d'un espace rural ou d'un espace urbain à un autre. Le développement spatial a suivi le processus de collectivisation des terres et d'industrialisation planifiée qui ont été de puissants stimulants, notamment en Pologne et en Hongrie.

Si la Russie a connu la création d'un grand nombre de villes nouvelles suivant la carte des gisements de matières premières et le développement de son industrie lourde, les pays d'Europe centrale ont moins ressenti de modification de la trame historique de leurs réseaux urbains. Dans les années 1950 et 1960, une démarche d'urbanisation sélective a pu favoriser des sites d'industrialisation nouveaux aux dépens des grandes villes. Certaines d'entre elles, qui n'avaient pas été très favorables à l'événement du socialisme, furent soumises à des stratégies d'implantations peu favorables. Cracovie a ainsi reçu le complexe sidérurgique très polluant de Nowa Huta et le développement des villes du nord-ouest de la Bohême fut ralenti.

La période des années 1970 et 1980 a été marquée par une industrialisation géographiquement moins sélective et par l'évolution des politiques économiques vers la promotion du secteur tertiaire. C'est une époque de forte croissance urbaine avec la construction en périphérie des villes de grands ensembles de plusieurs dizaines, voire plusieurs centaines de milliers de logements. La planification devait également permettre l'instauration de réseaux urbains strictement hiérarchisés.

À ce titre, dans l'ensemble des pays d'Europe centrale, les capitales occupent une place essentielle dans la hiérarchie régionale mais les situations sont relativement contrastées. La Pologne est caractéristique d'un développement relativement polycentrique dû à de nombreux chocs historiques. Après les trois partages de la Pologne-Lituanie (1772, 1793, 1795), Varsovie, Cracovie et Poznan ont évolué séparément au sein de trois territoires distincts. De ce fait, contrairement à d'autres pays proches, la capitale Varsovie ne domine pas de façon excessive la hiérarchie régionale. Le Sud de la Pologne a par ailleurs bénéficié d'une politique de forte industrialisation ce qui en fait l'un des espaces urbains les plus denses de l'Europe centrale.

Cette situation tranche avec la Slovaquie ou la Hongrie dont les capitales tendent à concentrer l'essentiel du potentiel de développement des territoires nationaux. En Hongrie, Budapest a absorbé l'essentiel de la croissance urbaine nationale durant la période socialiste : 1,6 millions d'habitants en 1950, 2,4 millions aujourd'hui si l'on considère l'agglomération.

Ainsi, malgré une politique affichée de « rééquilibrage », le poids économique et politique des capitales s'est sensiblement renforcé durant la période socialiste. Elles ont été dotées de tissus industriels relativement diversifiés allant de l'industrie lourde à l'industrie légère, contrairement au développement mono-industriel de villes moyennes périphériques. Grâce à l'existence d'écoles et d'universités performantes elles gardent également la main d'œuvre la plus qualifiée. Ensuite, les grandes villes ont pu bénéficier en premier lieu des fléchissements de doctrine permettant une amélioration de la productivité et une ouverture accrue vers le monde extérieur.

Ce poids affirmé des capitales et des plus grandes villes, malgré un réseau urbain initial moins développé qu'à l'ouest, permet aujourd'hui de voir émerger des figures métropolitaines en Europe centrale. Les transformations engagées depuis le début des années 1990, dans une logique de transition et de développement économique, confirment le rôle essentiel que sont amenés à jouer les grands espaces urbains dans les processus d'intégration de l'Europe.

Cependant, lorsqu'on se réfère aux analyses produites par la Commission européenne, on ne peut qu'être frappé par la persistance des anciennes lignes de partage entre l'Est et l'Ouest. La carte de la répartition des niveaux de PIB par habitant montre une Europe articulée autour de l'ancien rideau de fer. Les régions des nouveaux pays adhérents, à l'exception de Prague et Bratislava, présentent toutes des niveaux de

PIB par habitant inférieurs à 75 % de la moyenne communautaire. Ces niveaux sont d'ailleurs souvent plus proches des 50 % ou des 40 % pour les territoires les plus en difficulté.

Il paraît dès lors simplificateur de se contenter de « lire » cet espace à la seule aune des indicateurs macroéconomiques utilisés par la Commission européenne. Il est vrai pourtant que ces données sont internationalement reconnues et statistiquement aisés à recueillir, à formaliser, et qu'elles permettent de construire des représentations élémentaires et indispensables de la situation économique des régions d'Europe.

Peuvent-elles pour autant permettre de saisir précisément les dynamiques territoriales de développement ou de récession en cours à moyen et long terme ? Ce serait essentiel alors qu'un des principaux apports des fonds structurels européens est d'avoir pu imposer aux États un mode de programmation pluriannuel.

Des études ont été commanditées par la Commission européenne pour tenter de progresser dans ce sens[3]. Si elles permettent d'apporter des éclairages nouveaux sur les dynamiques territoriales, la Commission européenne et Eurostat demeurent cependant prudents quant à l'utilisation de nouveaux outils d'analyse.

Si l'on se réfère au travail réalisé par l'équipe du PEPSE de l'Université Pierre Mendès France, l'une des principales conclusions concerne les difficultés rencontrées pour rassembler l'ensemble des données nécessaires à une analyse détaillée des territoires centre-européens. En outre, même en se limitant aux régions NUTS II, ces espaces constituent une échelle d'analyse beaucoup trop vaste pour pouvoir identifier certains facteurs essentiels des dynamiques territoriales (urbanisation, structure de l'industrie, niveau de services, revenus des ménages, dynamiques démographiques, mobilité de la population, etc.).

Pour prolonger ce type de recherche il serait nécessaire de se pencher sur les territoires de niveau NUTS III, voire s'affranchir des limites administratives pour mener des investigations sur des espaces géographiques et socio-économiques qui présentent de plus forts niveaux d'intégration (« régions naturelles », réseaux de ville, espaces métropolitains, etc.).

---

[3] Voir les études réalisées pour la préparation du 3ᵉ rapport sur la cohésion économique et sociale et notamment celle réalisée en collaboration avec le Pôle d'étude des politiques sociales et économiques (PEPSE) de l'Université Pierre Mendès France de Grenoble : *Needs of Objective 1 regions in the accession countries and in existing EU 15 Member States in areas eligible for Structural Funds*, Alphametrics, Applica, Final Report, European Commission, January 2004.

Les travaux menés par les groupes de recherche impliqués dans le programme ESPON[4] constituent certainement des apports significatifs d'un point de vue méthodologique. Cependant, ils privilégient essentiellement des approches thématiques ou sectorielles et la Commission européenne ne propose pas pour l'instant de financer des recherches sur de nouvelles méthodes d'analyse. La mise en cohérence de ces méthodes nécessitera un effort particulier d'échange entre États européens qui présentent tous des cultures de l'espace et des approches du développement territorial spécifiques.

Connaissant la forte diversité des territoires centre européens, le rôle important joué par les plus grandes villes, connaissant leur histoire politique, culturelle et économique, il serait pourtant réducteur de considérer cet espace comme une simple zone périphérique d'expansion des dynamiques socioéconomiques ouest européennes. L'intégration à l'UE a marqué une étape fondamentale et le développement des économies nationales devrait s'accompagner d'un renforcement de pôles les plus compétitifs.

Alors que les anciens pays de la cohésion (Irlande, Portugal, Espagne, Grèce) formaient un ensemble dispersé de nations dotées de régions relativement périphériques, les nouveaux pays membres sont constitués de sous ensembles territoriaux qui pourraient rapidement mettre en place des synergies fortement concurrentielles.

Malgré le faible impact – du fait de la course à l'élargissement – des coopérations instaurées dans le cadre du triangle de Visegrad[5], on peut imaginer à l'avenir une plus grande affirmation politique des pays slaves de la région. Cette perspective doit être envisagée par rapport à leur situation charnière entre une Europe qui les découvre et des territoires situés plus à l'Est qui constituent un espace d'échange traditionnel.

De ce point de vue, les nouveaux pays membres se trouvent dans une situation moins périphérique que bien des régions des pays du nord et du sud de l'Europe et, au delà de l'ancien rideau de fer, sont en définitive guère éloignés du pentagone européen. L'interrogation principale concerne davantage la capacité qu'ils auront à éviter que ne se creusent les inégalités entre les territoires les plus urbanisés et les mieux reliés à l'ouest d'une part, et les régions plus rurales, mono-industrielles ou enclavées qui accumulent de très lourds retards d'autre part. Ces régions

---

[4]   ESPON : European Spatial Planning Observation Network.

[5]   Ce groupe est constitué de la Pologne, de la République tchèque, de la Slovaquie et de la Hongrie. Il a pour objectif de faciliter l'intégration politique et économique à l'Ouest, en renforçant la coopération et les échanges commerciaux entre ses membres. Il fonctionne dans le cadre d'un *Accord de libre-échange centre-européen* (ALECE).

ne disposent généralement ni des ressources humaines ni des ressources financières pour progresser et se positionner efficacement sur le marché de l'aide internationale.

II. Des politiques territoriales à recomposer

Pour les Pays d'Europe centrale et orientale, les premières années de réforme ont été caractérisées par la mise en place du programme d'assistance PHARE et la signature d'accords européens qui visaient pour l'essentiel à favoriser l'instauration de régimes démocratiques et la promotion de l'économie de marché. La première phase de transition a été marquée par des vagues de privatisation, l'ouverture des marchés et la restructuration accélérée de l'appareil productif.

Les enjeux de cohésions territoriales ont été relativement peu abordés dans un premier temps face aux contraintes macroéconomiques et à la désorganisation des systèmes politico-administratifs. Il s'agissait surtout au début des 1990 d'opérer les ajustements structurels nécessaires à la remise en question radicale du modèle économique qui caractérisait le régime précédent.

Les responsables publics ont cependant rapidement pris la mesure des conséquences socioéconomiques des réformes en cours. L'effondrement de pans entiers de l'industrie, l'arrêt de la plupart des subventions étatiques et la désorganisation de l'agriculture conduisent à l'apparition de territoires très fortement touchés par la crise. Les régions rurales éloignées des principaux axes de communication ainsi que les villes moyennes mono-industrielles payent le plus lourd tribut avec des taux de chômage dépassant les 30 %.

Du fait de restrictions budgétaires et d'un large rejet des méthodes et outils d'intervention issus de la planification centralisée, ces pays n'ont que peu de moyens d'action et comptent dans un premier temps sur le libre marché pour contrer la récession qui touche les territoires les plus fragiles.

Parallèlement, l'Union européenne précise le contenu du processus de pré-adhésion qui doit amener les pays candidats à satisfaire aux critères de Copenhague[6] et à se conformer aux différentes obligations des partenariats pour l'adhésion.

---

[6] Critères de Copenhague : Tout pays de l'Europe peut adhérer à l'Union européenne, s'il remplit les critères suivants : des institutions stables garantissant la démocratie, la primauté du droit, le respect des minorités et leur protection ; une économie de marché viable et capable de faire face à la pression concurrentielle à l'intérieur de l'Union européenne ; des institutions susceptibles d'assumer les obligations de

En matière d'aide économique, elle oriente progressivement les PECO vers une démarche d'assistance expérimentée depuis de nombreuses années au sein de l'UE et portée par des fonds spécifiques (fonds structurels et fonds de cohésion). La politique d'aide qui se met en place à partir de la fin des années 1990, matérialisée en 2000 par l'accès aux fonds de pré-adhésion ISPA[7] et SAPARD[8], consiste alors autant à favoriser le dynamisme économique des territoires en difficulté qu'à familiariser les PECO avec des méthodes de programmation et d'intervention propres à l'UE.

Comme nous avons pu le démontrer dans le cas de la Slovaquie, la démarche de la Commission européenne s'est cependant heurtée à de nombreuses difficultés[9].

Il faut tout d'abord noter que la politique régionale ou politique structurelle européenne s'est progressivement construite depuis la fin des années 1950 au gré des élargissements successifs. Chaque nouvelle adhésion a été l'occasion pour les pays candidats de faire modifier la politique existante de façon à prendre en considération des contraintes économiques, géographiques ou sociales particulières.

En 1973, le Royaume-Uni qui est candidat à la CEE avec le Danemark et l'Irlande négocie pour ne pas, dès son arrivée, être contributeur net au budget européen. Ne pouvant bénéficier de la PAC[10] du fait d'un secteur agricole insuffisant, le pays souhaite obtenir une « compensation » pour la reconversion de son industrie en crise. Il s'en suivra la création le 18 mars 1975 du Fonds européen de développement régional (FEDER) destiné à financer des projets d'infrastructures et des investissements productifs dans les régions défavorisées.

Afin d'aider les régions européennes productrices de fruits et légumes qui pourraient être affectées par l'adhésion de la Grèce en 1981, puis de l'Espagne et du Portugal en 1986, des *Programmes intégrés méditerranéens* (PIM) sont mis en place en 1985.

Enfin, en 1995, l'adhésion de la Suède et de la Finlande entraîne la création d'un objectif prioritaire spécifique en faveur des régions à très

---

l'adhésion à l'Union, et notamment de souscrire aux objectifs de l'Union politique, économique et monétaire.

[7]   ISPA : Instrument structurel de pré-adhésion.

[8]   SAPARD : Programme spécial d'adhésion pour l'agriculture et le développement rural (*Special Accession Programme for Agriculture and Rural Development*).

[9]   Georges Mercier, *Développement régional en Slovaquie et intégration européenne*, Thèse de doctorat en Aménagement de l'espace et urbanisme, Institut d'Urbanisme de Grenoble, décembre 2002.

[10]   PAC : Politique agricole commune.

faible densité de population, l'objectif 6, repris par l'objectif 1 après 1999.

La politique structurelle européenne est donc le fruit de négociations continues entre des pays conscients aussi bien de leurs atouts politiques que des éléments d'économie territoriale qu'ils peuvent faire valoir pour accéder à de nouveaux types de financements.

Concernant les PECO la situation est relativement différente. Au niveau politique, ces pays se sont présentés en ordre dispersé face à l'UE, chacun d'entre eux souhaitant se présenter comme le plus occidental des accédants. La volonté de réussir l'examen d'adhésion a davantage poussé les pays candidats à se plier aux contraintes imposées par l'UE. Malgré des prises de position marquées comme celle de la Pologne concernant la Politique agricole commune[11], les négociations d'adhésion n'ont pas donné lieu à des revendications très spécifiques en matière de politique régionale.

Cette situation a sans doute été renforcée par le contexte tendu des réformes politiques et économiques qui n'a pas laissé la possibilité aux PECO de formaliser clairement leurs stratégies dans ce domaine. Les PECO ont en fait été amenés à adapter leur législation, leurs institutions et leurs modes de gestion à un système de financement conçu par et pour des pays aguerris depuis plusieurs décennies aux démarches d'aménagement et de développement territorial.

Cette adaptation s'est traduite par la création souvent *ex nihilo* de ministères du Développement régional ou de départements rattachés aux ministères de l'Économie, de l'Environnement ou au Premier ministre.

Ces structures ont dû rédiger dans des délais très courts et avec des moyens limités les Plans nationaux de développement régional, premiers documents de programmation en vue de percevoir les fonds structurels. Dans les mêmes délais, l'UE a exigé la création d'autorités de gestion et de payement pour les futurs programmes opérationnels sectoriels et régionaux.

Au niveau territorial, la nécessité de mettre sur pied des « régions de programmation » est venue percuter le débat sur le processus de décentralisation. La volonté exprimée par la Commission de responsabiliser les régions dans la définition des programmes et la mise en œuvre des fonds structurels est parfois apparue comme une incitation forte à la création de régions décentralisées. Face à cette pression, il aura fallu en

---

[11] Les nouveaux adhérents ne vont percevoir les financements de la PAC que de façon progressive (25 % en 2004, 30 % en 2005, etc.). La Pologne s'est opposée à cette intégration par étape sans pour autant parvenir à modifier sensiblement la position de l'UE.

Slovaquie moins de deux ans pour définir de nouvelles circonscriptions et instituer des Conseils régionaux. Lorsqu'on considère l'évolution des processus de décentralisation en Europe, qui s'étendent souvent sur plusieurs décennies, on peut se demander qu'elles vont être les conséquences à court, moyen et long terme de ces réformes précipitées.

Une fois ces structures mises en place, se pose la question des moyens humains et financiers dont elles disposent pour accomplir leurs nouvelles missions. Pour les pouvoirs publics, outre les restrictions budgétaires, la difficulté consiste à élaborer des programmes d'intervention dans un domaine ou l'expérience et les compétences professionnelles sont encore insuffisantes.

Pour que ces pays puissent se réapproprier pleinement le champ des politiques locales et régionales, il est essentiel au préalable qu'ils se reconstruisent une culture territoriale au delà des exigences formulées par la Commission européenne. Cela passe par le soutien des gouvernements aux formations universitaires qui s'efforcent aujourd'hui d'adapter leurs cursus dans les domaines de la planification spatiale, de l'administration territoriale, de l'économie régionale, etc. C'est à ce niveau que se joue la capacité des acteurs à concevoir des stratégies de développement efficaces sur le long terme.

Du fait du manque de ressources humaines et des faibles moyens de cofinancement, il s'est avéré difficile pour les autorités locales de construire des projets ou de présenter des propositions viables à la Commission européenne. Cette situation s'est traduite par le rejet d'un nombre important de projets présentés dans le cadre des financements ISPA et SAPARD mis en place en 2000.

Cette faible capacité d'absorption des fonds disponibles s'est doublée d'une difficulté à orienter les financements vers les territoires les plus en crise. Outres les programmes d'équipements qui nécessiteront encore de nombreuses années d'investissements (infrastructures, environnement), les projets de développement territorial à proprement parler tendent en effet à se concentrer là ou se trouvent les principales capacités de financement, d'ingénierie et d'innovation (dans les espaces les plus urbanisés et les plus dynamiques).

Face à cette situation, la Commission européenne a souhaité simplifier et recentrer sa politique d'aide au développement territorial en Europe centrale. Dans la perspective de l'allocation des fonds structurels en 2004, cela s'est tout d'abord traduit par une évolution des espaces d'intervention en faveur de très grandes régions de programmation. Il s'agissait alors de limiter le nombre des autorités de gestion, de suivi et de contrôle des programmes européens ce qui a donné lieu dans les pays du groupe de Visegrad à des regroupements de régions NUTS II au sein de macro-régions Objectif 1.

Lors des négociations avec la Commission sur les stratégies de mise en œuvre des fonds structurels pour la période 2004-2006[12], cette logique s'est traduite par la création d'un nombre limité de programmes opérationnels régionaux et sectoriels.

De plus, si l'on considère le résultat des négociations conclues pour les quatre pays précités, l'essentiel des stratégies porte sur des actions sectorielles (industrie et entreprises, infrastructures, développement des ressources humaines, développement rural et agriculture). La dimension proprement « régionale » est quant à elle intégrée dans des programmes qui couvrent l'ensemble des territoires objectifs 1, à savoir des espaces plus nationaux que régionaux.

Les seules régions décentralisées à bénéficier en tant que tel d'une démarche territoriale intégrée sont les régions de Prague et de Bratislava pour lesquelles ont été élaborés des Documents uniques de programmation (DOCUP) objectif 2. Pour les autres pays candidats qui sont de dimension géographique moindre, l'option de DOCUP uniques a été retenue pour couvrir à chaque fois l'ensemble des territoires nationaux (objectif 1 et objectif 3).

Cette situation amène à relativiser la dimension « régionale » et territoriale de l'aide structurelle européenne et pose la question de la capacité des pays en transition à mener des interventions fortes en matière de résorption des disparités spatiales. Bien que l'UE ait incité à la création de collectivités territoriales, l'action régionale demeure largement entravée par une forte désorganisation des tissus économiques et la faiblesse des nouvelles administrations locales.

Parallèlement, alors que les gouvernements s'efforcent de vanter les avantages de l'élargissement européen, les populations des régions en difficulté ne peuvent que constater le maintien de forts taux de chômage, l'augmentation du prix des services publics et la dégradation des services sociaux.

Les aides européennes apportent certes des moyens importants pour revitaliser une partie du tissu économique de ces pays, mais comme le précise la Commission à propos des différents plans nationaux de développement régional, un des principaux objectifs des programmes mis en œuvre consiste à augmenter le niveau des PIB nationaux. Il conviendrait alors mieux de parler d'objectifs de convergence régionale à l'échelle de

---

[12] Ces négociations entre les pays candidats et la Commission européenne se sont achevées en décembre 2003.

l'Europe centrale que de cohésion territoriale entre espaces prospères et espaces en crise. Cette approche est d'ailleurs confirmée par les orientations récentes privilégiées dans l'agenda de Lisbonne.

Concernant la cohésion économique et sociale et les politiques territoriales à proprement parler, il faut garder à l'esprit qu'au sein de l'Europe des Quinze les dépenses publiques représentent 47 % des PIB nationaux. Ce chiffre révèle toute l'importance que les politiques redistributives nationales peuvent jouer dans la réduction des disparités spatiales. Pour les PECO, il s'agit surtout de prendre la juste mesure de l'aide européenne en différenciant ce qui relève d'une aide structurelle à la transition et ce qui peut participer, parmi d'autres outils qui restent à définir, à l'intégration socioéconomiques de l'ensemble des espaces régionaux.

III. Vers un renforcement de la hiérarchie actuelle ?

Au niveau financier, le positionnement des pays de l'Europe des Quinze n'était guère favorable à une augmentation du budget de l'UE en faveur des pays d'Europe centrale et orientale. Les Quinze ont tout d'abord décidé à l'automne 2002 de stabiliser les dépenses de la PAC jusqu'en 2013. Ensuite, les chefs d'États et de gouvernements de six pays – Allemagne, Royaume-Uni, Pays-Bas, Autriche, Suède et France – ont demandé en décembre 2003 que le budget de l'UE soit plafonné à 1 % du PIB européen.

La Commission européenne, dans sa proposition de budget pour la prochaine période de programmation (2007-2013), estimait cependant que de telles restrictions étaient peu réalistes face aux besoins générés par l'arrivée des dix pays d'Europe centrale et orientale. Le Collège présidé par Romano Prodi avait proposé d'augmenter d'un tiers le budget européen, qui passerait progressivement de 116 milliards d'euros en 2006 (1,11 % du PNB européen) à 143,1 milliards d'euros en 2013 (1,14 % du PNB européen).

Sur le fond, les orientations privilégiées actuellement par la Commission s'inscrivent dans la suite logique des orientations fixées par les agendas de Lisbonne et de Göteborg : « faire en sorte que l'UE devienne l'économie de l'innovation et de la connaissance la plus compétitive au monde en préservant sa cohésion économique et sociale et en assurant une gestion mesurée de ses ressources naturelles ». Ces orientations sont développées parmi les « priorités pour une Union européenne élargie » rendues publiques par la Commission en février 2004[13].

Pour les responsables européens, il s'agit de réagir face à la baisse de la croissance européenne et aux faibles gains de productivités qui caractérisent l'économie européenne depuis plusieurs années.

L'enjeu sera de concevoir une politique de croissance qui prenne également en considération les difficultés des espaces géographiques et des secteurs productifs les moins porteurs d'un point de vue économique. Cependant, les financements prévus en faveur de « la compétitivité au service de la croissance et de l'emploi » visent essentiellement à renforcer le potentiel économique de l'Europe[14]. De ce point de vue, les fonds auront vocation à s'orienter prioritairement vers les secteurs et les territoires d'excellence dans l'innovation, la recherche ou l'éducation.

À ce sujet, et sans entrer dans les débats qui ont entouré la publication du rapport Sapir[15], on peut se demander si la faiblesse du budget de l'UE peut être de nature à insuffler une nouvelle dynamique économique à l'ensemble du continent. À ce sujet, le récent rapport Kok[16] souligne le retard pris sur la réalisation des objectifs fixés par l'agenda de Lisbonne et s'interroge sur la volonté réelle des pays membres de s'engager plus volontairement dans cette direction.

Il s'agit ici avant tout d'un projet politique qui nécessitera un engagement coordonné de l'ensemble des gouvernements. *A contrario*, les actions territorialisées en faveur des espaces en crise peuvent être menées de façon cohérente à des échelles infranationales. Elles ont surtout l'intérêt de rendre l'Europe visible pour ceux qui ont le plus à craindre de l'ouverture des frontières, ce qui est essentiel pour la poursuite du projet européen.

Parallèlement à ces objectifs de compétitivité, la Commission européenne présente une politique de cohésion rénovée qui s'inspire tout autant des priorités définies à Lisbonne. Comme l'a précisé Michel

---

[13] *Construire notre avenir commun. Défis politiques et moyen budgétaires de l'Union élargie 2007-2013*, Communication de la Commission au Conseil et au Parlement européen, Commission des Communautés européennes, Bruxelles, 10 février 2004, COM(2004) 101 final.

[14] Les crédits d'engagement en faveur de la compétitivité pour la croissance et l'emploi s'élèvent à 133 milliards d'euros sur la période 2007-2013.

[15] André Sapir (Chairman), *An Agenda for a Growing Europe, Making the EU Economic System Deliver*, Commission européenne, Bruxelles, juillet 2003.

[16] *Relever le défi, La stratégie de Lisbonne pour la croissance et l'emploi.* Rapport du groupe de haut niveau présidé par M. Wim Kok, Commission européenne, Bruxelles, novembre 2004.

Barnier dans sa présentation du troisième rapport sur la cohésion[17], il s'agit de « réduire les disparités afin d'accélérer la croissance. Croissance et cohésion étant les deux faces d'une même médaille ». Les financements européens ne doivent pas seulement permettre aux régions en difficulté de combler leur retard, ils doivent également favoriser le dynamisme économique de l'Europe dans son ensemble.

En souhaitant que « les changements induits par la nouvelle division internationale du travail soient systématiquement intégrés dès le départ dans la conception de toutes les stratégies de développement national et régional »[18], il s'agira surtout pour l'Union européenne d'éviter que ne se renforce cette division entre l'Est et l'Ouest du continent.

D'un point de vue spatial, la Commission propose de substituer aux trois objectifs actuels de la politique régionale des objectifs de *convergence*, de *compétitivité* et de *coopération territoriale*. L'enjeu consiste ici à dynamiser les performances économiques générales tout en atténuant les disparités économiques et sociales.

Le premier objectif, comparable à l'ancien « objectif 1 », concerne les États et les régions les moins développés de l'Europe élargie. Sont visés les nouveaux pays membres ainsi que certaines régions de l'Europe des Quinze évincées par effet statistique. Cet objectif concentre la part la plus importante des financements, soit 78 % des 336 milliards d'euros prévus pour la politique de cohésion sur la période 2007-2013. En ajoutant le fonds de cohésion disponible pour les pays dont le PIB ne dépasse pas 90 % de la moyenne communautaire, cet objectif constitue le noyau dur de la lutte contre les disparités territoriales. Bien que les PECO ne pourront prétendre recevoir que la moitié des financements destinés à la politique de cohésion[19], le défi principal pour ces pays sera d'être en mesure d'absorber l'ensemble des fonds qui leur sont destinés.

L'objectif de compétitivité recoupe en de nombreux points les orientations stratégiques de Lisbonne. Il s'adresse aux territoires non couverts par l'objectif de convergence et exclut de fait de son champ l'essentiel des régions d'Europe centrale et orientale. Si un volet « régional » doit aider les régions à anticiper et à promouvoir le changement économique dans certains espaces (zones industrielles, urbaines et rurales), les « programmes nationaux » sont à rapprocher d'une action plus globale

---

[17] *Un nouveau partenariat pour la cohésion, convergence compétitivité coopération*, Troisième rapport sur la cohésion économique et sociale, Commission européenne, Bruxelles, février 2004.

[18] COM (2004) 101 final, *op. cit.*, p. 18.

[19] Les PECO ne peuvent recevoir des financements qu'à concurrence de 4 % de leur PIB. Au delà l'UE estime que ces pays ne seraient pas en mesure d'absorber les sommes proposées.

en faveur de l'emploi. Comme le précise la Commission, les interventions doivent être concentrées sur un nombre limité de priorités stratégiques où elles peuvent avoir une valeur ajoutée et un effet multiplicateur sur les politiques nationales ou régionales. Cet objectif rejoint les actions en faveur de « la compétitivité au service de la croissance et de l'emploi » évoquées précédemment.

En troisième position, l'objectif de coopération territoriale à vocation transfrontalière et transnationale vise en particulier à favoriser les échanges entre États en jouant sur les « effets frontière ». Ces espaces sont cependant relativement dynamiques au sein de l'UE et se positionnent plus sur des questions de développement stratégique que sur des aspects de cohésion économique et sociale à proprement parler.

Les décisions sur le budget et la réforme des aides structurelles ne sont pas arrêtées et vont encore donner lieu à de difficiles négociations. D'un point de vue financier, les nouveaux membres qui représentent un cinquième de la superficie et de la population de l'Union se sont vus promettre quelque 25 milliards d'euros de crédits d'engagement entre 2004 et 2006. Soit moins de 15 % des 300 milliards d'euros prévus, dans le même temps, pour l'ensemble des vingt-cinq. Sur cette période, les payements effectifs devraient cependant difficilement atteindre 30 % de ce montant.

Cette situation fait craindre que, dès leur adhésion, ces pays ne soient amenés à cotiser d'avantage que ce qu'ils ne reçoivent. Si leur niveau de dépenses est délicat à évaluer, il est d'ores et déjà acquis qu'ils devront participer à hauteur de 16,2 milliards d'euros au budget communautaire sur la période 2004-2006. Un mécanisme de compensation est cependant prévu pour que ces pays en situation économique difficile ne soient pas d'emblée contributeurs nets au budget européen.

Au delà, si les PECO ne peuvent réellement intervenir sur les montants qui leurs sont destinés, ils peuvent cependant se faire entendre sur la réorganisation des outils d'intervention de façon à faciliter au maximum l'absorption de ces fonds. Pour cela il est indispensable que les États développent des stratégies d'accompagnement ambitieuses pour soutenir les porteurs de projets et multiplier leurs chances de réussite.

Cela passe par :

Le soutien aux collectivités locales et aux démarches intercommunales qui sont essentielles dans les pays ou le paysage communal est relativement atomisé comme en République tchèque ou en Slovaquie.

Des politiques fiscales locales plus adaptées aux charges générées par les nouvelles compétences issues des politiques de décentralisation.

Il est également essentiel de favoriser les démarches partenariales entre l'État et les collectivités locales pour élaborer des politiques d'aménagement et de développement qui ne soient pas uniquement dépendantes des opportunités financières proposées par l'Union européenne.

Il faut enfin évoquer l'importance des systèmes de formation, et notamment des universités, qui s'efforce d'adapter leurs cursus dans les domaines de la planification spatiale, de l'administration territoriale, de l'économie régionale, qui sont des champs d'analyse en plein renouvellement (ou en phase de création) dans les PECO.

Sur ces différentes questions, qui ne sont que quelques exemples parmi d'autres, nous nous situons en dehors des grands canaux d'accès aux financements internationaux. De fait, peu d'attention est portée sur ces thèmes et les acteurs locaux se trouvent souvent désemparés pour innover et s'engager dans des stratégies de dynamisation de leur territoire.

C'est ici essentiellement aux États de jouer un rôle d'impulsion et d'animation ce qu'ils ont du mal à assumer tant l'attention demeure focalisée sur les objectifs de croissance nationale et sur les perspectives de développement promises par les fonds structurels européens.

Concernant la politique européenne à venir, la question est de savoir quel est le meilleur usage qui peut être fait d'un budget en faveur de la politique structurelle qui devrait difficilement atteindre 0,5 % du PIB européen dans la prochaine décennie.

Une politique en faveur de la compétitivité économique ne manquera pas d'avoir une influence sur les territoires et les secteurs à haute valeur ajoutée. Elle risque cependant de valoriser l'Europe aux yeux des agents socioéconomiques les plus performants qui tirent déjà largement avantage de l'ouverture des frontières.

Ne disposant que d'un budget limité, l'Union européenne pourrait accorder davantage d'attention au processus de construction politique de l'Europe, ce qui nécessite une plus large prise en compte des territoires et des populations en difficulté. On voit dans les PECO le peu de participation qui a marqué les referendums sur l'élargissement. Les préoccupations quotidiennes des populations sont en fait encore très éloignées d'un idéal européen (à l'Est comme à l'Ouest d'ailleurs).

À ce titre il aurait été intéressant de persévérer sur des actions de type Programmes d'initiatives communautaires (EQUAL, URBAN, LEADER, INTERREG) et des actions innovatrices qui permettaient de mener des interventions sur des territoires et des thématiques multisectorielles bien identifiées (espace rural, urbain en crise, aide à l'emploi).

Le programme Urban associait sur des espaces urbains en difficulté l'ensemble des acteurs locaux impliqués dans les actions politiques, économiques et sociales. Le programme Leader était géré par un ensemble de groupes d'action locale (GAL) qui constituent des supports très favorables aux dynamiques de partenariat en milieu rural ce qui fait fortement défaut dans les PECO.

En France les groupes d'action locaux s'appuient largement sur les *pays* et les projets de territoire qui constituent aujourd'hui une des formes les plus prisée pour générer du développement territorial.

En Europe centrale, en l'absence d'administrations territoriales très performantes, ces groupes d'action locaux auraient pu s'appuyer sur de très nombreuses « micro-régions » qui rapprochent sur une base associative l'ensemble des acteurs de la vie locale.

Ce n'est pas la voie qui a été choisie avec la suppression des programmes d'initiative communautaire qui seront intégrés à l'objectif général de coopération territoriale.

La remise en question du système de programmation actuel qui reposait sur les régions NUTS II est certainement une bonne chose car il va donner plus de marges aux acteurs nationaux et locaux pour gérer les fonds et les attribuer en fonction de critères territoriaux précis. À ce titre les réformes récentes vont certainement permettre une plus grande facilité d'utilisation des fonds européens.

La question sera de savoir quelles seront les actions privilégiées et si les impératifs de cohésion pourront être maintenus face au véritable marché concurrentiel que constitue l'attribution des fonds structurels.

Contributeurs

Bernard Bruneteau

Professeur d'histoire contemporaine à l'université Pierre Mendès France – Grenoble II, Bernard Bruneteau travaille sur les questions de politique internationale du XXe siècle. Il a publié plusieurs ouvrages, notamment : *Histoire de l'unification européenne* (Armand Colin, 1996), *L'« Europe nouvelle » de Hitler* (Le Rocher, 2003), *Le siècle des génocides* (Armand Colin, 2004) et *Histoire de l'idée européenne au premier XXe siècle* (Armand Colin, 2006).

Georges-Henri Soutou

Professeur d'histoire contemporaine à l'université de Paris-Sorbonne (Paris IV), Georges-Henri Soutou est vice-président de la Commission de publication des archives diplomatiques auprès du ministère des Affaires étrangères. Spécialiste des relations internationales au XXe siècle, il a notamment publié *L'Or et le sang. Les buts de guerre économiques de la Première Guerre mondiale* (Fayard, 1989), *L'Alliance incertaine. Les rapports politico-stratégiques franco-allemands, 1954-1996* (Fayard, 1996), *La guerre de cinquante ans. Les relations Est-Ouest, 1943-1990* (Fayard, 2001).

Jean-Luc Chabot

Professeur de science politique à l'université Pierre Mendès-France – Grenoble II où il dirige le Carrefour disciplinaire « Penser l'identité européenne », Jean-Luc Chabot est l'auteur de nombreuses publications portant sur l'histoire des idées politiques, la théorie du droit et les droits de l'homme, notamment : *Le nationalisme* (PUF, 1997), *Histoire de la pensée politique* (PUG, 2001), *Aux origines intellectuelles de l'Union européenne : l'idée d'Europe unie de 1919 à 1939* (PU, 2004).

Jürgen Elvert

Spécialiste de l'histoire de l'idée européenne, Jürgen Elvert est professeur à l'université de Cologne. Il est l'auteur de *Mitteleuropa ! Deutsche Pläne zur europäischen Neuordnung, 1918-1945* (Franz Steiner Verlag, 1999) et, avec Wolfgang Kaiser, de *European Union Enlargement. A comparative History* (Routledge, 2004).

Sylvie Lefèvre-Dalbin

Docteur en histoire, Sylvie Lefèvre-Dalbin dirige la Division de la recherche et des études doctorales de l'université Louis Pasteur-

Strasbourg I. Spécialiste de l'histoire des débuts de la construction européenne, elle est l'auteure de l'ouvrage *Les relations économiques franco-allemandes de 1945 à 1955* (Comité pour l'histoire économique et financière de la France, 1998).

Geneviève Duchenne

Licenciée en histoire et agrégée de l'enseignement secondaire supérieur, Geneviève Duchenne est assistante à l'Institut d'études européennes de l'université catholique de Louvain. Auteur de *Visions et projets belges pour l'Europe. De la Belle Époque aux traités de Rome, 1900-1957* (Peter Lang, 2001), elle a dirigé, avec Michel Dumoulin et Arthe Van Laer, *La Belgique, les petits États et la construction européenne* (Peter Lang, 2003). Elle achève une thèse sur les conceptions européennes de la Belgique au XXe siècle.

Guy Guillermin

Professeur de droit public à l'université Pierre Mendès France-Grenoble II, ancien directeur du CUREI, Guy Guillermin a dirigé, avec Henri Oberdorff, *La cohésion économique et sociale : une finalité de l'Union européenne* (La Documentation française, décembre 2000).

Katrin Rücker

Doctorante en co-tutelle à l'Institut d'études politiques de Paris et à l'université de Marburg, Katrin Rücker travaille sur le premier élargissement des Communautés européennes en 1973, notamment le triangle Paris-Bonn-Londres et l'adhésion britannique à la CEE. Présidente de l'association Richie (Réseau international de jeunes chercheurs en histoire de l'intégration européenne), elle a co-organisé le colloque « Quelle(s) Europe(s) ? Nouvelles approches en histoire de l'intégration européenne » (Paris, 31 mars-1er avril 2005).

Maxime Lefebvre

Ancien élève de l'ENA, diplômé de l'École des hautes études commerciales et de l'IEP de Paris, conseiller au ministère des Affaires étrangères, Maxime Lefebvre a été chargé de mission pour les Affaires européennes à l'Institut français des relations internationales de 2002 à 2004. Auteur de plusieurs ouvrages, dont *Le Jeu du droit et de la puissance. Précis de relations internationales* (PUF, 2000) et *La politique étrangère américaine* (PUF, 2004), il est actuellement conseiller à la Représentation permanente de la France auprès de l'Union européenne.

Jean-Louis Quermonne

Professeur émérite de science politique à l'Institut d'études politiques de Grenoble, président honoraire de l'Association française de science politique, Jean-Louis Quermonne est l'auteur de nombreux ouvrages sur les questions européennes, dont : *Les régimes politiques occidentaux* (Seuil, 2000), *Le système politique de l'Union européenne* (Montchrestien, 2001) et *L'Europe en quête de légitimité* (Presses de sciences po, 2001).

Edwige Tucny

Docteur en droit public, membre du Groupe de recherche sur les coopérations européennes et régionales (GRECER) à l'université Pierre Mendès France-Grenoble II, Edwige Tucny est l'auteure de *L'élargissement de l'Union européenne aux pays d'Europe centrale et orientale : la conditionnalité politique* (L'Harmattan, 2000).

Eve Fouilleux

Docteur en science politique, Eve Fouilleux est chargée de recherche au CNRS (Centre de recherche sur l'action politique en Europe de l'IEP de Rennes). Mise à la disposition du CIRAD (Centre international de coopération et de recherche agronomique pour le développement) de Montpellier, elle travaille dans l'équipe « Normes et marchés agricoles » (Nomade). Elle est l'auteur de *La politique agricole commune et ses réformes. Une politique à l'épreuve de la globalisation* (L'Harmattan, 2003).

Georges Mercier

Spécialiste des questions d'aménagement de l'espace, Georges Mercier est docteur en géographie de l'Institut d'urbanisme de Grenoble. Sa thèse sur « Le développement régional en Slovaquie et l'intégration européenne » a été primée en 2003 par le Comité des régions de l'Union européenne. Il est membre du Pôle d'études des politiques sociales et économiques (PEPSE) à l'Espace Europe de l'université Pierre Mendès France-Grenoble II et du laboratoire Territoires de l'Unité mixte de recherche CNRS/IEP/UPMF Pacte (Politiques publiques, actions politiques, territoires).

Youssef Cassis

Professeur d'histoire économique et sociale à l'université de Genève et directeur du département d'histoire économique, Youssef Cassis est également Visiting Fellow à la London School of Economics and Political Science. Il est président de la European Business History Association et responsable du programme de recherche européen « The performance of European Business in the Twentieth Century ». Spécialiste d'histoire des entreprises et d'histoire bancaire et financière, il est notamment l'auteur de *Big Business. The European experience in the Twentieth Century* (Oxford University Press, 1997) et *Les Capitales du capital. Histoire des places financières internationales, 1780-2005* (Slatkine et Cambridge University Press pour la version anglaise, 2006).

EUROCLIO – Ouvrages parus

N° 37 – *Stratégies d'entreprise et action publique dans l'Europe intégrée (1950-1980). Affrontement et apprentissage des acteurs. Firm Strategies and Public Policy in Integrated Europe (1950-1980). Confrontation and Learning of Economic Actors.* Marine MOGUEN-TOURSEL (ed.), 2007.

N° 36 – *Quelle(s) Europe(s)? Nouvelles approches en histoire de l'intégration européenne / Which Europe (s)? New Approaches in European Integration History.* Katrin RÜCKER & Laurent WARLOUZET (dir.), 2006, 2ᵉ tirage 2007.

N° 35 – *Milieux économiques et intégration européenne au XXᵉ siècle. La crise des années 1970. De la conférence de La Haye à la veille de la relance des années 1980.* Éric BUSSIÈRE, Michel DUMOULIN & Sylvain SCHIRMANN (dir.), 2006.

N° 34 – *Europe organisée, Europe du libre-échange ? Fin XIXᵉ siècle - Années 1960.* Éric BUSSIÈRE, Michel DUMOULIN & Sylvain SCHIRMANN, 2006.

N° 33 – *Les relèves en Europe d'un après-guerre à l'autre. Racines, réseaux, projets et postérités.* Olivier DARD et Étienne DESCHAMPS, 2005.

N° 32 – *L'Europe communautaire au défi de la hiérarchie.* Bernard BRUNETEAU & Youssef CASSIS (dir.), 2007.

N° 31 – *Les administrations nationales et la construction européenne. Une approche historique (1919-1975).* Laurence BADEL, Stanislas JEANNESSON & N. Piers LUDLOW (dir.), 2005.

N° 30 – *Faire l'Europe sans défaire la France. 60 ans de politique d'unité européenne des gouvernements et des présidents de la République française (1943-2003).* Gérard BOSSUAT, 2005, 2ᵉ tirage 2006.

N° 29 – *Réseaux économiques et construction européenne – Economic Networks and European Integration.* Michel DUMOULIN (dir.), 2004.

N° 28 – *American Foundations in Europe. Grant-Giving Policies, Cultural Diplomacy and Trans-Atlantic Relations, 1920-1980.* Giuliana GEMELLI and Roy MACLEOD (eds.), 2003.

N° 27 – *Inventer l'Europe. Histoire nouvelle des groupes d'influence et des acteurs de l'unité européenne.* Gérard BOSSUAT (dir.), avec la collaboration de Georges SAUNIER, 2003.

N° 25 – *American Debates on Central European Union, 1942-1944. Documents of the American State Department.* Józef LAPTOS & Mariusz MISZTAL, 2002.

N° 23 – *L'ouverture des frontières européennes dans les années 50. Fruit d'une concertation avec les industriels ?* Marine MOGUEN-TOURSEL, 2002.

N° 22 – *Visions et projets belges pour l'Europe. De la Belle Époque aux Traités de Rome (1900-1957).* Geneviève DUCHENNE, 2001.

N° 21 – *États-Unis, Europe et Union européenne. Histoire et avenir d'un partenariat difficile (1945-1999) – The United States, Europe and the European Union. Uneasy Partnership (1945-1999)*. Gérard BOSSUAT & Nicolas VAICBOURDT (eds.), 2001.

N° 20 – *L'industrie du gaz en Europe aux XIXe et XXe siècles. L'innovation entre marchés privés et collectivités publiques*. Serge PAQUIER et Jean-Pierre WILLIOT (dir.), 2005.

N° 19 – *1848. Memory and Oblivion in Europe*. Charlotte TACKE (ed.), 2000.

N° 18 – *The "Unacceptables". American Foundations and Refugee Scholars between the Two Wars and after*. Giuliana GEMELLI (ed.), 2000.

N° 17 – *Le Collège d'Europe à l'ère des pionniers (1950-1960)*. Caroline VERMEULEN, 2000.

N° 16 – *Naissance des mouvements européens en Belgique (1946-1950)*. Nathalie TORDEURS, 2000.

N° 15 – *La Communauté Européenne de Défense, leçons pour demain ? The European Defence Community, Lessons for the Future?* Michel DUMOULIN (ed.), 2000.

N° 12 – *Le Conseil de l'Europe et l'agriculture. Idéalisme politique européen et réalisme économique national (1949-1957)*. Gilbert NOËL, 1999.

N° 11 – *L'agricoltura italiana e l'integrazione europea*. Giuliana LASCHI, 1999.

N° 10 – *Jalons pour une histoire du Conseil de l'Europe. Actes du Colloque de Strasbourg (8-10 juin 1995)*. Textes réunis par Marie-Thérèse BITSCH, 1997.

N° 9 – *Dynamiques et transitions en Europe. Approche pluridisciplinaire*. Claude TAPIA (dir.), 1997.

N° 8 – *Le rôle des guerres dans la mémoire des Européens. Leur effet sur leur conscience d'être européen*. Textes réunis par Antoine FLEURY et Robert FRANK, 1997.

N° 7 – *France, Allemagne et « Europe verte »*. Gilbert NOËL, 1995.

N° 6 – *L'Europe en quête de ses symboles*. Carole LAGER, 1995.

N° 5 – *Péripéties franco-allemandes. Du milieu du XIXe siècle aux années 1950. Recueil d'articles*. Raymond POIDEVIN, 1995.

N° 4 – *L'énergie nucléaire en Europe. Des origines à l'Euratom*. Textes réunis par Michel DUMOULIN, Pierre GUILLEN et Maurice VAÏSSE, 1994.

N° 3 – *La ligue européenne de coopération économique (1946-1981). Un groupe d'étude et de pression dans la construction européenne*. Michel DUMOULIN et Anne-Myriam Dutrieue, 1993.

N° 2 – *Naissance et développement de l'information européenne*. Textes réunis par Felice DASSETTO, Michel DUMOULIN, 1993.

N° 1 – *L'Europe du patronat. De la guerre froide aux années soixante*. Michel DUMOULIN, René GIRAULT, Gilbert TRAUSCH, 1993.

Réseau européen Euroclio
avec le réseau SEGEI

Coordination : Chaire Jean Monnet d'histoire
de l'Europe contemporaine (Gehec)
Collège Erasme, 1, place Blaise-Pascal, B-1348 Louvain-la-Neuve

Allemagne
Jürgen Elvert
Wilfried Loth

Belgique
Julie Cailleau
Jocelyne Collonval
Yves Conrad
Gaëlle Courtois
Pascal Deloge
Geneviève Duchenne
Vincent Dujardin
Michel Dumoulin
Roch Hannecart
Pierre-Yves Plasman
Béatrice Roeh
Corine Schröder
Caroline Suzor
Pierre Tilly
Arthe Van Laer
Jérôme Wilson
Natacha Wittorski

Espagne
Enrique Moradiellos
Mercedes Samaniego Boneu

France
Françoise Berger
Marie-Thérèse Bitsch
Gérard Bossuat
Éric Bussière
Jean-François Eck
Catherine Horel
Philippe Mioche
Marine Moguen-Toursel
Sylvain Schirmann
Matthieu Trouvé
Laurent Warlouzet
Emilie Willaert

Hongrie
Gergely Fejérdy

Italie
David Burigana
Elena Calandri
Eleonora Guasconi
Luciano Segretto
Antonio Varsori

Luxembourg
Charles Barthel
Etienne Deschamps
Jean-Marie Kreins
René Leboutte
Robert Philippart
Corine Schröder
Gilbert Trausch

Pays-Bas
Anjo Harryvan
Jan W. Brouwer
Jan van der Harst

Pologne
Józef Laptos
Zdzisiaw Mach

Suisse
Antoine Fleury
Lubor Jilek